古代歷史文化 研究輯刊

六 編

王明蓀 主編

第 10 冊

宋代士族婦女的婚姻生活
——以人際關係爲中心

徐秀芳 著

國家圖書館出版品預行編目資料

宋代士族婦女的婚姻生活——以人際關係為中心／徐秀芳 著
— 初版 — 新北市：花木蘭文化出版社，2011〔民100〕
目 2+220 面；19×26 公分
（古代歷史文化研究輯刊 六編：第 10 冊）
ISBN：978-986-254-604-8（精裝）
1. 女性　2. 婚姻　3. 宋代
618　　　　　　　　　　　　　　　　　100015458

ISBN-978-986-254-604-8

9 789862 546048

古代歷史文化研究輯刊
六 編 第 十 冊　　　　　ISBN：978-986-254-604-8

宋代士族婦女的婚姻生活——以人際關係爲中心

作　　者　徐秀芳
主　　編　王明蓀
總 編 輯　杜潔祥
出　　版　花木蘭文化出版社
發 行 所　花木蘭文化出版社
發 行 人　高小娟
聯絡地址　新北市永和區中正路五九五號七樓
　　　　　電話：02-2923-1455／傳眞：02-2923-1452
網　　址　http://www.huamulan.tw 信箱 sut81518@gmail.com
印　　刷　普羅文化出版廣告事業
初　　版　2011 年 9 月
定　　價　六編 25 冊（精裝）新台幣 40,000 元

宋代士族婦女的婚姻生活
——以人際關係爲中心

徐秀芳　著

作者簡介

徐秀芳

1962 年出生於風城新竹。

國立清華大學歷史研究所碩士、國立台灣師範大學歷史研究所博士。

現任亞太創意技術學院通識教育中心助理教授。

凡有關中國婦女史相關領域皆有研究興趣，近年來研究面向亦擴及台灣歷史與客家文化等課題。

提　要

　　本文試圖透過宋代士族婦女婚姻生活與人際關係的互動，較全面探討宋代婦女在家族的角色與地位，期能較完整的呈現宋代婦女生活面貌。首章以《司馬溫公家範》為主，《溫公書儀》為輔，試論宋代士大夫的婦德觀；第二章探討在室女的角色與地位及已婚婦女與娘家的關係；第三章分析已婚婦女和公婆的互動；第四章則探討宋代夫婦之間的相處；第五章探討宋代婦女生育的情形與母子（女）之間的感情；第六章則是描述婦女寡居後的生活與再嫁的情形。

　　宋代婦女受限宗法制度，家庭地位不及男性。許多婦女在室時接受書史知識和女紅雙軌教育。婚後，以夫家為中心，但與娘家關係仍非常親密，尤其當她們遭遇夫家劇變或丈夫亡故時，往往會返回娘家。婚後婦女多能孝順公婆，盡到養生送死之責。至於夫妻相處，除了強調信守彼此承諾外，亦如現代的夫妻相處呈現多元風貌。生育乃是婦女天職，婦女懷孕生子，是一生最艱辛的階段。但兒女與母親朝夕相處，往往建立最親密的依附關係。丈夫死後，年長的寡婦較無經濟顧慮，有多種的生活方式可選擇。年輕的寡婦，經濟是嚴峻的考驗，固然有婦女可自力更生，不過多數依附親族為生。也有婦女在自主或被動的情形下，選擇再嫁。

目

次

緒 論

　　1970 年代以來，因應婦女運動與社會科學整合的趨勢，婦女研究成爲新興的研究領域，婦女研究者嘗試由歷史學、人類學、社會學、法律學、心理學、文學、藝術等學科來探究婦女的問題。而其研究的範圍，除婦女外，也涉及兩性相關的命題。受此風氣影響，近年來臺灣婦女研究亦方興未艾。以史學界言，婦女史研究之相關著作亦頗爲豐碩，打破以往歷史以男性活動和經驗爲主要研究對象的局面。其中宋代因被視爲中國婦女地位之轉折期，因此致力於宋代婦女史研究者頗多，其涉及層面包括貞節觀、法律、婚姻與家族制度等範圍，其中又以貞節觀的相關研究著墨最多。而研究對象則涵蓋士族、平民與遊藝等階層的婦女，不過受史料之侷限，仍以士族婦女爲主要研究對象。近來較全面探討宋代婦女生活有游惠遠《宋代民婦之家族角色與地位》，萬靄雲《宋代命婦之研究》，皆爲碩士論文。另有美國學者 Patricia Buckley Ebery "The Inner Quarters：Marriage and the Lives of Chinese Women In the Sung Period"

　　在研究理念方面，以往在描述宋代婦女時，常拘泥於傳統男尊女卑的倫理思想，總是強調婦女地位卑微、處境悲慘的一面，使得婦女史彷彿是一部婦女被壓迫史，如此化約的論述，反而無法如實地呈現婦女的生活面。此外，便是以社會貞節觀念鬆弛與否來判斷婦女地位之高低，認爲貞節觀念愈寬鬆，禮法道德對婦女規範則較寬鬆，相對婦女地位就較高，而學者之間因檢視角度的差異，對宋代貞節觀鬆弛與否亦看法亦分歧。他們多數採取例證的方式來闡述個人之觀點。如早期陳顧遠《中國婚姻史》、陳東原之《中國婦女生活史》，近來朱瑞熙《宋代社會研究》等，皆認爲宋代貞節觀念日趨嚴格，

是中國婦女地位低落的轉折點，而張邦煒則在〈宋代婦女的再嫁問題和社會地位〉中引述《夷堅志》再嫁的事例，證明宋代貞節觀念仍屬寬鬆，再嫁者無損婦女在家族中之地位。其實以貞節觀鬆弛與否來判定婦女地位高低，是有其侷限性的，因一個社會在正常的情形下，夫亡再嫁或守志應該是並存的社會現象，故史學家不難從史料中發掘支撐個人理論的例證，加上在引用例證時，很難深入論證此只是純屬個人行為的特例，或是反映當時社會風氣，因此在論斷時難免不夠周延。而且受限於史料保存完整與否，即使看似客觀的量化方法也潛藏著非科學的一面，因傳統婦女在「正位於內」規範下，婦女的嘉言懿行是很難傳諸於世的，加上相關婦女史料零散，在前代婦女相關史料闕如狀況下，當然凸顯宋代守貞婦女人數有增加的傾向，故以守貞婦女人數增加，來研判宋代婦女貞節觀念鬆弛與否，說服力難免不足。更何況影響婦女地位的因素紛沓，除貞節觀外，還包括道德規範，婦女財產控制權，宗法制度，勞動能力和家庭權利等主、客觀的因素，所以在判定宋代婦女地位高低與否時，不應單以貞節觀寬鬆與否判斷宋代婦女地位高低，實應擺脫現有的價值判斷，設身處地於宋代社會中，謹慎重建宋代婦女之生活面。

本論文試從透過宋代婦女婚後與家族人際關係之互動的角度，探討宋代婦女在家族的角色與地位，期望能較完整的呈現宋代婦女生活面貌。然宋代婦女因階層、地域之差別及時代的差異，生活方式、價值觀念均不盡相同，難以一概而論，故本文論述雖然包括一般平民婦女，實仍以士大夫階層婦女為主要研究對的象。而使用的文獻資料，以史傳、宋人文集所載墓誌碑銘為主，筆記小說、類書為輔，試圖勾勒出宋代婦女的婚姻生活。

因傳統婦女以嫁人為依歸，母家對其而言只是人生逆旅，婚後的夫家才是最終歸宿，才是其生活重心。故進一步探討婦女之婚姻生活，將有助於我們釐清婦女宋代婦女在家庭和社會的角色。然婦女婚姻生活涵蓋甚廣，限於能力，筆者嘗試透過婦女婚後人際關係的角度，探討宋代婦女的角色與地位。首先試圖探究的是宋代的婦德觀與對婦女角色之期望。行文將以司馬光的婦德觀為中心探究宋代士大夫的婦德觀，可知宋人受限於儒家「正位於內」，「男尊女卑」的倫理思想，當時士大夫的理想仍期望婦女生活以家庭或家族為活動範圍，只能扮演為人女則孝、為人妻則順、為人媳則敬、為人母則賢的主內角色。

接著進入主題中心，探討婦女婚姻生活的人際關係。首先論及已婚婦女與娘家的關係。可發現在宗法制度下，在室女的地位是無法與男子相提並論的，

但為了維持家道的興盛，以及期望婦女婚後能克盡婦職，多數宋代士大夫主張婦女在室時就必須接受雙軌教育，其內容包含一般書史知識和學習各種女紅。而婚後本於「內夫家、外本家」的禮法，婦女應隱藏個人私情，以夫家為生活重心。不過基於禮不外乎人情，事實上，在宋代婦女與娘家關係仍非常密切。繼而論述婦女在夫家的人際關係，婚後婦女周旋在夫家紛雜之人際脈絡中，其中以與舅姑和諧相處最重要，在儒家禮法薰陶下，多數婦女多能孝順公婆，盡到養生送死之責。至於夫妻相處，宋代依然秉持「夫義婦順」、「相敬如賓」之道。妻子應扮演輔佐丈夫、成其功名的角色，禮法上對於妻子的苛責遠甚於丈夫，以致夫妻之間互動方式，缺乏愛情的滋潤，只有「相敬」和「唱隨」之存在。不過透過文集、筆記小說，發現宋代夫妻相處，除了強調彼此信守承諾外，還呈現多元風貌，有鶼鰈情深、相知相愛者；也有懼內者；更有夫妻反目成仇，以致兵刃相見者；或迫於嚴酷現實無法白頭偕老者。

在宋代，生育乃婦女的天職，婚後婦女有將近三十年時間可以懷孕生子。在產育期間，婦女除生兒育女，還需主持家計，可說是婦女一生最艱辛的時期。而兒女與母親朝夕相處，目睹母親工作之辛勞與犧牲，及儒家孝道的影響，為人子女者多會致力回饋母親之辛勞，而母親亦視兒女，尤其兒子是未來希望所在，因此彼此往往建立起最親密的依附關係。

最後論述丈夫亡故後婦女的處境，高齡的寡婦礙於年齡與生育的因素，再嫁的可能性較小，她們有些在丈夫亡故之後成為真正的一家之主，有的則不問家事，潛心宗教活動。年輕寡婦，若選擇以柏舟自誓，守志終身，她們有的獨立營生，不過仍有許多婦女返回娘家，或依賴夫家、甚至親族為生。也有一些婦女在父兄或公婆安排下、或是在自主情形下選擇再嫁。在宋代，再嫁的婦女並不會受到鄙視，並無損於她們在新夫家的人際關係。

綜觀宋代婦女的婚姻生活，婦女雖受禮法的約束，只能扮演為人女、為人妻、為人母等「主內」角色，然在家中仍擁有相當的權力，尤其母權具有極大的權威。與男性相較，她們固然少有參與社會活動的機會，然宋代婦女並非全然深居閨中，足不出戶。尤其在缺乏雄厚經濟基礎的士大夫階層，為了維繫家族門戶不墜，中舉是唯一的出路。為了使夫君、兒子能致力求取功名，主婦除了要處理全家繁雜事務外，有時還需逾越「女正位於內」的禮法規範，汲汲於營生以協助家計，這也使得宋代婦女在家庭的角色與地位日漸重要。

第一章　試論宋代士大夫的婦德觀
——以司馬光爲中心

壹、前　言

　　陳橋兵變，宋太祖受周禪而有天下，太祖爲革除唐末、五代以來政權紛擾和社會道德敗壞等弊端，除實行中央集權、強幹弱枝、尊儒尚文等政策外，更大力振興倫理道德規範，以收正風俗、厚人倫之效。故宋士大夫往往自豪的論到：「國朝立三綱以爲綱，張四維以爲維，護風俗如護元氣，重名器如重鬼神。」〔註1〕「國初人便以崇禮義、尊經術，欲復二帝三代，已自勝如唐人。」〔註2〕更重要的是士大夫亦自覺興教化、厚人倫是國家長治久安之本，尤其爲因應唐末、五代以來社會、經濟結構的急遽變化，重建綱常倫理學說，以因應新的社會秩序，實刻不容緩，因此宋代士大夫有關倫理綱常的論述便如雨後春筍般的相繼出現。他們在闡述倫理道德規範之際，內容每每牽涉到婦女地位認定的命題。基本上，宋代多數的士大夫，如周敦頤、石介、程頤、蔡襄、司馬光乃至朱熹等人仍多承襲西漢以來的陰陽學說或男尊女卑的觀念，陳述個人的性別意識。〔註3〕其中不少士大夫認爲婦女是昏昧無知，性情喜怒無常而多乖。類似「婦人之性，鮮克正也。陰則昧，柔則弱，昧不

〔註1〕林駉《古今源流至論》卷八〈士風〉，《四庫全書》，942冊，頁117。
〔註2〕黎靖德編《朱子語類》卷一二九〈本朝三・自國初至熙寧人物〉，台北文津出版社，1986年初版，頁3085。
〔註3〕鮑家麟〈陰陽學說與婦女地位〉，鮑家麟主編《中國婦女史論及續集》，台北稻鄉出版社，1991年初版，頁37～54。

足自見，弱不足自立，與物而遷，直情忘反，其體一也。」〔註4〕「惟女子
與小人為難養也，使與聞外事且不可，牝雞之晨，惟家之索，而況可使攝位
而臨天下乎？」〔註5〕「所以婦人臨事多怕，亦是氣偏了？」「婦人之仁，只
流從愛上去。」〔註6〕或「大抵婦人女子之情性，多淫邪而少正，易喜怒而
多乖」〔註7〕的論點，可謂屢見不鮮。即使向來被視為同情婦女的袁采，也
有「婦人無遠識」、「婦女之不可諫誨」的論點。〔註8〕且隨著宋代對倫常綱
紀的重視，對婦女的道德規範亦日趨嚴苛。如夏竦在〈女懷清臺銘〉一文中，
指責秦始皇所褒揚的巴寡婦清是：「越閨戶，預外事，是非貞也；圖貨殖，
忘盬饋，是非孝也；採丹石，棄織紝，是非功也；抗君體，乖禮儀，是非德
也。」〔註9〕認為巴寡婦清是無視男女之別、不孝、不貞之人。石介更認為
婦女干政是：「以女子而朝群臣」是「男女之職亂」，「陰陽之序失」，為禍亂
的根源。〔註10〕又在宋代方興未艾的家訓或家範等作品，也有不少有關婦女
在家庭或家族內的身份地位等規定條目，如劉清之在《戒子通錄》〈母訓〉
中闡述母儀之道；《鄭氏規範》則以嚴格的條目規範婦女身份角色與地位等
相關問題。不過在宋代較早有系統全面探討婦女在家庭角色與地位的學者，
不是標榜興教化、厚人倫的理學家，而是以史學著稱的司馬光。司馬光有關
家庭倫理的著作主要是《司馬溫公家範》（下文簡稱《家範》）、《孝經直指》
與《溫公書儀》（下文簡稱《書儀》）三書。其中《家範》和《書儀》二書，
是司馬光個人倫理思想的具體呈現，他著作目的是做為士大夫日常生活規範
與指南，但其中有多項條目論及婦女在家庭或家族的身份與地位，因此本文
試圖以《家範》為主、《書儀》為輔，試探司馬光的婦德觀。

貳、司馬光的生平與思想

　　司馬光字君實，晚號迂叟，陝州夏縣人，人稱涑水先生。生於宋真宗天禧

〔註4〕李覯《直講李先生文集》卷五，〈周禮致太平論〉，《四部叢刊初編》，頁65。
〔註5〕蘇軾《東坡後集》卷一一〈志林〉，《蘇東坡全集》，北京中國書店，1986年一
　　　　版，頁590。
〔註6〕《朱子語類》卷四〈性理一‧人物之性氣質之性〉，頁57。
〔註7〕《積善錄》，《叢書集成新編》，14冊，頁11。
〔註8〕袁采《袁氏世範》卷一〈婦人之言寡恩義〉，《叢書集成新編》，33冊，頁
　　　　147。
〔註9〕夏竦《文莊集》卷二五〈女懷清臺銘〉，《四庫全書》，1087冊，頁261。
〔註10〕石介《徂徠集》，《四庫全書珍本》四集，卷五，頁6。

三年（1019 年），卒於宋哲宗元祐元年（1086 年），享年六十八歲。是著名的史學家和政治家。司馬光一生思想、行誼深受家庭教育的影響。司馬氏家族向來以家庭和睦孝悌，為世人所敬重。父親司馬池官至天章閣侍制，為官清直仁厚，對司馬光一生行誼影響最為深刻。他非常重視司馬光學問的涵養，自司馬光免於襁褓起，父兄便教授他儒家經籍，〔註11〕「生六齡，父兄教之書」，七歲開始，父親又為之講授《左傳》，當時司馬光因年紀尚幼，對精深典籍尚不能「拘探微蘊」，然因「比之他人，差為勤苦盡心。」〔註12〕終於奠定司馬光日後「博學無所不通，音樂律曆、天文書數，皆極其妙」〔註13〕的基礎。除了學問的養成，父親更注重司馬光人格的培養，如司馬光在「幼時弄青胡桃，女兄欲脫其皮，不得，女兄去。一婢以湯脫之。女兄來問。光曰：『自脫也。』先公適見之，呵曰：『小子何得謾語？』光自是不敢謾語。」〔註14〕經此訓誨，自此司馬光以誠實自詡，一生行事光明磊落，無不可對人言者。

司馬光參加科舉考試，可謂少年得意，二十歲就高中進士甲科，歷經仁宗、英宗、神宗與哲宗四朝官職，官至尚書左僕射兼門下侍郎，可謂官職顯赫。然因行事過於擇善固執，在政治上實無顯著的貢獻。但是他博學好文，著述等身，著作涵蓋政治、詩詞、哲學與史學等層面。如眾所知，他一生最重要的貢獻是編修《資治通鑑》。該書不但奠定司馬光在我國史學史上的地位，更開啟後世的通鑑學。在《資治通鑑》中，司馬光政治思想核心是「以禮為本」，反覆陳述實施禮治、重視名分，為治國的根本。在《通鑑》一書開宗明義道：

> 天子之職，莫大於禮。禮莫大於分，分莫大於名。何謂禮？紀綱是也。何謂分？君、臣是也。何謂名？公、侯、卿、大夫是也。夫以四海之廣，兆民之眾，受制於一人，雖有絕倫之力，高世之智，莫不奔走而服役者，豈非以禮為之紀綱哉？是故天子統三公，三公率諸侯，諸侯制卿大夫，卿大夫治士庶人。貴以臨賤，賤以承貴，……然後能上下相保。而國家治安。故曰：「天子之職，莫大於禮。」〔註15〕

〔註11〕司馬光《司馬文正公傳家集》（下文簡稱《傳家集》）卷五八〈謝校勘啟〉，有「徒以世家相承，習尚儒素，故自免去襁褓，初知語言，父兄提攜，授以經籍」之句。《四庫全書》，1094 冊，頁 512。

〔註12〕同上書，卷七四〈迂書序〉，頁 670。

〔註13〕《東坡前集》卷三六〈司馬溫國公行狀〉，《蘇東坡全集》，頁 430。

〔註14〕劉宗周《人類譜記》卷五〈記警妄語第六〉，台北廣文書局，1971 年初版，頁 52。

〔註15〕司馬光《資治通鑑》卷一〈周紀一〉，台北洪氏出版社，1980 年再版，頁 2、

事實上，司馬光「禮本」觀念，不但認為「禮」攸關國家興亡，更視「禮」是建立社會井然秩序的根本。故又說：

> 禮之為物大矣，用之於身，則動靜有法，而百行備焉；用之於家，則內外有別，而九族睦焉；用之於鄉，則長幼有倫，而俗化美焉；用之於國則君臣有敘，而政治成焉；用之於天下，則諸侯順服，而紀綱正焉。〔註16〕

因此在司馬光的倫理思想體系中，禮法不但用於治國，更重要的是用於齊家，他深信唯有本於禮，才能使「父父、子子、兄兄、弟弟、夫夫、婦婦，而家道正」，進而天下才能平定。〔註17〕且只有以禮治家，才能使家庭「尊卑有等，長幼有序，內外有別，親疏有序，然後上下各安其分，而無覬覦之心。」〔註18〕因此他強調「治家莫如禮」〔註19〕或「以禮法齊其家」，〔註20〕要求家庭所有的成員行為皆需依禮而行。為使家庭成員行誼、道德有所準則，他先後著述《家範》、《書儀》二書界定父母、子女、兄弟、夫妻、婦姑等家庭成員的人際關係，日常生活行事和冠婚喪葬活動中所應遵守的規範。其中也包含婦女言行規範的言論，析論其內容我們可窺探司馬光的婦德觀。

《家範》是繼顏之推《顏氏家訓》之後，影響士大夫家庭倫理生活的重要著作之一。在書中司馬光本著儒家修身、齊家、治國、平天下的思想，闡述治家的倫理規範、家庭人際關係與應盡的義務。《家範》一書共分為十卷，司馬光開宗明義即主張《周易》〈家人篆〉「女正位乎內，男正位乎外。」為治家最高準則，並引用《大學》、《孝經》、《中庸》、《尚書》〈堯典〉、《詩經》等書中「修齊治平」的相關言論，認為本於「尊卑有等，長幼有倫，內外有別，親疏有序」的原則，規範家中的人際關係，務必做到「父慈而孝，子孝而箴，兄愛而友，弟敬而順，夫和而義，妻柔而正，姑慈而從，婦聽而婉」，〔註21〕進而達到治國、平天下的鵠的。下文九卷則匯集歷代道德典範，分列祖、父、子、孫、伯叔父、姪、兄、弟、姑姊妹、夫、妻、舅甥、婦、妾和

3。
〔註16〕同上書，卷一一〈漢紀三〉，頁375、376。
〔註17〕司馬光《家範》卷一，《叢書集成續編》，60冊，頁424。
〔註18〕司馬光《溫公易說》卷一，《中國古代易書叢書》卷三，北京中國書店，1992年一版，頁19。
〔註19〕《家範》卷一，頁426。
〔註20〕《家範》卷二，頁431。
〔註21〕《家範》卷一，頁426。

乳母十七項條目，論述家庭人際關係與應恪守的倫理規範。綜觀全書，司馬光的治家倫理，大致可劃分爲「父母之道──慈嚴養教並重，子女之道──孝不失箴，夫妻之道──夫敬婦順，男女之道──男女有別而有權。」〔註22〕

　　書儀本是魏晉至唐末，世族爲維護特殊地位與家門禮法，使其生活行爲有所依據的產物，依性質可劃分爲朋友書儀、表狀簽啓類書儀、綜合性書儀。其中綜合性的書儀可說是士大夫行爲準則的百科全書，內容包括上至君王、下至婦人典史的書狀表啓來往之外，還有節候賞物、公文程式、婚禮、兇禮、門風禮教、喪服制度、五服制度等。然而書儀的著寫隨著世族社會的崩潰而趨於沒落。〔註23〕《書儀》一書在性質上則屬於綜合性書儀，其著作動機除了司馬光本身好禮外，主要還是鑑於宋代社會普遍不知禮儀規範，不但一般「商販之類或踰王公」，即使卿大夫之家也「莫能中禮」。〔註24〕《書儀》寫於元豐四年（1081年），該書是以《儀禮》爲本，因應社會風情，參酌古今的禮儀而成。全書共分爲十卷，包含表奏公文私書式一卷，冠禮一卷，婚儀二卷，喪儀六卷。可做爲士大夫日常居家生活的準則。因此《家範》和《書儀》二書是論述家庭成員間的倫理關係、道德規範和權利義務的著作。爬梳其中資料，可窺知司馬光的婦德觀是本於儒家傳統「男女之別」，勾勒婦女爲人女、人妻、人母的理想形象。

參、司馬光的婦德觀

一、男女之別

　　司馬光的家庭倫理道德，以男女之別最爲重要。他本於「男女之別，禮之大節也，故治家者必以爲先禮。」〔註25〕闡述男女之防和男女大別的重要性。司馬光「男女之防」的規範，較班昭《女誡》及宋尚宮《女論語》繁瑣，他除大量引用《禮記》〈內則〉的內容，制定叔嫂不得通問、諸母不漱裳等規範外，還強調「男女不雜坐，不同椸枷，不同巾櫛，不親授受，……女子許

〔註22〕董根洪《司馬光哲學思想評述》，太原山西人民出版社，1993年一版，頁300～314。

〔註23〕周一良、趙和平《唐五代書儀研究》〈敦煌寫本書儀中所看到的部分唐代社會文化生活〉，北京中國社會科學，1995年一版，頁302～321。

〔註24〕《河南程氏文集》卷一〈論十事箚子〉，程顥、程頤撰《二程集》，台北漢京文化事業有限公司，1983年出版，頁455。

〔註25〕《家範》卷一，頁426。

嫁緅，非有大故不入其門，姑姊妹、女子子已嫁而反，兄弟弗與同席而坐，弗與同席而食。」〔註26〕並規定男女之間不得私相受授，不可共井、共廁、共浴室。〔註27〕接著他進一步闡述男女之別，除所謂的男女大防外，還包括男女職事的差別。受儒家傳統「婦無公事，休其蠶織」觀念的影響，司馬光認爲婦女的職責不同男性的修齊治平，而是主中饋。〔註28〕其角色則限定在爲人女則孝，爲人妻則賢、爲人母則慈。因此婦女一生不論經歷爲人女、人妻或是母親的角色，其才能發揮僅限於家族或家庭中，活動空間亦侷限在閨房或內闈中，所以司馬光才會強調婦女應謹守「外言不入於梱內，內言不出於梱」，〔註29〕「寢門之內婦人治其業」，〔註30〕「男子無故不處私室，婦人無故不窺中門，有故出中門，必擁蔽其面」〔註31〕等禮法規範，若有必要，內外之言與內外之事則經由鈴下蒼頭主之。〔註32〕

司馬光在《書儀》或《家範》中反覆強調男女之別、婦無外事的理念，在實際生活中，他亦秉持「婦人無外事，有善不出閨門」的理念，因此在妻子張氏逝世後，異於社會丈夫爲妻子撰寫墓誌銘的習俗，僅作〈敍清和郡君〉記載妻子的生平，「存於家，庶使後世爲婦者，有所矜式耳。」〔註33〕不過司馬光雖極力強調男女之別，認爲婦女主家事乃牝雞司晨，惟家之索。然就客觀的事實，宋代經濟、社會結構畢竟異於前代，加上當時禮法對婦女的規範與後代相較仍然較爲鬆弛，司馬光本人雖然固守「婦無外事」的理想原則，但他同宋代許多士大夫一樣，瞭解到理想的社會秩序與現實的世界仍有所差距，且要釐清所謂的外事、內務也實在不是容易的事，故他對「婦無外事」的定義也做了若干的修正。原則上，只要婦女才華能「輔佐君子，成其令名」，〔註34〕使夫或子建立功名;或「柔順足以睦其族」;「勉夫教子」;行事不逾越「賢妻良母」的架構，司馬光也未全然反對婦人涉預外事。所以他雖強調婦女無外事，以柔順爲正，認爲妻子需具備柔順、清潔、不妒、儉約、恭謹、勤勞美德外，還需效法周宣

〔註26〕同上註。
〔註27〕同上註。
〔註28〕《家範》卷一〈治家〉，頁250。
〔註29〕同上書，頁426。
〔註30〕同上註。
〔註31〕司馬光《溫公書儀》卷四〈居家雜儀〉，《叢書集成新編》，35冊，頁250。
〔註32〕同上註。
〔註33〕《傳家集》卷七八〈敍清河郡君〉，頁720。
〔註34〕《家範》卷九，頁473。

王姜后、齊桓衛姬、楚莊王樊姬、晉文公妻姜氏、陶答子妻、陵子終妻、漢明德馬皇后、吳許升妻呂榮和唐文德長孫皇后等，能輔佐丈夫成就其功名。此外，他雖然再三闡述婦無外事的禮法規範，認爲婦女有善名不出於閨門，反對替婦女撰寫墓誌銘，但在司馬光現存文集中，仍保留少數婦女的墓誌銘。而且其中不少婦女，如蘇軾、蘇轍兄弟的母親程氏的行誼，嚴格來說是逾越「婦無外事」的禮法規範，但司馬光也許基於隱惡揚善的心態，或是瞭解現實社會與理想社會秩序的差異，不但沒有提出嚴厲的批評，反而在〈程夫人墓誌銘〉中描述程氏善於經理家事，爲支持丈夫、兒子專心向學，毅然「罄出服玩鬻之以治生」，使得蘇家「不數年遂爲富家」，而蘇洵終可以「專志於學，卒成大儒。」且他還在文中褒揚程氏，是「能開發輔導成就其夫子，使皆以文學顯重於天下。」是「思慮高絕」的賢妻良母。〔註35〕

二、在室女的教養

司馬光強調男女之別，認爲婦無外事，雖有相當的權宜性。然而他仍遵循「婦無外事」的理念，認爲婦女一生的活動空間侷限於家庭或家族之中，而所扮演的角色則是界定在爲人女則孝、爲人妻、母則賢。基於父系宗法制度，這些角色又以爲人妻、爲人母的職責最爲重要。然而此並不意味司馬光忽視在室女的角色，相反地，他認爲在室女在母家的生涯雖只有短短的十多年，但其除了要孝順父母、涵養德行外，尚需接受一切婦事訓練，以爲將來能恪盡婦職。

首要是涵養在室女的品德。因司馬光承襲儒家以孝爲本的思想，視孝是「天之經也，地之義也，民之行也。」〔註36〕爲超越時空永恆的真理，是家庭倫理思想的根本。所以在室女德行首重孝道的養成。身爲婦女拘於「男女大別」之限制，無法同男性一樣移孝做忠或是「揚名後世，以顯父母」，然而卻可「始於事親」，婚後成爲孝敬翁姑的賢媳、以免羞辱父母。因此他認爲在室女首先要謹守孝道，奉養父母，以爲將來侍奉公婆的準備外，便是學習溫柔婉約的儀止，接受三從四德的教育，以便將來能夠勝任婦職。不過在司馬光之前，有關在室女教育的內容並無定制，從史料的記載可發現，有的以教授女紅爲主，輔以女教等基本學識；有的家風較爲開明，在家中男女可相互切磋學問，側重婦女才學的薰陶；亦有養女不教者。大致而言在宋代之前，魏晉南北朝至唐代的世家

〔註35〕《傳家集》卷七八〈程夫人墓誌銘〉，頁719。
〔註36〕《家範》卷四，頁440。

大族爲了家族的延續、門風的維繫，非常重視婦女教育，在室女除了接受基本女紅訓練外，尙須接受儒學教育。至宋代因社會結構的轉變、商業經濟的發達及文化事業蓬勃的發展，民眾接受教育的機會遠較前代普遍，可是宋代因科舉制度的影響，卻出現士大夫重視教子，忽略在室女教育的情形，士大夫對在室女教育的關注，反而不及唐代世族重視。〔註37〕也許爲扭轉此局勢，司馬光強調婦女接受教育的重要性，在《家範》中爲增加理論的說服力，還引用班昭《女誡》「今之君子，徒知訓其男，檢其書傳，殊不知夫主之不可不事，禮義之不可不存，但教男而不教女，不亦蔽於彼此之教乎？禮：八歲，始教之書，十年，而志於學矣！」「凡人不學，則不知禮義，不知禮義，則善惡是非之所在，皆莫之識也，於是乎有身爲暴亂，而不自知其非也；禍辱將及，而不知其危也。然則爲人皆不可以不學，豈男女之有異哉？」〔註38〕堅持婦女同男子皆需接受教育。並藉由教育潛移默化的作用，使婦女言行舉止合乎禮法規範。事實上在宋代不僅司馬光抱持這種觀點，鄭俠也認爲婦女應接受教育，其言：

> 予常怪世之人，生子女不知教，豚麑畜之，肥其軀幹，而不美以德。
> 其知名教之爲有益於世者，亦不過以教男子，而女子獨不教，曰：「婦
> 人之職，無非無儀，惟酒食是議。」曾不思古之人，所以能盡爲婦
> 之道，而至於是詩者，孰非學之力哉？若男子出入閭巷，交際士友，
> 尚可見而識焉。若女子者深閨內闈，無所聞見，可不使知書哉？是
> 則教子之所宜急，莫若女子之爲甚。乃置而不教，此悍婦戾妻驕奢
> 淫佚、狼狽不可制者，所以比比。〔註39〕

鄭俠的論點與他也頗爲一致。只是司馬光雖強調婦女接受教育的重要，但本於「男女有別」、「男尊女卑」的觀點，他視婦女之職在主內，而無境外之志。婦女職責在服侍他人，無專權之責。故婦女雖然需接受教育，但是主要目的是在涵養婦德，並非培養才女。因此婦女只要接受「《論語》、《孝經》及《列女傳》、女誡之類。」〔註40〕等有益於德行涵養的基本學識，而女紅所需學習

〔註37〕 有關唐代室族在室女的教育情形，可參閱盧建榮先生著〈從在室女墓誌看唐宋性別意識的演變〉一文，文中認爲唐代貴族爲了家風的延續，婦女除接受傳統女紅教育外，也和家族內的男子共同接受儒家經典教育。載《國立台灣師範大學歷史學報》第25期，1997年六月，頁15～41。

〔註38〕 《家範》卷六，頁453。

〔註39〕 鄭俠《西塘集》卷四〈謝夫人墓表〉，《四庫全書》，1117冊，頁414。

〔註40〕 《書儀》卷四，〈居家雜儀〉，頁251。

的內容「則不過桑麻、織績制衣裳、爲酒食而已。」〔註41〕

　　爲了強化溫柔婉約婦德的重要性，他承襲班昭的四德觀，再次強調「婦德不必才明絕異也；婦言不必辯口利辭也；婦容不必顏色美麗也；婦功不必功巧過人也。」其所謂的婦德是「清閑貞靜、守節整飾、行己有恥、動靜有法」；婦言是「擇辭而說，不道惡語，時然後言，不厭於人」；婦容則是「盥浣塵穢、服飾鮮潔、沐浴以時，身不垢辱」；婦功爲「專心紡績、不好戲笑、潔齊酒食、以奉賓客。」〔註42〕綜觀司馬光婦女教育的內容，雖沒有出現後代「女子無才便是德」的觀念，基本上仍沿襲儒家「德勝於才」的論點，強調婦德的培養遠在婦才之上，所有才能的薰陶及養成，皆是爲了實踐婦德，以爲將來成爲一位賢妻良母。因此婦女四德雖然重要，但其顯現於外的，不在光豔亮麗的容貌、或是言辭犀利、咄咄逼人的才能表現，而是內斂、含蓄或溫柔婉約形象，以合乎儒家溫柔婉約的婦女形象。故司馬光婦女教育的理念，才會認爲婦女只需接受基本的學識和女紅訓練，能夠處理日常生活事宜，舉止不逾矩即可。至於無益於婦女道德涵養者皆在排斥範圍，其中詩詞歌賦尤其不可教授婦女。因所謂詩詞歌賦的內容多牽涉風花雪月，易使婦女陷於不當的遐思，無益婦女道德的養成，且婦女只要才華外顯，詩名在外，難免與士人相互酬唱，此不但逾越男女不相授受的道德規範，甚至還可能做出違法悖禮之舉。更何況詩詞在唐宋期間，多爲宴會或聲色場合妓女、文士相互應酬之作，良家婦女若作詩填詞豈不是自貶身價，無異於聲色場合女子。加上宋代隨著商業的繁榮，城市的興起，婦女日漸商業化和物化，在繁華的大城市確實有不少貧窮的家庭，生女則視其資質，施以詩詞音律的訓練，以爲將來能奉侍他人的情形。〔註43〕鑑於此，以奉行禮法自居的司馬光，自然承襲《女論語》〈訓男女章〉第八「莫縱歌詞，恐他淫污。」和《義山雜纂》教女詩詞爲無識的觀點，認爲管弦歌詩皆非女子所宜習也，反對婦女學詩詞音律。不過在宋代仍有不少士大夫家族的婦女學習詩詞，除了一代詞女李清照外，尚有曾布妻魏夫人、謝希孟、朱淑眞等人，他們都有不少作

〔註41〕《家範》卷六，頁 453、454。

〔註42〕《家範》卷六，頁 423。

〔註43〕洪巽《暘谷漫錄》記載：京都中下之戶，不重生男，每生女，則愛護如捧璧擎珠，甫長成，則隨其資質，教以藝業，用備士大夫採拾娛侍。名目不一，有所謂身邊人、本事人、供過人、針線人、堂前人、雜劇人、拆洗人、琴童、棋童、廚子等級。雖是描述南宋商業城市的狀況，但北宋開封等大城市亦可能有類似的情形。

品傳諸於世。〔註44〕而從文獻的記載士人與她們相唱和頻繁的情形，顯示出宋代士人似乎對於文彩洋溢的婦女，實惺惺相惜之情多於道德的責難。不過，由韓琦在〈錄夫人崔氏事跡與崔殿丞請爲行狀〉中，形容其妻子崔氏是位才華洋溢的婦女，她「善書扎，體法甚老，殊無婦人氣格，好讀諸史氏書，概知歷代興亡治亂之事。」且「時作篇章，有理致，然以爲非婦人之事，雖至親不得見也。」〔註45〕程頤在紀念母親〈上谷郡君家傳〉文中，也提到母親侯氏「好讀書史，博知古今」，其弟雖是才智甚高的名儒，亦自嘆弗如。然而侯氏卻是「不爲辭章，見世之婦人以文章筆札傳於人者，深以爲非。平生所爲詩，不過三十篇，皆不存。」〔註46〕此外，陸游《渭南文集》卷三五〈夫人孫氏墓誌銘〉亦稱許孫氏：「幼有淑質。故趙建康明誠配李氏，以文辭名家，欲以其學傳夫人。時夫人始十餘歲，謝不可，曰：『才藻非女子事。』」或是在宋代婦女墓誌銘中，亦不乏類似「以書札、音律非婦事，絕不復爲」〔註47〕的記載。似乎也顯示文采聞名於世的婦女，對「婦女文名在外」流露疑慮不安的心情，如朱淑眞在《斷腸詩詞》卷十〈自責〉一詩云：

> 女子弄文誠可罪，那堪詠月更吟風。磨穿鐵硯成何事，繡折金針卻
> 有功。悶無消遣只看詩，又見詩中話別離。添得情懷轉蕭索，始知
> 伶俐不如痴。

便是凸顯婦女從事創作的內心矛盾。因此在宋代固然不少文人對婦才抱持肯定的態度，使婦女得以發揮文才或專心著作。如《古今閨媛軼事》卷三〈才藝‧和鳴集〉記載：史琰自幼童始，「資穎嗜學，蘋蘩線纊，一不經意，志業專確，博古善續文。」出嫁後，夫家作風開明，「殊不責以中饋之職」，故得以與丈夫張祺「詩詞酬唱，格調閑雅，久而盈篋，手自敘次，目曰和鳴集。」但多數婦女應該不至如此幸運。

　　總之在「男女有別」的禮法規範下，婦女才德兼備固然是最理想的情況，但是婦德與婦才之間如何取捨、實在不是可輕易釐定的事。當然這也絕對不是司馬光認爲婦女只要粗識文理便可迎刃而解。更何況在《家範》中，也提

〔註44〕有關宋代婦女著作情形可參考胡文楷先生著作〈宋代閨秀藝文考略〉，載《宋史研究集》第二輯，台北國立編譯館，1964年，頁67～84。

〔註45〕韓琦《安陽集》卷四六〈錄夫人崔氏事蹟與崔丞殿請爲行狀〉，《四庫全書》，1089冊，頁503。

〔註46〕程頤《河南程氏文集》卷一二〈上谷郡君家傳〉，頁653、654。

〔註47〕范祖禹《范太史集》卷五一，《四庫全書》，1100冊，頁542。

到「漢和熹鄧皇后六歲能史書，十二通《詩》、《論語》，諸兄每讀經傳，輒下意難問，志在典籍，不問居家之事……其餘班婕妤、曹大家之徒以學顯當時，名垂後來者多矣。」〔註 48〕文中的鄧皇后、班昭或班婕妤等人的學識不但不是粗識文理，且傲視多數的男子。司馬光不但讚許她們好學不倦，且稱許其名顯於當時。可見司馬光並非全然反對婦女接受高深的學識，但強調婦德絕對在婦才之上。婦才唯有在婦德的禮法架構下，才能凸顯其光輝和揮灑的空間。而在宋代的婦女墓誌銘中亦透露著同樣的訊息。如文同在〈文安縣君劉氏墓誌銘〉中記載劉氏：「嗜學，書傳無有不經覽者。於左氏春秋，尤能通誦之」，是一位博學的女士，但更重要的是她爲女則「性巧慧，志尚柔婉，在家常以孝謹稱於其親長」。爲人婦則「事上接下，祥順友愛，循蹈矩法，……」爲人妻，則其夫視其爲嚴師良友，在丈夫死後，她又守節自持，以教書爲生，「督諸子學，晝夜不廢」，可說是婦德無虧。〔註 49〕而另一位錢氏則是「讀經史佛道書，手不釋卷，博文強記、談論清辨，自曉音律，精於曆數，……晚而好理性之學。」也是位博學多聞的女士，然而其之所以爲世人所稱許，還是在於她「孝事舅姑，禮接族人，長幼疏戚無不得其宜。」對丈夫又能「從容諷切古之忠義，其出藩在外，則勸以尚德緩刑。」〔註 50〕堪爲婦德的楷模。又在《雞肋集》卷六六〈李氏墓誌銘〉中，則將李無競之女仲琬形容成是一位奇慧女子。據稱：

> 幼慧異甚，所見書立誦，十歲能爲詩，代大夫公削牘敏妙時裁，其室中事有理。……夫人於書無不讀，讀能言其義，至百家方技小說皆知之，其爲詩晚益工，至它文皆能之，而書尤妙麗。

稱的上學富五車，然而更重要是她出嫁後恪守婦德，輔佐丈夫「成其家，又教其子爲賢良有立。」以上種種記載，皆是反映宋代人認爲婦才唯有在婦德的價值體系下，才能被認可或讚許。相反地，若是被認爲婦德有虧，即可能被視爲逞口舌之能破壞家庭和諧的悍婦，或是不守婦道的淫婦。因此司馬光與多數的宋代士大夫一樣，雖沒有「婦女只許粗識柴米魚肉數百字，多識字，無益而有損也。」〔註 51〕或「女子無才便是德」的觀念，很明顯地，他的婦女才德觀是

〔註 48〕《家範》卷六，頁 454。
〔註 49〕《丹淵集》卷四十〈文安縣君劉氏墓誌銘〉，頁 294、295。
〔註 50〕《范太史集》卷三八〈工部尚書致仕李莊公許昌郡夫人錢氏墓誌銘〉，頁 426、427。
〔註 51〕溫以介述《溫氏母訓》，《叢書集成新編》，33 冊，頁 203。

婦德重於婦才，而所謂的婦容、婦言、婦功唯有在道德輿論認可的婦德價值觀架構下才會被認可，否則便是違法悖禮，成爲人人得而口誅筆伐的對象。

三、理想的妻子

司馬光非常重視夫妻之倫，認爲「夫婦之際，人道之大倫也」；〔註52〕「夫婦之道，天地之大義，風化之本原也，」〔註53〕是一切人倫關係的起點。他視夫妻的關係應是「夫義婦聽」，丈夫應先「身率以禮義」。〔註54〕然而另一方面他承襲男尊女卑的觀念，認爲「夫天也，妻地也；夫日也，妻月也；夫陽也，妻陰也。天尊而處上，地卑而處下；日無盈虧，月有圓缺；陽唱而生物，陰和而成物」，強調婦人應該以「柔順爲德，不以強辯爲美也。」〔註55〕他理想的妻子形象即是自己的夫人張氏，在〈敘清和郡君〉一文，他深情款款地敘述張氏一生的行誼：

> 性和柔敦實，自始嫁至於瞑目，未嘗見其有忿懟之色，矯妄之言，人雖以非意侵加，默而受之，終不與之辨曲直，己亦不復貯於懷也。上承舅姑，旁接娣姒，下撫甥姪，莫不悅而安之。御婢妾寬而知其勞苦，無妒忌心。嘗夜濯足，婢誤以湯沃之，爛其一足，君批其頰數下而止，病足月餘方愈。……平居謹於財，不妄用，自奉甚約，及余用之以賙親戚之急，亦未嘗吝也。始余爲學官，笥中衣無幾，一夕盜入室，盡卷以去，時天向寒，衿無纊絮，客至無衫以見之，余不能無歎嗟，君笑曰：「但願身安，財須有？」余賢其言，爲之釋然。〔註56〕

全然合乎妻子需具備柔順、清潔、不妒、儉約、恭謹與勤勞等美德。〔註57〕

司馬光認爲爲人妻者應具有六德中，最重要的是柔順，就見解而言並無新穎之處。溫柔婉約向來是中國理想婦女的形像，早在《詩經》卷一一〈小雅·斯干〉就強調生女則「臥之床下，明其卑弱」。而日後的女教書更是反覆闡述柔順爲首要的婦德，如西漢劉向的《列女傳》有〈母儀〉、〈賢明〉、〈仁

〔註52〕《家範》卷八，頁467。
〔註53〕《家範》卷七，頁465。
〔註54〕同上註。
〔註55〕《家範》卷八，頁467。
〔註56〕《傳家集》卷七八〈敘清和郡君〉，頁719、720。
〔註57〕《家範》卷八，頁467。

智〉、〈貞順〉、〈節義〉、〈辯通〉及、〈孽嬖〉七個章目，主張凡婦女有一行一德可爲婦人法者，皆可爲褒揚的典範，似乎並無特別強調婦女以柔順爲美。然管窺其內容，雖未特別編列類似卑弱或柔順的章節，字裏行間仍透露「婦人無擅制之義，而有三從之道。」〔註58〕的訊息，仍是頌揚婦女應以柔順爲德。至東漢道德禮法日趨嚴謹，對婦女道德規範亦相對提高。在《女誡》一文，班昭再三反覆闡述婦女柔順、卑弱的重要。她認爲：

> 陰陽殊性，男女異行；陽以剛爲德，陰以柔爲用；男以彊爲貴，女以弱爲美。故鄙諺有云：「生男如狼，猶恐其尪；生女如鼠，猶恐其虎。」然則修身莫若敬，避彊莫若順。故曰：「敬順之道，婦人之大禮」。〔註59〕

在唐代，儒學禮法因歷經魏晉南北朝外來文化及玄學的衝擊，在緣情飾禮禮法觀念下，相較而言，禮法規範對婦女的束縛確實是較鬆弛，至皇室婦女不守閨門禮法之舉時有所聞。然而社會輿論仍極爲推崇禮法規範，如在《女論語》中，作者就承襲班昭的觀點，大肆宣揚男剛女柔的思想，其內容較《女誡》更爲繁瑣、具體，加上全文以通俗淺顯的四字韻文構成，利於記誦流傳，影響婦女人心更爲深遠，層面也更廣。司馬光承襲闡述前人的婦女意識，強調妻子應以柔順爲首要美德。此就今人觀點而言固然迂腐，然在宗法社會實有其必要。中國傳統婚姻體制，夫妻關係固然親密，不過婚姻主要目的是合兩性之好，女子嫁爲人婦的主要職責，除主祭祀，延續夫家血脈，主中饋、侍奉舅姑、相夫教子外，更重要的是在夫家建立良好的人際關係網絡。爲了夫家和諧與繁榮，新婦必須放棄自我，周旋於妯娌、伯叔、姑姊妹等複雜的人際關係間。尤其與姑姊妹、小叔融洽相處最重要。司馬光便引用班昭的話說：

> 婦人之得意於夫主，由舅姑之愛己也，舅姑之愛己，由叔妹之譽己也。由此言之，我臧否譽毀一由叔妹，叔妹之心誠不可失也。皆知叔妹之不可失，而不能和之以求親，其蔽也哉！……然則求叔妹之心，固莫尚于謙順矣，謙則德之柄，順則婦之行，兼斯二者，足以和矣，若此可謂能柔順矣。〔註60〕

〔註58〕劉向《列女傳》卷一〈母儀傳〉，《叢書集成續編》，256冊，頁658。
〔註59〕范曄《後漢書》卷八四〈列女傳〉，台北鼎文書局印新校本，1981年四版，頁2788、2789。
〔註60〕《家範》卷八，頁467。

認為唯有為人妻者能行「柔順」之道，家庭人際關係才會和諧，若是妻子過於自我中心，則是破壞家庭和諧的驕妻悍婦。他主張為了家門興盛，男子除應慎於擇妻外，新婦入門後，丈夫需防患未然防之以禮，若妻子終不聽訓誡，「驕縱悍戾」，則當出之。〔註61〕而基於長幼差序格局，舅姑對子婦亦有管教權，但受制於男女之防，主要是婆婆對媳婦有管教之權，凡是新婦「未敬未孝」，婆婆可「教之，若不可教，然後怒之，若不可怒，然後笞之，屢笞而終不改」，丈夫亦可出妻。〔註62〕總之，在以家族或家庭為重的宗法制度下，為求家族的和諧，妻子角色是界定在服於人，應恪守三從四德，無自專之道。事實上，司馬光的觀念亦代表宋士人的觀點，如張載在〈女戒〉即提到：

> 婦道之常，順為厥正。是曰天明，是其帝命，嘉爾婉約，克安爾親，
> 往之爾家，克施課勤！爾順惟何？無違夫子。無然皋皋，無然訛訛！
> 彼是而違，爾焉作非？彼舊而革，爾焉作儀？惟非為儀，女生則戒。
> 王姬肅雍，酒食是議。〔註63〕

闡述婦女柔順的重要。南宋劉清之在《戒子通錄》卷八〈戒女書〉亦認為「孝敬貞順，專一無邪者」，是「婦人之紀綱，閨房之大節。」視柔順為首要婦德。而出自士大夫階層的婦女墓誌銘，更以敬順為最重要的婦德，墓誌銘總是不忘稱讚主人翁勤順柔婉、和於室人。如曾鞏在〈亡妻宜興縣君文柔晁氏墓誌銘〉讚美妻子柔順。形容她初嫁時，曾家食口眾多，家計頗為艱辛，晁氏和於親屬毫無怨言，她：

> 衣弊自若也，事姑，遇內外、屬人，無長少遠近，各盡其意，仁孝
> 慈恕，人有所不能及。於椸珥衣服，親屬人所無，輒推與之，不待
> 己足。於燕私未嘗見其惰容，於與人居未嘗見其喜慍，折意降色，
> 約己以法度，學士大夫有所不能也。〔註64〕

至於一般庶民雖較不受禮法的約束，但亦認為柔順視婦德之首，認為妻子若自我意識強烈、強悍潑辣，便是婦德有虧。故在《快嘴李翠蓮記》的主人翁

〔註61〕同上書，頁466。

〔註62〕《書儀》卷四〈居家雜儀〉，頁27。

〔註63〕張載《張載集》《文集佚存・女戒》，台北漢京文化事業股份有限公司，1983年初版，頁354。

〔註64〕曾鞏《元豐類稿》卷四六〈亡妻宜興縣君文柔晁氏墓誌銘〉，《四部叢刊初編》，頁298。

李翠蓮雖然容貌出眾、書史百家無所不通，女紅、粗工細活無一不精的妻子，只因言詞犀利、說一道十，忤逆舅姑，有違妻子溫柔婉約的形象，即使她自視不淫、不偷於婦德無虧，依然被認爲是不守禮法、破壞家庭和諧的長舌悍婦。甚至落得爲夫家所出、母家又難容的情況，最後只好遁入空門出家爲尼的處境。〔註65〕

四、貞節觀念

　　有些研究中國婦女史的學者，視宋代是中國婦女地位的轉捩點。認爲自宋朝開始因理學的興起，加諸於婦女的禮法規範和貞節觀念日趨嚴格，尤其程頤「餓死事極小，失節事極大。」〔註66〕名言，即被認爲影響宋代婦女貞節觀最鉅的名言。事實上婦女守貞的觀念並非始於宋朝，遠在《禮記》卷八〈郊特牲〉就有「壹與之齊，終身不改，故夫死不嫁」的記載，而歷代政府基於興教化、厚人倫的原則，對於節婦的表揚亦不遺餘力。以禮法道德自居的士大夫階層而言，亦往往視婦女守貞是婦德禮教最高的體現。但也許基於人情或是社會實際情形的考量，不論政府或多數士大夫咸視婦女守貞是一種典範，並無強迫婦女確切遵行。只有在《隋書》卷二〈高祖本紀下〉載隋文帝開皇十六年（596 年）曾經下詔規定：「九品以上妻，五品以上妾，夫亡不得改嫁」，禁止「五品以上妻妾，九品以上妻」改嫁。如此明確揭櫫禁止士大夫妻、妾改嫁，然而其真正目的並非禁止世族婦女改嫁，而是鑑於當時社會「禮教凋敝，公卿薨亡，其愛妾侍婢，子孫輒嫁賣之，遂成風俗。」〔註67〕爲了禁止不孝子女嫁賣父親的妾、婢，方有此規定。即使在唐代宋尙宮在《女論語》〈守節章〉第十二談到婦女貞節觀時，也只是秉持「古來賢婦，九烈三貞。名標青史，傳到於今。後生莫學，初匪難行。第一守節，第二清貞」的觀點，來鼓勵婦女守貞，並未嚴厲批判再嫁或改嫁的婦女。至宋朝基於重教化、厚人倫之目的，宋政府仍延續前朝旌表節婦的制度，如英宗治平三年（1066 年）十二月二十三日就下詔：「天下義夫、節婦、孝子、順孫，事灼然爲眾所推者，委逐處長吏按驗奏聞，當與旌表門閭。」〔註68〕然而在宋代表揚守貞婦女的模式並未定制，其包括名號爵位之贈、實物

〔註65〕《快嘴李翠蓮記》，洪梗輯《清平山堂話本》，上海古籍出版社，1992 年一版，頁 31～40。
〔註66〕《河南程氏遺書》卷二二下，頁 301。
〔註67〕《隋書》卷六六〈李諤傳〉，北京中華書局，頁 1543。
〔註68〕徐松《宋會要輯稿》四一冊，禮六十一〈旌表〉，台北新文豐出版公司，1976 年，頁 1674。

賞賜、表以坊額、賜改里名、國家載入史館等方式。〔註69〕且另一方面，基於人情、實際社會情況的考量，宋代法律並未明文禁止婦女再嫁或是改嫁，甚至哲宗在位期間，考慮到寡婦「女弱不能自立，恐有流落不虞之患也」，特別將《宋刑統》規定：婦女居喪不得更嫁的期限，從二十七月縮短至百日。〔註70〕在南宋法律也規定：「已成婚，而夫移鄉編管，其妻願離者聽，夫出外三年不歸，亦聽改嫁。」〔註71〕至於向來以禮法自持的皇室，確實在仁宗慶曆四年（1044年）期間曾下詔：「宗室大功以上親之婦不許改嫁，自餘夫亡而無子者，服除，聽還其家。」〔註72〕至嘉祐四年（1059年）更進一步制訂：「宗婦少喪夫，雖無子，不許更嫁。」〔註73〕然而在有違情理和反對者眾情況下，英宗時終於再度下令宗室女可再嫁，在神宗熙寧十年（1077年）大宗正汝南郡王趙允讓請求下，終於再度重申允許「宗室女再嫁」。〔註74〕因此以宋朝的道德標準言，守貞婦女固然足為道德典範，為世人所敬仰。如北宋胥偃家族「偃妻，直史館刁約之妹。與元衡婦韓、茂諶婦謝皆寡居丹陽，閨門有法。」一直為江、淮人士所稱道。〔註75〕但婦女改嫁或再嫁也應該不會被人恥笑。所以在宋代雖有程頤「餓死事小，失節事大」之言，此對當時的影響應該是微乎其微。否則不會至南宋時，當朱熹得知陳師中的妹妹守寡時，還特別寫信給陳師中，信中提到：

> 令女弟甚賢，必能養老撫孤，以全柏舟之節，此事更在丞相夫人獎勵
> 扶植以成就之。使自明歿為忠臣，而其室家為節婦，斯亦人倫之美
> 事。……伊川先生嘗論此事，以為餓死事小，失節事大。自世俗觀之，
> 誠為迂闊，然自知經識理之君子觀之，當有以知其不可易也。〔註76〕

希望其妹能以柏舟之志自誓。且整體而言，宋代士大夫固然認為婦女守貞是崇高婦德最高的體現，但他們對貞節觀的定義與明清兩代相較，仍然較為寬

〔註69〕費絲言《由典範到規範：從明代貞節烈女的辨識與流傳看貞節觀念的嚴格化》，國立台灣大學文學院，一九九八出版，頁86。

〔註70〕李燾《資治通鑑長編》（下文簡稱《長編》）卷四八四〈神宗元祐八年五月壬戌條〉，台北世界書局，1983年四版，頁4861。

〔註71〕《宋本名公書判清明集》〈户婚門·以成婚而夫離鄉編管者聽離〉，《四部叢刊》，頁115。

〔註72〕《長編》卷一五一〈仁宗慶曆四年八月甲寅條〉，頁1537。

〔註73〕《長編》卷一九○〈仁宗嘉祐四年十一月庚子條〉。頁1886。

〔註74〕《宋史》卷一一五〈禮志十八〉，北京中華書局新校本，1985年版，頁2739。

〔註75〕《宋史》卷二九四〈胥偃傳〉，頁9818、9819。

〔註76〕朱熹《晦庵先生朱文公文集》卷二六〈與陳師中書〉，台北大化書局，1985年初版，頁415、416。

泛。如北宋的秦觀在〈蔡夫人行狀〉褒揚蔡氏是一位烈女。進一步綜觀全文，發現蔡女竟是「一女適二夫」，若以明、清兩代的道德標準，縱使她不被指責爲失節的婦女，也絕對稱不上是烈女。但生於宋代的秦觀仍不吝筆墨勾勒蔡氏的事蹟，在文中詳述她：

> 年十四，適同郡環生，生故疾病，成禮十六日而卒。夫人雖幼，居喪事舅姑孝謹如成人。已而其舅又卒，爲之斬衰，蔬食誦佛經，無復更嫁意。於是其母與諸昆弟率親族數十人即環館奪之。曰：「若十四而適人，十六日而夫死，爲夫之喪三年，舅之喪又三年，若爲人婦亦至矣，又不欲更嫁，無迺過乎？」且環父子俱亡嗣，若雖欲守志，將誰與居？夫人悲哀，迫不得已遂去環氏，一年而歸徐君。……俄而君病且殆，夫人曰：「身踐二庭，女子之辱也，刻又如此，生復何聊，吾其決矣。」

最後蔡氏竟然服砒霜自盡。文中最後還引述鄰閭之言，認爲蔡氏女「豈前所謂烈女者歟？」〔註77〕就算在道德規範日趨嚴謹的南宋，婦女貞節觀仍算寬泛，如洪邁在《夷堅志》〈晁安宅妻〉條中，並未責怪晁安宅妻於戰亂中復爲人妻，反而稱其「婦人不忘故夫於丐中，求之古烈女可也，惜逸其姓氏。」〔註78〕又在〈淮陰張生妻〉條中的淮陰婦之夫，死於盜匪之手。淮陰婦因不察實情，再嫁該盜匪爲妻，並育有二子。然而在得知眞相後，她「大慟語人曰：『妾少年嫁良人，爲盜死，幸早聞之，定不與俱生。兩雛皆賊種，不可留於人世。』俱擲諸洪波。俟盜伏辜，亦自沈而死」的行徑，是「雖婦人女子，亦多剛清立節。」〔註79〕並尊稱該婦人爲節婦。洪邁這樣的貞節標準，相較明清道德品評標準而言，簡直是不可思議之事。至於一般市井小民對貞節觀的看法也是非常分歧，如在《陳巡檢梅嶺失妻記》稱讚女主人翁張如春受盡威脅利誘、迫害仍不改「烈女不更二夫」的心志，是婦女三貞九烈的典範；〔註80〕但在《簡帖和尚》中，則又敘述皇甫松識破簡帖和尚就是設計離間其與妻子離異的主謀者後，憤而擒拿簡帖和尚至官府，而判官錢大尹在明瞭事情眞相後，判決「皇甫松責領渾家歸去，再成夫妻。」皇甫松也無異議，與妻子再續前緣，絲毫不以妻子曾嫁給

〔註77〕 秦觀《淮海集》卷三六〈蔡夫人行狀〉，《四部叢刊初編》，頁130，131。
〔註78〕 洪邁《夷堅甲志》卷一五〈晁安宅妻〉，台北明文書局，1994年再版，頁129、130。
〔註79〕 《夷堅支丁》卷九〈淮陰張生妻〉，頁1039。
〔註80〕 《陳巡檢梅嶺失妻記》，《清平山堂話本》，頁74。

簡帖和尚爲意。〔註81〕

　　事實上，司馬光在《家範》中，羅列爲人妻應恪守的六德中，並無揭櫫貞節一項，但此並不代表司馬光認爲妻子可隨意改嫁或再嫁，實際上，向來以禮法自詡的司馬光非常欽佩守貞的婦女，他就曾描述叔母李氏寡居情形。云其：

> 年二十八而寡，二男詠、里及一女皆幼，詠及女尋又卒，父母欲奪
> 其志，夫家尊章亦遣焉，夫人自誓不許，惡衣蔬食，躬執勤苦，使
> 里之四方就學。姑李氏老且病，常臥一榻，扶然後起，哺然後食，
> 夫人左右就養，未嘗小失其意。如是積年，以至於沒，無懈倦之色。

褒揚叔母是「慈柔勤儉，中外宗族咸慕仰之，始終一無間言。」〔註82〕而在《家範》中，字裡行間也透露司馬光是很重視婦女貞節的。他於《家範·妻上》提到：「柔順利貞」，「妻者齊也，一與之齊，終身不改。故忠臣不事二主，貞女不事二夫。」〔註83〕反對妻子改嫁或再嫁，並匯集衛世子共伯妻姜氏、宋伯姬、楚昭王夫人貞姜、蔡人妻宋女、梁寡婦、漢陳孝婦、許升妻呂榮、劉長卿妻子桓氏、皇甫規妻、曹文叔妻夏侯氏、魏溥妻房氏、張洪祁妻劉氏、董景起妻張氏、鄭善果母親崔氏、韓覬妻于氏和王凝妻李氏等十六個妻子貞順的範例。也許司馬光爲突顯貞節的重要性，或是基於婦女守貞，以柏舟之志自誓，實爲婦德實踐最大考驗，還是婦女守貞的事蹟較戲劇化或顯而易見，文中婦女貞順典範遠遠超越清潔、不妒、儉約、恭謹和勤勞。不過再深入分析，可發現司馬光雖然強調婦女守貞的重要，但其對「貞」的詮釋主要還是根據《周易》「元亨利貞」展開的，認爲貞是信守、專一。強調守貞是婦女對婚姻制度的信守，認爲婦女藉由婚姻制度進入夫家，除妻子被出外，雙方便建立永久的關係，不會因一方的死亡或其他意外事件而改變，所以妻子應信守婚姻，不可因丈夫死亡，心志動搖而改嫁。因此在《家範·妻上》他反覆提到「適人之道，一與之醮，終身不改」；〔註84〕「婦人之義，一往而不改，以全貞信之節，今慕貴而忘賤，棄義而從利，無以爲人」；〔註85〕「卒許人以諾，而不能信，將何以立于世」；「聞仁者不以盛衰改節，義者不以存亡易心……

〔註81〕《簡帖和尚》，《清平山堂話本》卷一，頁11。
〔註82〕司馬光《溫國文正司馬公集》卷七五〈故處士贈尚書都官郎中司馬君行狀〉，《四部叢刊初編》，頁547。
〔註83〕《家範》卷七，頁467。
〔註84〕《家範》卷七，頁468。
〔註85〕同上註。

今衰亡何忍棄之，禽獸之行，吾豈爲乎？」〔註86〕強調「婦人貞吉，從一而終」。〔註87〕

此外，司馬光也視婦女守節是體現「男女之防」之禮。他強調男女之間的接觸，非經由媒妁之言及婚禮程序，皆是不當的行爲。男女雙方只要成爲夫妻後，妻子除需信守婚約之外，更需守身如玉，避免夫妻之外的男女接觸。因夫亡而寡居的婦女，「女爲悅己者容」的因素已消失，在婦容方面必須「不御脂粉，常服大練」以防外人覘覦。且爲免於流言，寡婦還得「唯時或歸寧，至于親族之家絕不往來，有尊親就省謁者，送迎皆不出戶庭」。〔註88〕而其極端表現便是如劉長卿妻「豫刑其耳」、或曹文叔妻「以刀斷鼻」、乃至鄭善果母親崔氏「寧當割耳剪髮，以明素心」等自殘形體的抗議再婚，甚至像王凝的妻子李氏只因手臂爲旅店主人所牽，便仰天慟曰：「我爲婦人不能守節，而此手爲人執耶！不可以一手并污吾身，即引斧自斷其臂」極端戲劇化的舉止。當然由司馬光引用陳孝婦在丈夫去世後，孝養婆婆二十八載；魏溥房氏因「夫人在堂，幼子襁褓，」決定守節不嫁；張洪祁之妻劉氏在十七歲守寡後，便奉侍舅姑、養育幼子；鄭善果的母親崔氏養子不嫁等例子，也可推測司馬光也許基於父系宗法制度現實的考量，認爲婦女在丈夫死亡後，夫家中若上有舅姑，下有稚子有待撫養，婦女守節則較有利夫家宗族的延續或家族的穩固。〔註89〕否則家庭或家族可能應男主人的死亡而崩分離析。

總之，司馬光的貞節觀是建立在視婚姻關係爲永恆不變的基礎上，男女皆需信守不渝。這與理學家程頤「凡人爲夫婦時，豈有一人先死，一人再娶，一人再嫁之約？只約終身夫婦也。」〔註90〕「男女之配，終身不變者也，故無再配之禮。」〔註91〕或張載認爲「夫婦之道，當其初婚未嘗約再配，是夫只合一娶，婦只合一嫁」〔註92〕的見解大致相同。只是司馬光觀點雖和理學家一樣，認爲守節是婦德極至的體現，但是基於二者對於禮之本源看法迥異，二者對婦女守貞標準仍有差異性。司馬光對「禮」的認知是：

〔註86〕《家範》卷七，頁469。
〔註87〕《家範》卷七，頁466。
〔註88〕同上書，頁470。
〔註89〕《家範》卷八，陳孝婦、曹文叔妻、魏溥妻房氏、張洪祁妻劉氏、鄭善果妻崔氏，皆是奉養舅姑，而韓覬妻于氏是撫養稚子之典範。頁468～470。
〔註90〕《河南程氏遺書》卷二十二下，頁303。
〔註91〕《河南程氏經說》卷四〈春秋傳〉，《二程集》，頁1088。
〔註92〕《張載集》〈經學理窟·喪記〉，頁298。

> 古之人食鳥獸之肉，草木之食而衣其皮，鳥獸日益憚，草木日益稀，人日益眾，物日益寡，是此或不足，視彼或有餘，能相與守死而勿爭乎？爭而不已，相賊傷相滅亡，人之類蓋可計而盡也。聖人者愍其然，於是作而治之，……施其禮樂政令而綱紀之，明其道德仁義孝慈忠信廉讓而教導之。

或是「夫民生而有欲，喜進務得而不可厭者也，不以禮節之則貪淫侈溢而無窮也，是故先王作爲禮以治之。」〔註 93〕認爲禮法主要是節制人類物質慾望和行誼的見解與荀子認爲禮源於：

> 人生而有欲，欲而不得，則不能無求，求而無度量分界，則不能不爭。爭則亂，亂則窮。先王惡其亂也，故制禮義以分之，以養人之欲，給人之求。使欲必不窮於物，物必不屈於欲，兩者相持而長，是禮之所起也。〔註 94〕

「故先王案爲之制禮義以分之，使有貴賤之等，長幼之差，知愚能不能之分，皆使人載其事而各得其宜。」〔註 95〕二者的觀念幾乎是一致的。故司馬光視禮是聖人爲維持社會秩序而創作，其作用在節制社會貪淫侈溢的現象。所以禮是一種外在的規範約束，用以節制個人私欲。因此司馬光認爲守貞是婦女受制外在禮法規範約束下，守禮自持的體現。然而程頤等理學家則認同孟子的觀點，認爲仁義禮智爲先天的良知良能，爲人類與生俱來，並非外在的道德規範，而這先驗存在的道德，表現於人世間便是人倫綱常，「且強調在實踐行動中而不是在思辨中來實現這個普遍規律（「理」）。這種實現又必須是高度自覺的，即是自我意識的。在某種意義上，它是在追求倫理學上的『自律』，而反對『他律』。」〔註 96〕故禮成爲天理，不但放諸四海皆準且具有絕對的神聖性，任何人皆不可踰越。在此道德框架下，守貞不只是外在禮法的規範，而是成爲如天地網羅般不可踰越的天理，自我道德的終極實踐，因此婦女再嫁則被視爲個人私欲蒙蔽天理，是失節之舉。因此程頤才會認爲「餓死事小，失節事大」，甚至極端地認爲士大夫娶寡婦亦是失節。所以表面上同是主張婦女守節，但程頤等理學家的貞節觀較司馬光的觀點更具自省和約束性。而由

〔註 93〕《溫國文正司馬公文集》卷六六〈聞喜縣重修至聖文宣王廟記〉，頁 490、491。
〔註 94〕梁啓雄《荀子簡釋》一九篇〈禮論〉，台北木鐸出版社，1983 年初版，頁 253。
〔註 95〕同上書，四篇〈榮辱〉，頁 44、45。
〔註 96〕李澤厚《中國古代思想史論》〈宋明理學片論〉，台北風雲時代出版公司，1990年初版，頁 276。

司馬光在〈放宮人箚子〉主張先帝宮人「非御幸有子及位號稍貴并執掌文書之人，其餘皆給與粧奩，放遣出外，各另歸其親戚或使任便適人」〔註97〕看來，司馬光固然強調婦女貞節的重要，然而較理學家的觀點顯然較具權宜性和人性的考量。

五、母儀觀

　　司馬光對母親職責的觀點主要源自劉向《列女傳》卷一〈母儀〉，認爲做母親的職責是：「胎養子孫，以漸教化，既成以德，致其功業。」亦即他所謂偉大母親的定義，不在母親對子女含辛茹苦的撫養，或呵寒問暖等無微不至的照顧，而是在能爲社會培育出可爲道德典範的子女，這樣的母愛才能得到承認和讚揚。〔註98〕至於對子女教養態度則承襲《韓非子》〈八說〉：

> 慈母之於弱子也，愛不可爲前，然而弱子有僻行，使之隨師；有惡病，使之事醫。不隨師，則陷於刑，不事醫，則疑於死，慈母雖愛，無益於振刑就死，則存子者非愛也。〔註99〕

的觀點。故司馬光認爲身爲人母「不患不慈，患於知愛，而不知教也」。若母親只是一昧慈愛子女而不教導他們，則會使子女陷於不肖與大惡的境地，甚至「入於刑辟，歸於亂亡。」〔註100〕故司馬光強調母親首要工作是對兒女施以道德教化，使子女成爲道德的典範。故在《家範》中所匯集的母儀典範，以能教誨導正子女行義者居多，除眾所周知的孟母外，其他如齊國田稷子之母、漢代翟方進的母親、漢代雋不疑之母、漢代范滂之母、吳國孟仁嘗母、魏國王經母、晉陶侃之母、後魏魏緝母親房氏、隋代鄭善果母親崔氏、李景讓的母親、唐代趙武孟之母、崔立暐之母盧氏、王義方的母親、柳仲郢的母親韓氏、李景讓母親鄭氏、皆以善於教子著稱。

　　除此，爲了培育出容貌端正，才藝博通的子女，司馬光極爲重視胎教，主張母親自懷孕開始便需注重胎教、端正個人的行誼，做到「目不視惡色，耳不聽淫聲，口不出傲言」，甚至「寢不側，坐不邊，立不蹕，不食邪味，割

〔註97〕《溫國文正司馬公集》卷二七〈放宮人箚子〉，頁246。
〔註98〕有關中國母愛的表現方式或母儀典範的形式，可參閱邢義田著作〈從《列女傳》看中國式母愛的流露〉，載鮑家麟編著《中國婦女使論集三集》，台北稻鄉出版社，1993年初版，頁19～27。
〔註99〕韓非著，陳啓天校釋《韓非子校釋》卷二〈八說〉，台灣商務印書館，1992年初版，頁144。
〔註100〕《家範》卷三，頁435。

不正不食，席不正不坐，目不視邪色，耳不聽淫聲，……夜則令瞽誦詩道正事。」〔註101〕迨子女出生後，他認爲眞正慈愛的父母是在子女的年幼時則需教其以義。若等待子女長成後才想施予教誨，則無異於如「是猶愛惡木之萌芽，曰：『俟其合抱而伐之。』」則用力就多了。或如「開籠放鳥而捕之」，「解韁放馬而逐之」自然很困難。〔註102〕故其在《家範》中讚許孟母的高瞻遠矚，在孟子年幼時便愼其所習，甚至三遷住所，以造就孟子成爲一代儒學宗師。

在中國宗法制度下，父親擁有最高的子女教養權。俗諺謂「養子不教，父之過」，便是此情景的寫照。司馬光在《家範》亦謂父親擁有教育子女的最高權責。然而一般家庭教養子女的權責，父權、母權往往是共生結構。加上男主外、女主內的治家原則，在實際的生活中，母親往往才是扮演教育子女的最重要角色，因此在《女論語》〈訓男女〉第八提到：「大抵人家，皆有男女。年已長成，教之有序。訓誨之權，亦在於母。」在袁采《袁氏世範》更指出母親的態度影響子女成材與否，他說：

> 子孫有過，爲父祖者多不自知，貴宦尤甚，……而父祖不知也，聞有家訓稍嚴，而母氏猶有庇其子之惡，不使其父知之。……凡爲人父祖者宜知此事，常關防或常詢訪，或庶幾焉。〔註103〕

至於司馬光則認爲：「慈母敗子，愛而不教，使淪於不肖，陷於大惡，入於刑辟，歸於亂亡。非他人敗之也，母敗之也。自古及今若是者多矣，不可悉數。」〔註104〕因此在禮法上，雖說父親對子女擁有最大的教養權，然而在實際的生活中，母親才是教育子女最重要的關鍵人物。尤其是寡居的母親身兼父職，對子女更是擁有絕對的教養權，即使兒女已成家立業，母親仍可規範子女的行誼，如鄭善果年紀已經四十歲，官居魯郡太守要職，以其經歷學識而言，足以處理一切行政事務。然而他在處斷公事時，母親崔氏仍常「坐胡床於帳後察之，聞其剖斷合理，歸則大悅，即賜之坐，相對談笑。若行事不允或妄嗔怒，母乃還堂蒙袂而泣，終日不食。」又常勸勉鄭善果「守官清恪」甚至「以身徇國」；〔註105〕又唐代崔立暐擔任庫部員外郎時，母親盧氏亦不時以居官清廉勸勉之；此外范滂、王經、王義方的母親更是犧牲一己的私情，勉勵

〔註101〕同上註。
〔註102〕同上書，頁433。
〔註103〕《袁氏世範》卷一〈子弟常宜關防〉，頁149。
〔註104〕《家範》卷三，頁435。
〔註105〕《家範》卷三，頁437。

其子完成正義之舉。〔註106〕而基於情理，母親爲免子女陷於罪惡亦可笞撻成家立業的子女，如南梁王僧辨雖已貴爲將領，年紀也過四十，可是母親「少不如意，猶楚撻之」；〔註107〕李景讓也是「宦已達，髮斑白，小有過，其母猶撻之」；〔註108〕魯師春姜爲使三次被出的女兒能「奉守節義」，知爲婦柔順之道，召其女兒笞以三百，再嫁之。〔註109〕

　　司馬光理想的母儀典範除了善於教子外，更重要的是要有犧牲一己之私情，成就社會公義之舉。他同多數宋人觀點相同，認爲婦人基於私情或嫉妒之心，正室虐待庶子、繼母凌虐前妻之子自古以來即難以避免。如他在《家範》卷五爲凸顯孝道，爲強調人子盡孝的絕對性。在收錄的孝行典範中每見繼母凌虐前妻之子的殘酷事蹟，如薛包的繼母、王祥繼母朱氏、王延繼母卜氏、劉渢繼母路氏及崔衍繼母李氏皆是。而事實上，這種「爲人嫡母而疾其孽子，爲人繼母而疾其前妻之子」〔註110〕不只見於古代，在宋代亦時有所聞。故墓誌銘每每不忘褒揚婦女能克制個人私情，善待前妻之子或庶子，如司馬光本人就在〈故玉城縣君楊氏墓誌銘〉中，稱許楊氏爲繼室「撫視六子，衣服飲食無絲毫薄厚，六子亦相與親愛如一，雖中外族姻莫知其爲異母也。」〔註111〕而司馬光摯交范祖禹也在〈左武衛大將軍貴州刺史妻渤海縣君高氏墓誌銘〉中，讚許高氏：「前夫人男女十八人，夫人鞠育，一如己出，雖處室未易寒暑。及卒，男女號慕哀毀一如喪親娰焉。」〔註112〕在〈右監門衛大將軍妻仁和縣君曹氏墓誌銘〉中，褒揚曹氏，對「其夫前室之諸子，愛之不異己出者，無少不均。」〔註113〕鑑於婦人易爲私情所惑，司馬光反覆闡述的母儀典範，不僅要求母親要成就子女成爲社會道德的典範，還需要克制個人的私情成就社會公義，尤其爲人繼母或嫡母絕對不可因一己之私虐待數子或前妻之子。所以他認爲像陸讓嫡母馮氏的慈愛；或是齊宣義母不願因私愛廢公義；魏芒慈母、李穆姜善待前妻之子，皆足以爲世人的楷模。因這些母親不但克服人性弱點，更重要他們犧牲所愛、成就

〔註106〕同上註。
〔註107〕同上書，頁434。
〔註108〕同上書，頁437。
〔註109〕同上書，頁439。
〔註110〕同上書，頁439。
〔註111〕《溫國文正司馬公集》卷七五〈故玉城縣君楊氏墓誌銘〉，頁543。
〔註112〕《范太史集》卷四九〈左武衛大將軍貴州刺史渤海縣君高氏墓誌銘〉，頁517。
〔註113〕同上書，卷五一〈右監門衛大將軍妻仁和縣君曹氏墓誌銘〉，頁541。

社會公義。

　　總之，司馬光強調最偉大的母儀典範是必須超越對子女日常生活呵護，將母愛昇華至社會公理正義和信守承諾的層面。所以司馬光才會在《家範》文中，藉著魏芒慈母之口說：「繼母如母，爲人母而不能愛其子，可謂慈乎？親其親而偏其假，可謂義乎？不慈且無義何以立於世？彼雖不愛妾，妾可以忘義乎？」〔註114〕或是經由齊宣義母之口云：

> 其父疾且死之時，屬於妾曰善養視之。妾曰：「諾。」今既受人之託，許人以諾，豈可忘人之託而不信其諾也，且殺兄活弟是以私愛廢公義也，背言忘信是欺死者也，失言忘約已諾不信，何以居於世哉？〔註115〕

顯示繼母能夠善待前妻之子除了是實踐社會公義外，更重要地也是信守對丈夫承諾的實踐。

肆、司馬光婦德觀的意義與影響

一、婦德觀的意義

　　司馬光一生遵循禮法，他非常痛惡社會上悖禮行爲，如宦官麥允言去世，仁宗將給其鹵簿，司馬光反對。其云：

> 繁纓以朝，孔子且猶不可。允言近習之臣，非有元勳大勞，而贈以三公官，給一品鹵簿、其視繁纓，不亦大乎。

　　此外，他也反對仁宗以文正諡夏竦，他說：「此諡之至美者，竦何人，可以當之？」仁宗只好改諡夏竦爲文莊，加集賢校理。〔註116〕即使皇親貴族有違禮之舉，他亦不假辭色加以指責。如他在嘉祐七年（1062年）正月上〈論上元令婦人相撲狀〉中，就毫不客氣指出仁宗皇帝於元月十八日賞賜銀絹於相撲婦人舉止是：「今上有天子之尊，下有萬民之眾，后妃侍旁，命婦縱觀，而使婦人贏戲於前，殆非所以隆禮法示四方也。」並希望仁宗能下詔：「嚴加禁約今後婦人不得於街市以此聚眾爲戲。」〔註117〕同年他又上狀表達對宋仁宗處置駙馬都尉李瑋與兗國公主夫妻失和之事強烈的不滿，司馬光指出仁宗

〔註114〕《家範》卷三，頁438。

〔註115〕同上註。

〔註116〕《宋史》卷三三六〈司馬光傳〉，頁10758。

〔註117〕《傳家集》卷二三〈論上元令婦人相撲狀〉，頁233、234。

下詔：「李瑋出知衛州，兗國公主入居禁中，瑋所生母楊氏歸瑋兄璋之宅，其公主宅祇應人等悉令散遣。」是違背禮法之舉。因該事肇始公主驕縱放肆，「違君父命，陵蔑夫家」。結果卻是「李氏母子離析，家事流落，大小憂蹙，殆不聊生。」而公主卻「爵邑請受全無貶損」，絲毫未受責罰，實有失公平。因此他要求降公主封號爲沂國，李瑋仍留在京師，以平天下議論。〔註118〕又董充媛薨，除贈懂爲淑妃外，尚「定諡，行冊禮，葬給鹵簿。」重視禮法的司馬光提出反對的意見，他認爲：

> 董氏秩本微，病革方拜充媛。古者婦人無諡，近制惟皇后有之。鹵簿本以賞軍功，未嘗施於婦人。唐平陽公主有舉兵佐高祖定天下之功，乃得給。至韋庶人始令妃主葬日皆給鼓吹，非令典，不足法。

此外，他亦反對後宮封贈法，后與妃俱贈三代，認爲此乃混淆嫡庶之別。〔註119〕司馬光到了晚年更是尊崇禮法，以重振儒家倫理綱常爲己任，他的婦德觀便是本於儒家家庭倫理道德來界定婦女角色與地位。基於父系的宗法制度，儒家的家庭倫理是建立在男女之別和男尊女卑的禮法上，因此儒家家庭倫理規範所透露的理想的女性形象是溫柔婉約、端靜嫻熟、守禮自持的女性。其行爲舉止就如同班昭《女誡》形容的「清閒貞靜，守節整齊，行己有恥，動靜有法。」或是同宋尚宮《女論語》〈立身章〉所記載的：

> 凡爲女子，……惟務清貞，清則身潔，貞則身榮。行莫回頭，語莫掀唇。坐莫動膝，立莫搖裙。喜莫大笑，怒莫高聲。內外各處，男女異群，莫窺外壁，男非眷屬，莫與通名。女非善淑，莫與相親。

一般的守禮自持。而在婦無外事的理念下，婦女的生活空間應侷限於閨閣內室，婦女角色才能的發揮只限在家庭或家族內，實踐爲女則孝、爲妻則貞順、爲母則慈等禮制規範。司馬光便是以此開展出個人婦德觀。

　　由於司馬光意識到社會日益多元化，傳統禮制受到挑戰，社會秩序脫離常軌，甚至士大夫亦逾越禮法。鑑於社會的亂象，深具使命感的司馬光慨然以重建社會秩序爲己任，他本於「禮本」的觀念，認爲要革除一切弊端，唯有實行儒家禮治。而所謂的禮治就是治國必先齊家，司馬光認爲禮不但是用於國家體制等政治層次上，更重要是落實於日常家庭生活中，使人人在家依禮而行。首

〔註118〕同上書，卷二三〈論李瑋知衛州狀〉，頁235。
〔註119〕《宋史》卷三三六〈司馬光傳〉，頁10759、10760。

先於家庭達到「父慈子孝、兄愛弟敬、夫和妻柔、姑慈婦聽。」〔註120〕一片和諧，再進一步推廣爲「孝者所以事君也，弟者所以事長也，慈者所以使眾也。」〔註121〕這樣國家自然可以長治久安。因此司馬光的「禮本」觀念用之於家庭生活，便是確實遵循儒家家庭倫理道德規範。而《家範》或《書儀》二書，皆是爲達此目標而著。在書中，司馬光希望藉著道德典範人物的傚仿與禮儀道德規範，再次強化儒家的家庭倫理道德，以因應宋代因經濟商業發達後，社會日益分化的的需要。因此不論是《家範》或《書儀》所顯示的婦德，都是傳統儒家思想的加強與體系化。

在內容上，《書儀》主要是作爲士大夫家庭日常生活行爲準則的依據，《家範》則著重在典範人物的激勵。二書皆一本司馬光「尚德」的觀點，著重於道德的層面的探討，嘗試以道德的手段來解決宋代社會失序的現象。綜觀全文對家庭的經濟問題，或家庭成員之間的權利、責任及義務的釐定可說完全闕如。司馬光只有在《家範》中再三論述金錢財富不足以支撐家世的延續，堅信唯有道德規範才是維持家門不墜的根本法則。故在文中司馬光反對主家者汲汲於營利，其認爲一般主持家計者，每每「爲後世謀者，不過廣營生計以遺之。田疇連阡陌，邸肆跨坊曲，粟麥盈囷倉，金帛充篋笥，慊慊然求之猶未足。施施然自以爲子子孫孫累世用之莫能盡也。」然而不肖子孫往往於「歲時之間，奢靡遊蕩以散之。」甚至爲了爭奪財產「知有利不知有義」，做出「相與爭匿其財，遂致鬥訟，其處女亦蒙首執牒，自訐于府庭，以爭嫁資。」徒爲世人所笑。所以財富不足以傳家，主家者唯有訓誨子孫「以德以禮」、「以廉以儉」才可使家族傳之久遠。〔註122〕緣於個人尚德理念，司馬光也是就道德的層面探討家庭成員的人際關係和行事準則。故不論《家範》或《書儀》皆著重以傳統的倫理道德，或典範的傚仿來規範婦女的言行舉止，異於宋代以後許多家範或家訓，清楚的釐定家族成員權利與義務，對婦女可能確切面臨的經濟、財產等較實際層面的問題、或是其行爲失範的懲罰則闕如。〔註123〕

〔註120〕《家範》卷一，頁426。

〔註121〕同上書，卷一，頁425。

〔註122〕同上書，卷二，頁431。

〔註123〕如在《鄭氏規範》有關婦女言行規範的主要條文規定有：女適人者若有外孫，彌月之禮唯首生者與之，餘並不許，但令人以食味慰問之；家中燕享男女不得互相勸酬，庶幾有別。若家長、舅姑宜饋食者，非比；諸婦必須安詳恭敬，奉舅姑以孝、事丈夫以禮、待姊妹以和。然無故不出中門，夜行以燭，無燭則止。若其淫狎，則宜屏放。若有嫉妒、長舌者，姑誨之，誨之不悛，則責

二、司馬光倫理思想的影響

在中國倫理思想史上，司馬光實具有承先啓後的地位。然而也許是他史學成就光芒過於耀眼，致使在倫理思想史，眾人一致尊崇理學大師朱熹，卻忽略了司馬光的思想內容。事實上，他的倫理思想或是婦德觀對朱熹具有相當大的影響力。在《書儀》〈欽定四庫全書簡明目錄〉卷二提到：

> 《朱子語錄》稱：「二程、橫渠多是古禮。溫公則大抵本《儀禮》，而參以今之可行者。又稱其中與古不甚遠，是七分好云。」

因此朱熹之《家禮》實是依據《書儀》增刪而成。在內容上，《家禮》開宗明義即明言《書儀》〈居家雜儀〉為家庭成員行事的準則，而其中〈冠禮〉、〈婚禮〉、〈喪禮〉、〈祭禮〉的內容也是增酌《書儀》的條文而成，可見朱熹倫理思想深受司馬光影響。至於朱熹另一有關家庭倫理鉅著《小學集註》，基本上也是本於《家範》內容與精神，且文中亦多處引用司馬光的言論，如「凡諸卑幼事無大小，毋得專行，必咨稟於家長」；〔註124〕「冠者成人之道也，成人者將責為人子、為人弟、為人臣、為人少者之行也，將責四者之行於人，其禮可不重與？」〔註125〕或是：

> 凡議婚姻當先察其婿與婦之性行及家法如何，勿苟慕其富貴。婿苟賢矣，今雖貧賤，安知異時不富貴乎？苟為不肖，今雖富盛，安知異日不貧賤乎？婦者，家之所由盛衰也，苟慕一時之富貴而娶之，彼挾其富貴，鮮有不輕其夫、而傲其舅姑，養成驕妒之性。異日為

之，責之不悛，則出之；諸婦喋言無恥及干預閫外事者，當罰拜，以愧之；初來之婦一月之外，許用便服；諸婦工作當聚一處，機杼紡績各進所長，非但別其勤惰且革其私；主母之尊，欲使家眾悅服，不可使側室為之，以亂尊卑；每歲畜蠶，主母給蠶種與諸婦，使之在房畜飼，……更預先抄寫各房所畜多寡之數，照什一法賞之；諸婦每歲公堂于九月俵散木綿使成布疋；諸婦育子，苟無大故必親乳之，……諸婦之于母家，二親存者，禮得歸寧，無者不許。其有慶弔，勢不可己者，則弗拘此；諸婦姻親頗多，除本房至親與相見，外於並不許。可見者亦需子弟引導，方入中門，見燈不許入，會眾罰其夫，主母不拘。婦人親族有為僧道者，不許往來；朔望後一日，令諸生聚揖之時，直說古列女傳使諸婦聽之；女子年及八歲，不許隨母到外家，……違者罰其母；男女不共圍廁，不共盃浴，以謹其嫌，……；男女不親受授，禮之常也，諸婦不得刀鑷工剃面……。其明確強制性的條文雖亦是出自儒家傳統的家庭倫理道德規範，但就內容而言顯然較《家範》、《書儀》更能考慮到婦女生活可能遇到的實際問題。

〔註124〕朱熹《小學集註》卷五，《四庫全書》，569 冊，頁 599。
〔註125〕同上書，頁 699、570。

患，庸有極乎？借使因婦財以致富，依婦勢以取貴，苟有丈夫之志
氣者，能無愧乎？〔註126〕
「凡為家長必謹守禮法，以御群子弟及家眾，分之以職，授之以事，而責其成
功。……禁止奢華，常須稍存贏餘以備不虞。」〔註127〕皆是直接引用司馬光在
《家範》的用語。在文中朱熹更推崇司馬光，「平生所為，未嘗有不可對人言者。」
「不喜華靡」〔註128〕等皆足為世人典範。此外，在《朱子語類》記載門生問朱
熹：「女子亦當有教。自孝經之外，如論語，只取其面前明白者教之，何如？」
朱熹回答：「亦可，如曹大家《女誡》、《溫公家範》亦好。」〔註129〕可見司馬
光婦女教育觀點也影響朱熹。

事實上，司馬光的倫理思想或婦德觀還影響宋代其他人，如袁采在《袁
氏世範》就說：

> 司馬溫公〈居家雜儀〉令僕子非有緊急、修葺不得入門中。婦女婢
> 妾無故不得出中門，只令鈴下小童通傳內外，治家之法此過半矣。
>
> 〔註130〕

在南宋劉清之的《戒子通錄》不但仿效《家範》的體例，匯集歷代誼行典範
的書寫的形式，在卷五〈訓子孫文〉更是完全節錄司馬光《家範》的內容。
在卷三論及婦女教育時，其云：

> 女子七歲教以女儀，讀孝經、論語、習行步容止之節，訓以幽閒聽
> 從之儀。禮云：「女子十年治絲織紉，觀祭祀、納酒漿事人之禮，……
> 若不微涉青編，頗窺緗素、粗識古今之成敗，測覽古女之得失，不
> 學墻面寧止於男，通之於婦女亦無嫌也。婦人之德貴在貞靜，內外
> 之言不出閨闈，鄭衛之音尤非所習。」〔註131〕

的理念和司馬光亦是不謀而合。而在《琴堂諭俗編》卷上〈教子孫〉也引用
《家範》：「子始生求乳母，必責良家婦人稍溫謹者。乳母不良非惟敗亂家法，
兼令所飼之子性行亦類之。」此外，宋代士大夫家庭也有採行司馬光《書儀》
冠婚喪祭禮儀或《家範》行於家中的，如孫庭臣繼室施氏治家，晚傳司馬溫

〔註126〕同上書，頁 574。
〔註127〕同上書，頁 577。
〔註128〕同上書，卷六，頁 603、605。
〔註129〕《朱子語類》卷七〈學一·小學〉，頁 127。
〔註130〕《袁氏世範》卷三〈嚴內外之限〉，頁 156。
〔註131〕劉清之《戒子通錄》卷三，《四庫全書》，703 冊，頁 39、40。

公家範，乃并以授其子孫，或不如訓者，引家範切責之，故子孫皆有前輩風。」〔註132〕又《玫瑰集》卷一〇五〈朝請大夫史君墓誌銘〉則提到四明冠族史家：「取司馬公《家範》、《書儀》約爲冠婚喪嫁之禮行于家」；此外以「學行爲里人所宗」理學大師陸九淵的父親陸賀則「采司馬氏冠昏喪祭儀行于家，至先生（九齡）又繹先生志而脩明之。」〔註133〕朱熹的私淑弟子黃灝也曾上書請求宋光宗：「請敕有司取政和冠昏喪葬儀，即司馬光、高閎等書參定行之。」以備禮教之需。〔註134〕此外，張栻也在淳熙三年合刊司馬光、張載、程頤三人所訂定的婚、喪、祭禮，刻於桂林學官。〔註135〕因此司馬光雖然不以倫理思想著稱於世，但從他的倫理思想對朱熹及宋代士大夫的影響看來，無疑地司馬光在我國倫理思想史上具有承先啓後的地位，而他根據儒家倫理思想所衍申的婦德觀實在也具有同等的地位。

伍、結 論

司馬光鑑於自仁宗以後社會風氣日漸腐化，特作《家範》、《書儀》以爲士大夫日常生活和昏冠喪嫁禮儀的指導。然受限於時代背景及傳統思想，基本上司馬光只能依循儒家政治、倫理二者合而爲一的觀點來探討治家的方法。因此反覆強調在家中需「父子有親、夫婦有別、長幼有序」，以期達到父嚴、母慈、兄友、弟恭、子孝，除去家中所有相爭相鬥、相欺凌乃至相詆毀，皆是爲了實踐家齊而後國治的理念。又爲達到家庭和諧的目的，家中每一成員皆需遵循禮法，扮演社會所賦予的角色及恪守應盡的義務、責任，故司馬光的家庭倫理思想往往爲了達到家庭和諧的目的，忽略個人人格發展的重要性。而他的婦德觀本來就是他家庭倫理思想的一環。他承襲儒家倫理思想，婦女除要恪守女正位於內、男尊女卑、三從四德等禮法規範外。婦女的角色期望也侷限在爲人女則孝、爲人妻則貞賢、爲人母則慈等思想。再斟酌時代的改變，闡述宋代婦女的人際關係、身份角色及所應遵守的禮法規範。就此而言，無疑地司馬光強化、體系化儒家的婦德觀，對宋代士大夫或後代皆有承先啓後的作用。

〔註132〕汪藻《浮溪集》卷二八〈令人施氏墓誌銘〉，《四部叢刊初編》，頁 253。
〔註133〕呂祖謙《呂東萊文集》卷八〈陸先生墓誌銘〉，《叢書集成新編》，74 冊，頁 434。
〔註134〕《宋史》卷四三〇〈道學四〉，頁 12791。
〔註135〕張栻《南軒集》卷三三〈跋三家婚喪祭禮〉，台北廣學社印書館，1975 年初 版，頁 821～823。

第二章　婦女與娘家的關係

壹、前　言

　　在中國「男尊女卑」、「男正位於外，女正位於內」的倫理思想網絡中，除了極少數的婦女有機會晉身政治圈外，多數的婦女一生的生活和才智發揮空間侷限在家庭或家族中，扮演著人女、人妻、人母的角色。因此婦女角色很難有重大的突破。雖然如此，禮法道德規範的體現往往因時代、區域、階層的不同而有所差異，亦使得為人女、人妻或人母的角色呈現多樣的風貌。經由唐末、宋初社會的變革，隨著中古門閥世族社會瓦解、商業經濟的發達、文化蓬勃的發展，宋代社會價值日趨多元化。以往規範婦女道德禮法需因應社會實際的需要做適當的調整，而宋代婦女的身份地位和角色扮演亦有所轉變，因此宋代向來被視為中國婦女地位的轉折期，深入探討宋代婦女地位與角色，將有助於勾勒中國婦女的生活面。以往對於宋代婦女角色地位之探討雖有所著墨，不可否認仍以「貞節觀」相關命題為主。本文則嘗試從婦女與娘家的關係的角度，試圖勾勒婦女較為人所忽略的生活面，以期能較全面瞭解宋代婦女的家庭地位與角色。然而無可諱言，在此重構過程中，因正史列女傳的內容失之簡略，且對象侷限於節婦、烈女或孝婦，往往難以呈現宋代婦女真實的生活面。至於墓誌銘的內容，通常包括墓主的家世、在室女之居家生活、婚姻生活、子女數目、嘉德懿行等，對婦女生平的描述較正史詳細，可提供較多婦女生活訊息，然而墓誌銘亦非毫無缺失，除主人翁侷限士大夫階層婦女的缺憾外，受限於「婦無外事」，非有「純德至善，不能著聞于世。」〔註1〕墓誌銘僅能著墨於墓主明顯

〔註1〕　陸佃《陶山集》卷一五〈長壽縣太君陳氏墓誌銘〉，《叢書集成新編》，62冊，

的事宜、德行，每每難以掌握婦女真實的生活面，加上墓誌銘撰寫者多為親戚、朋友，為了隱惡揚善，至墓主幾乎千篇一律是孝女、賢妻良母。為彌補此，本文擬以史傳相關資料、墓誌銘為主，小說為有輔，試圖勾勒出宋代婦女和娘家的關係。

貳、女兒在家庭中地位

　　在中國父系宗法體制下，就血緣關係而言，女兒和兒子與父母血緣關係雖同樣親密。然基於禮法親親、尊尊的原則，卻是特別重視男系，認定只有男性才可延續宗族血脈不絕。女兒雖然與父母具有濃厚的血緣關係，但生身父母的娘家對女兒來說僅是人生的逆旅，其一生應以婚姻為依歸，真正的歸宿是嫁入夫家，完成為人妻、人母、人婦等婦職，方為美滿的人生；而在禮法上，基於「婦人有三從之義，無專用之道。故未嫁從父，既嫁從夫，夫死從子」之道，婦女成婚之後應以夫家為主，與生身的娘家關係反居於次要。故在服制上，女子子在室為父服斬衰三年，出嫁為人婦者，則改為夫服斬衰三年，為舅姑服齊衰三年。〔註2〕而其對娘家親屬的服制除了祖、曾、高祖父母外，服制皆降一等；〔註3〕在家產繼承方面，在父系宗法制度下，女兒因無宗挑權，無法延綿家族的血脈，原則上是不能承繼家族產業。不過仍允許女兒在出嫁時，以嫁資的名義獲得家中的產業。如果不幸父母雙亡，「姑姊妹在室者」，也可得「減男聘財之半」的產業做為嫁妝。〔註4〕一般說來，只有的

<hr>

頁 124。

〔註2〕 根據《儀禮》卷一一〈喪服〉的記載，服制：女子子適人者，為其父母、昆弟之為父後者期。為舅姑亦服期服。然而至唐末，婦為舅姑服有加重為齊衰三年的趨勢，在《唐會要》卷三八載：貞元十一年，河中府倉曹參軍蕭據狀稱，堂兄姪女適李氏，婿見居喪，今時俗婦為舅姑服三年，恐為非禮，請禮院詳定垂下。詳定判官前太常博士李巖亦曰：「『謹案大唐開元禮，五服制度，婦為舅姑及女子適人，為其父母皆齊衰不杖期。……以此論之，父母之喪，尚止周歲，舅姑之喪，無庸三年。且服者報也，雖不加降，不甚相懸，故舅姑為婦，大功九月，以卑降也，婦為舅姑，齊衰三年，以尊加也。』」至宋代，為舅姑服三年遂為定制，據《續資治通鑑長編》卷六云：宋太祖接受尚書省左樸射魏仁浦等二十一人的建議，於乾德三年十二月令：「婦為舅姑三年齊斬，一從其夫。」而《慶元條法事類》引服制條格及政和五禮新儀，均規定婦為舅服斬衰三年，為姑服齊衰三年，謂之「義服」。此制元、明、清三代沿之未改。

〔註3〕 《儀禮》，卷一一〈喪服〉，頁114、117、119。

〔註4〕 《宋刑統》卷一二〈戶婚律·卑幼私用財〉，台北文海出版社，1974年再版，頁412。

戶絕情況，在室女才有機會繼承全部的家產，在《宋刑統》卷一二〈戶婚律‧戶絕資產〉就提到：

> 准〈喪葬令〉」諸身喪戶絕者，所有部曲、客女、奴婢、店宅資財，並令近親（親依本服，不以出降）轉易貨賣，將營葬事及量營功德之外，餘財並與女。

然而已出嫁的女兒即使在戶絕時，也僅能得到「所有店宅、畜產、資財，營葬功德之外」資財的三分之一，餘則沒官。〔註5〕但是已出嫁的女兒若為夫家所出，或是因夫亡無子返回娘家的歸宗女，在「夫亡無子」、「不曾分得夫家財產」、「還歸父母家，後戶絕者」等的條件下，則視同在室女可繼承全部的產業；〔註6〕就法律坐罪刑責，在室女在本家犯大逆、謀反，謀叛和造畜蠱毒罪時則當從坐，出嫁女兒的法律刑責則為夫族所吸收；不必擔負母家緣坐及連坐的刑責；〔註7〕以實際的經濟因素的考量而言，生男育女更具有不同的象徵意義，男孩的誕生意味家中多了一個勞動人口，但女兒的出生，對家庭而言，不但要花費十多年的心血輔養她，還要為其準備豐盛的嫁資，無異家中多了一個累贅。無怪宋人對生男育女的態度是：「生男眾所喜，生女眾所醜，生男走四鄰，生女各張口。」〔註8〕較極端者甚「生男則喜，生女則戚，至有不舉其女者。」〔註9〕因此在宋代社會可謂瀰漫著重男輕女觀念，此亦反映在宋人理想的子女人數上，不論就北宋的開封或南宋的杭州皆是「五男二女」，〔註10〕男孩數目總是在女孩之上，而溺殺女嬰的事件也遠比生子不舉為多。如在《厚德錄》卷四記載：「閩人生子多者，至第四子則率皆不舉，為其貲產不足以贍也。若女則不待三，往往臨蓐以器貯水，才產即溺之，謂之洗兒，建、劍尤甚。」而《夷堅志》記載：「婺源鹽田民江四，家世為農，頗饒足。而行跡無賴，……妻初產得女，怒，投之盆水中，逾時不死，江痛掐其耳，皆落，如刀刻然。」〔註11〕的舉止更令人髮指

〔註5〕同上書，卷一二〈戶婚律‧戶絕資產〉，頁415。

〔註6〕同上書，卷一二〈戶婚律‧戶絕資產〉，頁415、416。

〔註7〕有關婦女坐罪的刑責可參考趙鳳喈《中國婦女在法律上之地位》第一章〈在室女之地位〉，台北稻鄉出版社，1993年初版，頁16～18。

〔註8〕梅堯臣著，朱東潤校注《梅堯臣集編年校注》卷一五〈戲寄師厚生女〉，台北源流文化，1983年初版，頁270。

〔註9〕《書儀》卷三〈婚儀上‧親迎〉，頁245。

〔註10〕孟元老《東京夢華錄》卷五〈育子〉，台北漢京文化，1984年，頁152。吳自牧《夢粱錄》卷二〇〈育子〉，《叢書及成新編》，96冊，頁739。

〔註11〕洪邁《夷堅庚支》卷十〈江四女〉，台北明文書局，1994年再版，頁1214。

不恥。此外在《建炎以來繫年要錄》卷一一七劉大中也說：浙東之民「資財嫁遣，力所不及，故生女者例不舉。」又楊時在〈寄俞仲寬別紙其一〉也提到：

> 閩之八州，惟建、劍、汀、邵、武之民多計產育子，習之成風。雖士人之間亦為之，恬不知怪。……富民之家不過二男一女，中下之家，大抵一男而已。〔註12〕

在《夷堅三志》則述及何師韞的母親因夫亡改適董天進，「董登科，通判饒州，將就蓐，與其夫約：『已有四女，若復然，當溺諸水。』」〔註13〕這些資料皆顯示在宋代，不但中下階層會溺殺女嬰，甚至以道德自詡的士大夫階層亦會溺殺女嬰。〔註14〕有時女兒可能僥倖逃過溺殺之劫，然在經濟利益驅使下，婦女日趨商品化，一些商業大城尤其如臨安等地，因應聲色市場供需所求，生女反而可為貧窮家計帶來一線生機，故：

> 吳下風俗尚侈，細民有女必教之樂藝，以待設宴者之呼使。令莫逆，奉承惟恭，蓋覬利贍家，一切不顧。名為私妓，實與公妓（官妓）無異也。長大鬻為妾，狠戾則籍之官，動以千計。習俗薄惡，莫此為甚。鄰郡亦有，未若吳之繁也。……吳民嗜錢如嗜飴，天屬之愛亦可移，養女日夜望長成，長成未必為民妻，百金求師教歌舞，便望將身贍門戶，一家飽暖不自憐，傍人視之方垂涎。朱門列屋爭妍麗，百計逢迎主人意。……〔註15〕

洪巽在《暘谷漫錄》也有類似的記載：

> 京都中下之戶，不重生男，每生女則愛護如捧璧擎珠，輔長成，則隨其姿質教以藝業，用備士大夫採拾娛侍。名目不一，有所謂身邊人、本事人、供過人、針線人、堂前人、雜劇人、拆洗人、琴童、棋童、廚子等級，截乎不紊。〔註16〕

〔註12〕 楊時《楊龜山先生集》卷一七〈寄俞仲寬別紙其一〉，《叢書集成新編》，74冊，頁57。

〔註13〕 《夷堅三志壬》卷二〈懶愚道人〉，頁1479。

〔註14〕 在陶晉生、鮑家麟〈北宋的士族婦女〉，載《中國婦女史論集四集》，提到北宋士族生育子女數，男多於女，在一百零一個例案中，共有六百四十個子女，男女比例高達一三九‧七，似乎暗示士族家庭也有殺女嬰的情形，不過女孩數目較少也許是因為在重男輕女的觀念下，一般人忽略女嬰健康所致。台北稻鄉出版社，1995年初版，頁177。

〔註15〕 陳郁《藏一話腴》，《說郛三種》，頁910。

〔註16〕 洪巽《暘谷漫錄》，《說郛三種》，頁1073。

眞可謂完全視女兒爲生財工具，絲毫無親情可言。至於士大夫之女由於家境較佳，生活應該比市井小民優渥，然而一旦家道中落或家庭慘遭變故，亦可能被迫爲人妾、人婢，或是墜入風塵。《涑水記聞》就記載深受仁宗寵愛的溫成皇后年幼時，父親過世，不容於親族，母親因生活困苦無依，竟然將女兒賣給齊國大長公主後，再改適他人，其載：

> 祖穎，進士及第，終于縣令。子堯封，尚幼，二女入宮事眞宗，名位甚微。堯封亦進士及第，早終，妻惟有一女，則后也。堯封從父弟堯佐亦進士及第，時已爲員外郎，不收卹諸孤，后母賣后于齊國大長公主家爲歌舞者，而適龔氏，生男守和。大長公主納后于禁中仙韶部，宮人賈氏母養之。〔註17〕

又有田員外郎傅天翼「死於官，不能歸，至鬻其女于范伯玉。」幸而爲劉瑾所知，「出錢二十萬，嫁之爲士人妻。」〔註18〕《談藪》亦有士大夫女因父亡家貧淪爲娼妓的記載：

> 豐宅之赴南宮，偕數友小飲娼館，一娼美而豔，豐悅之，數調微詞，娼亦相和答。忽摘豐起曰：「君非豐運使郎君乎？」豐曰：「然。」曰：「君嘗于某年過江州，江州司理與君家有舊，置酒召君乎？」豐駭然曰：「汝何以知之？」……因扣其故，娼悲泣曰：「某司理女也，先人到州不幸病故，家貧無以歸葬，母氏鬻我于人，展轉至此數年矣！」〔註19〕

綜合上述，可知在宗法「男尊女卑」的禮制下，女兒的身份與地位，除了在刑責上享有連坐或從坐的優待外，在家庭中的地位基本上是無法與男性相提並論的。

一、對在室女的態度

受制於男尊女卑禮法觀念，女兒在家庭或家族的身份地位確實無法與兒子相比擬。然而骨肉至親乃天成，在能力許可範圍內，父母對在室女的鍾愛

〔註17〕　司馬光《涑水記聞》，《叢書集成新編》，83 冊，頁 476。
〔註18〕　陳柏泉《江西出土墓志選編》第二編〈北宋墓志·天章閣待制劉瑾墓志銘〉，江西教育出版社，1991 年一版，頁 49。
〔註19〕　龐元英《談藪》，《說郛三種》，頁 545。此外在仇遠《稗史》〈志善·嫁故人女爲娼〉及〈志善·嫁婢〉亦有士大夫女淪落爲娼或婢的類似記載，《說郛三種》，頁 384、389。在趙令畤《侯鯖錄》亦有縣主因夫死家貧，鬻女兒爲人妾，《說郛三種》，頁 654。

關懷往往不下於兒子。尤其聰慧敏捷的女兒更惹父母愛憐。如秘書丞趙蒙母親何氏「少孤，其母愛其敏慧有智思，視遇過諸子。」〔註 20〕蘇頌之妹，為父親晚年所得，「以其秀且慧，故特撫愛之。」〔註 21〕張康伯母親錢氏「資素慧敏，不類常女。其就傅也，自垂髫迨笄總，習組紃，隸文史，至於筆札書記之事，過目則善焉，故二親奇而愛之。」〔註 22〕王氏則「好讀書，善為詩，靜專而能謀，勤約以有禮。」深得父親喜愛。〔註 23〕程顥、程頤的母親侯氏則因「幼而聰悟過人，女功之事，無所不能，好讀書史，博知古今。」父親侯道濟不但愛之過於諸子，甚至逾越常情時以政事相詢，而侯氏應對與見解，每「雅合其意」，不下一般文士，使得父親每有「恨汝非子」的遺憾。〔註 24〕陳見素夫人樂氏「少知讀書，能略識其大指，微諫數當。」故父親「特愛而賢之，欲有所為，多與之謀。」〔註 25〕劉元周妻子易氏因同產五人，「夫人最長，且獨為女。賦性溫厚，善事父母，故父母尤愛之。」〔註 26〕曹彥純有數子，但只有一女，祖父只識此孫，祖母鍾愛不與諸孫等，可謂集眾人寵愛於一身。〔註 27〕至於一般市井小民，物質享受並非寬裕，但在經濟能力許可範圍內，對女兒何嘗不是用情至深。如在〈張行婆傳〉中的女主人翁張行婆為繼母所潛賣，父親竟因思女，「哭之，一日失明」。〔註 28〕在《花燈轎蓮女成佛記》中則描述蓮女「件件聰明，見經識經，見書識書，……父母惜如珠玉。」〔註 29〕深為父親張待昭之寵愛。

父母愛女情切，不但表現在對女兒日常生活的噓寒問暖上，照顧患病的女兒更是呵護備至，劉克莊在悼念去世外孫女的墓誌中，就流露著父母對女兒深厚的情感。劉克莊在文中描述女兒僅有淑人一女，因家中「久未有男子，愛鐘二女，幼者先夭，淑亦得癇疾，已而復常性，性諄而慧。」也許淑人是

〔註 20〕　《丹淵集》卷四○〈壽安縣太君何氏墓誌銘〉，頁 298。
〔註 21〕　蘇頌《蘇魏公文集》卷六二〈萬壽縣令張君夫人蘇氏墓誌銘〉，北京中華書局，1988 年，頁 951。
〔註 22〕　同上書，卷六二〈彭城縣君錢氏墓誌銘〉，頁 954。
〔註 23〕　《陶山集》卷一五〈壽安縣君王氏墓誌銘〉，頁 125。
〔註 24〕　《河南程氏文集》卷一二〈上谷郡君家傳〉，《二程集》，頁 653。
〔註 25〕　王安石《王臨川文集》卷九九〈寧國縣太君樂氏墓誌銘〉，台北鼎文書局，1979 年初版，頁 630。
〔註 26〕　《江西出土墓志選編》二編〈北宋墓志・劉元周妻易氏墓誌銘〉，頁 56。
〔註 27〕　曹彥約《昌谷集》卷一八〈姪女曹氏墓誌銘〉，《四庫全書》，1167 冊，頁 216。
〔註 28〕　《傳家集》卷七二，頁 659。
〔註 29〕　《花燈轎蓮女成佛記》，《清平山堂話本》卷三《雨窗集》，頁 103。

唯一的女兒，加上她體質柔弱，不但母親對她悉心提攜，「曾王祖母聶令人，王父宗院、王母趙安人尤憐之至。」可謂集眾人寵愛於一身。至於她與父親的關係，由父親入京調官後，淑人「每思父必涕洟，得安書必喜」看來，可推測淑人對父親的孝思與父女之間深厚的感情。等到她宿疾復發而殞命，遠在京城父親因路途遙遠，無法見摯愛女兒臨終一面，回到家中無法顧及嚴父形象，竟唯有「夫婦相對悲泣而已」的反應，〔註 30〕父親對淑人何嘗不是用情至深。而在其死後，家人將她歸葬於祖墳的祖姑墳旁，而非火化後，寄放在廟厝，可見應家人視她為家族成員，而非外人。

　　從婚姻的角度察看女兒與家庭的關係，亦可發現父母愛女心切的一面。宋代盛行財婚，婚嫁往往需耗費鉅資。有的父母為了表達愛女之心，或為提高女兒在夫家的地位，或博得公公婆婆的歡心龍，在女兒出閣時每陪贈豐盛的嫁資。如王安石次女下嫁蔡卞，因其是安石妻吳氏最寵愛的女兒，吳氏竟然以「天下樂暈錦為帳」為陪嫁，使「華侈之聲已聞于外」，以致世人議論紛紛，甚至傳至神宗皇帝。〔註 31〕又趙鼎特別寵愛三十六女，在《家訓筆錄》第二十七項就提到：「三十六女吾所鍾愛，他日吾百年之後，於紹興府租課內，撥米二百旦充嫁資。」有的士大夫經濟困難，無法在女兒出閣時贈以豐盛的嫁妝，但不減其愛女之心。在女兒出嫁時，一方面欣喜女兒終身有了圓滿的歸宿，在理智上應以愉悅的心情看待女兒出閣，然而在女兒出嫁時，目睹女兒即將遠離，父母難免心生感懷，通常父親礙於嚴父身份往往需強忍女兒遠離的傷悲，如在梅堯臣送女兒出嫁絳州薛通詩中云：

> 在家助爾勤，女工無不喜，既嫁訓爾恭，恭己乃遠恥。我家本素風，
> 百事無所侈，隨宜具奩箱，不陋復不鄙。當須記母言，夜寐仍夙起，
> 慎勿窺窗戶，慎勿輒笑毀，妄非勿叫競，醜語勿辨理，每順舅姑心，
> 況逆舅姑耳！為婦若此能，乃是儒家子。看爾十九年，門閭未嘗履，
> 一朝陟太行，悲傷黃河水。車徒望何處，哭泣動鄰里，生女不如男，
> 天親反由彼。〔註32〕

字裡行間除同世俗般，期勉女兒出嫁後能竟順舅姑，克盡婦職外，在文中「車徒望何處，哭泣動鄰里，生女不如男，天親反由彼」等語，則自然流露出父

〔註30〕　劉克莊《後村先生大全集》卷一五九〈外孫淑人〉，《四部叢刊正編》，頁 1400。
〔註31〕　魯紓《南遊記舊》，《說郛三種》，頁 787。
〔註32〕　《梅堯臣集編年校注》卷二六〈送薛氏婦歸絳州〉，頁 888、889。

親對將遠嫁女兒的深情與不捨。

　　女兒在娘家時，緣於性別的隔閡，母女感情遠較父女之間親暱。然而有時心思細膩的女兒似乎較兒子更能體會父親的心境，以宛轉的手法化解其心結。如《墨莊筆錄》卷一載：

> 浮休居士張芸叟，久經遷責，既還，怏怏不平。嘗内集，分題賦詩，其女得蠟燭有云：「莫訝淚頻滴，都緣心未灰。」浮休有慚色，自是無復躁進之意。

女兒做爲父親傾訴的對象，有時即使女兒已出嫁依然不變。在鄭俠〈示女子〉初看似乎是一封父親寫給出嫁女兒的家常信，深入閱讀發現信中除透露父親對女兒教養與深切的期望外，更深入與女兒談論個人的政治立場。在長達一一○句的書信，鄭俠無法免於習俗，除諄諄教誨女兒：

> 出門天其夫，禮律其來久。汝姑吾之妹，姑夫爲汝舅，事舅如事父，事姑如事母，三者無所闕，汝則無大疵。門内有尊親，門外有親友，歲時或餽助，祭祀合奔走，一一無間言，乃可逃父醜。治家在勤儉，臨財戒多取。誦經味其理，聖心良可究。即事念慈和，無但勞吻味。
> 善看育與蟾二子。

等爲婦之道外，異於尋常父女往返之書信，他陳述道：「以爲臣事君，即是子事父，閨門有危難，誰不在悍疚，推其愛父心，誰不得前剖，幸爲男兒身，許國自結綬，安得冷眼看，終不一開口，封章重十天，夫豈避鼎斧。」〔註33〕在信中鄭俠還傳達在熙寧八年（1075 年）因抨擊呂惠卿施政，而被流放至英州編管，絲毫不後悔的堅決立場，除顯示個人的氣節外。深刻地盼望女兒能夠能體會父親忠君、剛正不阿的政治態度。然而一提及女兒出生不及三月，就得因父親貶官遭受流離顛沛之苦，則又顯示對女兒無限心疼與愛憐。

　　生離死別乃人間無可避免，在宋代父親紀念亡女的墓誌銘中，也許基於嚴父形象，或墓誌銘可能是公開流傳，或是寫作型式的僵化，父親在感情的表達非常含蓄隱晦，不但難以勾勒在室女的生平，亦無從窺探父女之間的感情，以至認爲宋代對在室女的關懷教養不及唐代的世族。〔註34〕然而在文學作品中卻有不少思念亡女的感人作品，如李覯的〈哭女二首〉、歐陽修〈哭女

〔註33〕　《西塘集》卷九〈示女子〉，頁 486。
〔註34〕　盧建榮〈從在室女墓誌看唐宋性別意識的演變〉，載《國立台灣師範大學歷史學報》25 期，1997 年六月，頁 15～41。

詩）等，而其中梅堯臣的〈戊子三月二十一日殤小女稱稱三首〉，以平易樸實文筆款款敘述思女的心情，更是感人至深：

> 生汝父母喜，死汝父母傷，我行豈有虧，汝命何不長？鴉雛春滿窠，
> 蜂子夏滿房，毒螫與惡噪，所生遂飛揚。理故不可詰，泣淚向蒼蒼。

> 蓓蕾樹上花，瑩契昔嬰女，春風不長久，吹落便歸土。嬌愛命亦然，
> 蒼天不知苦，慈母眼中血，未乾同兩乳。

> 高廣五寸棺，埋此千歲恨，至愛割難斷，剛性挫以鈍。淚傷染衣班，
> 花惜落蔕嫩，天地既許生，生之何遽困。〔註35〕

因此宋代社會雖普遍存有生女不如男的觀念，然基於血緣親情因素，大體而言，多數家庭仍盡其心力照顧呵護女兒，只是在「男女有別」的倫理網絡中，儘管有少數在室女在家中幾乎可與男性擁有同等地位，不過多數婦女實難擺脫「男尊女卑」的社會價值觀之約束。

二、在室女的教育

《詩經》〈小雅・斯干〉透露對女兒的期許是「無非無儀，惟酒食是議，無父母詒罹。」對男孩則是「其泣喤喤，朱芾斯煌，室家君王！」〔註36〕因此自西周起，對男女教育態度就截然不同，男孩是接受六藝薰陶，以為成家治國所需；女孩除學習婉娩聽從外，主要是學習「執麻枲治絲繭織紝組紃」與「祭祀納酒漿籩豆菹醢。」以為成婦之需。〔註37〕而歷代婦女教育即是此觀點的修正與補強。如唐代女教聖人宋尚宮在《女論語》〈訓男女〉提到男女教育的差異，認為教育男子是「男入書堂，請延師傅，學習禮儀，吟詩作賦。尊敬師儒，束脩酒脯」，又女子因受限於婦無外事、男主外女主內的思想，以婦德與婦職為主要的教育內容，即是：

> 女處閨門，少令出戶。喚來便來，教去便去。稍有不從，當叱怒辱。
> 在堂中訓，各勤事務。掃地燒香，紉麻緝苧。若出人前，教他禮數，
> 道福遜聲，遞茶待步。莫縱嬌痴，恐他啼怒，莫縱跳梁，恐他輕侮。
> 莫縱歌詞，恐他淫污。莫縱遊行，恐他惡事。……〔註38〕

〔註35〕　《梅堯臣集編年校注》卷一八〈戊子三月二十一日殤小女稱稱三首〉，頁445、446。

〔註36〕　《毛詩》卷一一〈小雅・斯干〉，《四部叢刊初編》，頁80。

〔註37〕　《禮記》卷八〈內則〉頁91。

〔註38〕　宋尚宮《女論語》，《說郛三種》，頁3293。

在《義山雜纂》中也是強調男女教育殊途，主張養男訓誨是：「習祖業、立信不回、知禮義廉恥、精修六藝、談對明敏、知尊卑威儀、忠良恭撿、孝敬慈惠、博學廣覽、與賢者交遊、不事嬉遊、有守和遇事有知識。」養女訓誨則是：「習女工、議論酒食、溫良恭儉、修飾容儀、學書學算、小心軟語、閨房貞節、豔詞不唱、聞事不傳、善事尊長。」〔註 39〕宋代標榜儒學倫理道德，有關婦女教育的觀點原則上亦未超越《禮記》〈內則〉的框架，如司馬光在《溫公書儀》卷四〈居家雜儀〉的主張即是以《禮記》〈內則〉爲體，再斟酌宋代社會的需求，擬定而成：

> 六歲教之數與方名，男子始習書字，女子始習女工之小者。七歲男女不同席、不共食，始誦孝經、論語，雖女子亦宜誦之。……八歲出入門戶及即席飲食必後長者，使教之以謙讓。男子誦尚書，女子不出中門。九歲男子讀春秋及諸史，始爲之講解，使曉義理。女子亦爲之講解論語、孝經及列女傳、女戒之類，略曉大意。十歲男子出就外傳，居宿於外，讀詩、禮，傳爲之講解，使知仁義理智信，自是以往，可以讀孟、荀、揚子，博觀群書，……女子則教以婉娩聽從，即女工之大者。

總結司馬光婦女教育的觀點，認爲在室女除了婦德的養成及初識文理外，尚須學習「蠶桑績裁縫及爲飲膳」等婦功，以爲將來勝任婦職所需。而我們爬梳宋代婦女墓誌銘，發覺此正反映許多士大夫階層的婦女所接受的教育內容。翻閱墓誌銘類似「能讀班大家女戒」；〔註 40〕「巧于女工，通文史，能爲詩」；〔註 41〕「巧于女工，善筆札」；〔註 42〕「好讀儒者書，作五七言詩百有餘篇，人多誦之，其筆札亦精妙」；〔註 43〕「善書札，通音律，篤志于女工」；〔註 44〕「喜讀書，通《論語》、《孝經》大義」；〔註 45〕「資慧淑，纂組音樂，凡女子之事無不工。」〔註 46〕的記載可說不勝枚舉。事實上是有些士大夫家庭爲了家道的繁榮、家門

〔註 39〕 《義山雜纂》，《說郛三種》，頁 104。
〔註 40〕 《范太史集》卷四八〈右監門衛大將軍妻崇安縣君石氏墓誌銘〉，頁 513。
〔註 41〕 同上書，卷四八〈右侍禁妻劉氏墓誌銘〉，頁 516。
〔註 42〕 同上書，卷四九〈左武衛大將軍貴州刺史妻渤海縣君高氏墓誌銘〉，頁 517。
〔註 43〕 同上書，卷五一〈右監門衛大將軍妻仁和縣君曹氏墓誌銘〉，頁 541。
〔註 44〕 同上書，卷五一〈右班殿直妻李氏墓誌銘〉，頁 542。
〔註 45〕 王珪《華陽集》卷五三〈趙宗旦妻賈氏墓誌銘〉，《四庫全書》，1093 冊，頁 392。
〔註 46〕 晁補之《雞肋集》卷六四〈錢唐縣君葉氏墓誌銘〉，《四部叢刊初編》，頁 507。

禮法的延續，非常重視在室女的教育。如向來主張婦女應受教育的曾鞏，姊妹九人都受過相當程度的教育。在悼念二妹墓誌銘中，曾鞏形容她「孝愛聰明，能讀書言古今，知婦人法度之事，巧鍼縷刀尺，經手皆絕倫。」〔註47〕而大妹則是「及長，喜讀書，於女工之事，不教而自能。為人進退容止皆有法度，人罕見其喜慍之色，內外屬皆嚴重之。」〔註48〕至於較開明的家庭，深恐女兒「為婦為母而皆莫知所有自為者之道」，更是重視婦女教育，如譚文初之妻謝氏生於儒學世家，其母家「生子女必教其言其行，使必有所師法。」「其教子弟必以經術，教諸女亦如之，凡詩書禮義，古今義婦烈女有見於傳記者，必使之習讀，通其義裡。」因此謝氏不但能讀書觀古文，還精於書畫，擅長水墨閑淡旨趣，且在閒暇之餘能與丈夫切磋詩書、性理之學。而由譚文初讚賞其學識，「雖老於儒學者無以過」。〔註49〕推論謝氏所受的教育內容，遠超過初識文理，或略識書算的程度。其他如王安石稱許曾氏：「自司馬氏以下史所記，世治亂、人賢不肖無所不讀。蓋其明辨智識，當世游談學問知名之士，有不能如也。」〔註50〕或是如周琬「讀喜圖史，好為文章，日夜不倦，如學士大夫」外，又從舅氏邢起學詩，著有詩七百篇。〔註51〕李兒的妻子錢氏受教於母兄，「善為歌詩，多或數百，平生所著千餘首。讀經史佛道書手不釋卷，博聞強記，談論清辨，自曉音律，精於歷數，……晚好理性之學。」〔註52〕李無競之女仲琬幼甚聰敏，「所見書立誦，十歲能為詩」，代父「削牘敏妙時裁，其室中事有理」，又「於書無所不讀，讀能言其義，至百家方技小說皆知之，其為詩晚益工，至它文皆能之，而書尤妙麗。」〔註53〕虞氏則「性喜觀書，讀《易》、《論語》得其大意，下至練養、醫藥、卜筮、數術無不通曉。」〔註54〕又周密在《齊東野語》卷十稱許黃子由妻子，胡元功之女，自號惠齋居士者，「俊敏強記，經史諸書，略能成誦，善筆札，時作詩文亦可觀，於琴奕寫竹等藝尤精，時人比做李易安。」〔註55〕

〔註47〕　《元豐類稿》卷四五〈江都縣主簿王君夫人曾氏墓誌銘〉，頁294。
〔註48〕　同上書，卷四九〈鄆州平陰縣主簿關君妻曾氏墓表〉，頁294。
〔註49〕　《西塘集》卷四〈謝夫人墓表〉，頁411～413。
〔註50〕　《王臨川文集》卷一百〈河東縣太君曾氏墓誌銘〉，頁633。
〔註51〕　《元豐類稿》卷四五〈夫人周氏墓誌銘〉，頁612。
〔註52〕　《范太史集》卷三八〈工部尚書致仕李莊公許昌郡夫人錢氏墓誌銘〉，頁427。
〔註53〕　《雞肋集》卷六六〈李氏墓誌銘〉，頁523、524。
〔註54〕　《晦庵先生朱文公文集》卷九二〈夫人虞氏墓誌銘〉，頁1620。
〔註55〕　周密《齊東野語》卷十〈黃子由夫人〉，《宋元人說部叢書》，頁518。

以上這些婦女的學識亦遠超過初識文理的標準。

宋沿襲唐代以來的想法，反對婦女作詩填詞。然而在宋代不少士大夫家庭皆教授女兒作詩填詞，在宋代亦不乏閨媛詞人，除了婉約派詞宗李清照、魏夫人外，尚有謝希孟、曹希蘊、蒲芝，王綸、吳氏、王尚恭、吳淑姬、胡氏惠齋居士、何師蘊等。〔註 56〕甚有家族家中諸女皆擅於詩詞，如《墨莊漫錄》卷五云：

> 王荊公女適吳丞相之子，封長安縣君者，能詩。嘗見親族婦女有服者，帶白羅繫頭子者。因戲爲詩云：「香羅如雪縷新裁，惹住烏雲不放回。還似遠山秋水際，夜來吹散一枝梅。」其姑丞相魚軒李氏，侍從徐宥之女也，亦能文，有詩云：「絮如柳陌三春雨，花落梨園一笛風。百尺玉樓簾半捲，夜深人在水晶宮。」皆婦人有才思者。可喜也。〔註 57〕

而魏泰《臨漢隱居詩話》亦載：

> 近世婦人多能詩，往往有臻古人者，王荊公家最眾。張奎妻長安縣君，荊公之妹，佳句最多，著者「草草杯盤供笑語，昏昏燈火化生平。」……劉天保妻，平甫女也。句有「不緣燕子穿簾幕，春去春來那得知。」荊公妻吳國夫人，亦能文，嘗有小詞約諸親遊西池句云：「待得明年重把酒，攜手那知無語又無風。」皆脫灑可喜也。〔註 58〕

在《西清詩話》中也述及：

> 朝奉郎中丘舜諸女，皆能文辭，每兄弟內集，必聯詠爲樂，其仲嘗作寄夫詩云：「簾裏孤燈覺曉遲，獨眠留得宿妝眉，珊瑚枕上驚殘夢，認得蕭郎馬過時」。〔註 59〕

而曾布的妻子魏夫人，是詩論家魏泰的姊姊，她博涉群書，長於詩詞，夫婿曾布、子曾紆亦皆能詞。朱熹對其文學造詣評價頗高，曾說過：「本朝婦人能

〔註 56〕 有關宋代閨秀詩詞作家著作可見胡文楷〈宋代閨秀藝文考〉，載《宋史研究集》第二輯，台北國立編譯館，1964 年，頁 67～84。

〔註 57〕 張邦基《墨莊漫錄》卷五，《叢書集成新編》，86 冊，頁 701。

〔註 58〕 魏泰《臨漢隱居詩話》，何文煥《歷代詩話》，台北漢京文化，1983 年初版，頁 333。

〔註 59〕 胡仔《苕溪漁隱叢話前集》卷六○〈麗人雜記〉，台北長安出版，1978 年初版，頁 416。

文者,唯魏夫人及李易安二人而已。」宋人黃升在《花庵詞選》也說「李易安、魏夫人,使在衣冠之列,當與秦七、黃九爭雄,不徒擅名閨閣也。」可見她在宋代是與李清照齊名的女詞人,茲錄其〈菩薩蠻〉於下:

> 溪山掩映斜陽裏,樓臺影動鴛鴦起。隔岸兩三家,出牆紅杏花。綠楊堤下路,早晚溪邊去,三見柳綿飛,離人猶未歸。〔註60〕

又「陳述古諸女多能詩文,其一嫁婿曰李生,爲晉寧軍判官,部使者知其妻於詩最上,以所藏小雁屏從之求題品。」〔註61〕曹希蘊擅於詩,一日遊乾明寺,見諸尼正在做繡工,有尼乞詩。乃應聲爲集句云:

> 睡起楊花滿繡床,爲他人作嫁衣裳。因過竹院逢僧話,始覺空門氣味長。〔註62〕

而陳安國妻謝希孟「與兄並工詩賦,所著詩百餘篇。歐陽文忠稱其隱約深厚,守禮不放,有古幽閑淑女之風。」〔註63〕在彭乘之《墨客揮塵》卷二二亦載,毗陵郡一士人,有一女兒,年方十六歲,頗能詩,其中〈破錢詩〉云:

> 半輪殘月掩塵埃,依稀猶有開元字,想見清光未破時,買盡人間不平事。

又有〈彈琴詩〉一首,云:

> 昔年剛笑卓文君,豈信絲桐解語身,今日未彈心已亂,此心元自不由人。

胡元功的女兒惠齋居士,長於詩詞,時人比之爲李易安,經過雪堂曾著赤壁賦於壁間。而吳人相傳其嘗因見几上凝塵,戲畫梅一枝,題作:

> 小摘幽僻,久無人到此,滿地狼籍,几案塵生多少憾,把玉指親傳蹤跡,畫出南枝,正開側面,花蕊俱端的。可憐風韻,故人難寄消息,非共雪月交光,這般造化,豈費東君力,只欠清香來撲鼻。亦有天然標格,不上寒窗,不隨流水,應不鈿宮額,不愁三弄,只愁羅袖輕拂。〔註64〕

〔註60〕 張宗橚《詞林紀事》卷一九,台北木鐸出版社,1982年初版,頁497。
〔註61〕 《夷堅乙志》卷三〈陳述古女詩〉,頁204。
〔註62〕 楊彥齡《楊公筆錄》,《歷代筆記小說集成》,20冊,頁24。
〔註63〕 何喬遠《閩書》卷一四一〈閨閣志〉,福建人民出版社,1994年一版,頁415。
〔註64〕 《古今閨媛逸事》卷三〈才藝類‧惠齋居士〉,北京燕山出版社,1992年一版,頁27、28。

朱熹好友黃公銖長於詩，其黃母沖虛居士聰穎明敏，書史無所不讀，亦善於詩詞，惜遭回祿，僅存〈滴滴金〉、〈醉蓬萊〉、〈菩薩蠻〉、〈少年遊〉、〈寄季溫老友〉、〈醉思先〉等詩詞，下文茲錄〈滴滴金〉詞一闋：

> 月光飛入林前屋。風策策，度庭竹。夜半江城集柝聲，動寒梢棲宿。
> 等閒老去年華促，祇有江梅伴幽獨。夢繞夷門舊家山，恨驚回難續。
> 〔註65〕

雲霄人李氏姊妹亦能作詩。有〈汲水〉、〈書懷〉二詩傳世。〈汲水〉詩云：

> 汲水佳人立曉風，青絲輾進轆轤空。銀瓶觸破殘粧影，零亂桃花滿井紅。

又〈書懷〉詩云：

> 門對雲霄碧玉留，數聲漁笛一江秋。衡陽雁斷楚天闊，幾度潮來問過舟。〔註66〕

出身市井小民階層的婦女，雖缺乏家學薰陶或父兄的提攜，有時也可接受良好的教育，如《青瑣高議》提到甘棠妓女溫琬擅於書法、深得《孟子》義理，著有詩集、《南軒雜錄》形容他：

> 本良家子，……六歲則明敏，訓以詩書，則達旦不寐，從母授以絲竹，訓篤甚嚴，琬欣然承之，暇日誦千言，又能約通其大義。喜字學，落筆無婦人體，猶渾且有格。……琬有詩，僅五百篇，自編為一集，……其間九經、十二史，諸子百家，自兩漢以來文章議論，天文、兵法、陰陽、釋道之要，莫不賅備，以至於往古當世成敗，皆次列之。常日披閱，賅博遠過宿學之士。其字學頗為人推許，有得之者，保藏珍重。〔註67〕

在《花燈轎蓮女成佛記》中則說張蓮女：「這女子件件聰明，見經識經，見書識書。鄰近又有一個學堂，教此女入學讀書，不過一年，經史皆通。」〔註68〕《快嘴李翠蓮記》中的李翠蓮也是「女紅針指，書史百家，無所不通。」〔註69〕

〔註65〕 張世南《游宦記聞》卷八，《知不足齋叢書》，台北中文出版社，1980年初版，頁1983。

〔註66〕 《閩書》卷一四五〈閩閣志〉，頁4314。

〔註67〕 劉斧《清瑣高議後集》卷七，《歷代筆記小說集成》，河北教育出版社，1994年一版，23冊，頁506～510。

〔註68〕 《花燈轎蓮女成佛記》，《清平山堂話本》，頁102、103。

〔註69〕 《快嘴李翠蓮記》，《清平山堂話本》，頁31。

　　受限於婦女角色「正位於內」的理念，婦女教育以婦德薰陶和婦職訓練
爲主。然而影響婦女教育內容的變數極多，不似男子教育有具體的體制與內
容可依循，因此在室女教育的內容較爲分歧，追求學問過程遠較男性曲折。
其中來自家庭父母的阻礙最大，如黃寅投宿旅館遇到妙齡女子對其言：「少好
文筆，頗知書，所恨墮於女流，父母只令習針縷之功，不遂志願。」〔註70〕
此外婦職過於繁重，也使婦女在追求學問，或創作上較爲困難，如何師韞十
四歲時嫁給臨川饒氏，因父親貧窮，嫁妝甚爲單薄，她「晝躬爨滌，夜讀書
史，仍勉夫以學。好作詩，未嘗自露。」〔註71〕

　　有時婦女所學，深受家學影響，如房州人謝三師家與書館爲鄰，其女七
五姊，「自小好書，每日竊聽諸生所讀，皆能暗誦。其父素嗜道教行持法書，
女遇父不在家時，輒亦私習。」〔註72〕北宋木工預浩所建造開寶寺塔，設計
周延精細，堪稱京城之最。他的獨生女長期耳濡目染，「年十餘歲，每臥，則
交手於胸，爲結構狀。如此踰年，撰成木經三卷。」〔註73〕又《書史會要》
卷六〈章氏煎〉亦云：「友直之女，工篆書，傳其學。友直執筆，自高壁直落
至地，如引繩。而煎亦能如其父。以篆筆畫棋局，筆筆勻正，縱橫如一。」
而宋狀元黃樸之女擅長畫蘭、撫琴。其畫蘭名著一時，也是受家學的薰陶。
她在爲郎中孫榮父親作九琬圖自敍道：「予家雙井公以蘭比君子，父東埜翁甚
愛之，予亦愛之。每女紅之暇，嘗寫其眞，聊以備閨房之玩，初非以此求聞
於人也。」〔註74〕至於一般市井小民女兒教育內容亦深受家庭影響，如鹽城
小民周六以織席爲生，其女兒「十七八，略不識針鈕之事，但能助父編葦而
已。」〔註75〕

　　爲使婦女將來出嫁之後能勝任人妻、人母、人媳等婦職，在室女的教育以
女紅和婦德、婦容、婦言、婦功等爲主要的內容，多數的啓蒙教育受教於母親，
若母親通曉書史旨意，通常女兒也多能粗通文理、略識翰墨。如宗室安國公夫
人宋氏「生十年，母教之剪製之事，音律之法，詩書之言。」〔註76〕程顥、程

〔註70〕　《夷堅支丁》卷二〈小陳留旅舍女〉，頁976。
〔註71〕　《夷堅三志壬》卷三〈懶愚道人〉，頁1479。
〔註72〕　《夷堅三志壬》卷十，頁1544。
〔註73〕　歐陽修《歸田錄》卷一，《宋元人說部叢書》，頁751。
〔註74〕　《古今閨媛逸事》卷三〈才藝類・蘭是知交〉，頁33。
〔註75〕　《夷堅丁志》卷九〈鹽城周氏女〉，頁1036。
〔註76〕　《華陽集》卷五四〈宗室延州觀察使夫人京兆郡君宋氏墓誌銘〉，頁399。

頤母親侯氏學識與男子不分軒輊，其「教女常以曹大家女戒」。〔註77〕程節妻沈氏略知經史百家大意，善於字畫作詩，有文集十卷傳于家，教授諸女有法，「各能通經知詩。」尹洙之女持家家風嚴整，訓誡諸女「汝曹事夫如事父，敬而有別，乃可已久。」〔註78〕李氏則「教諸婦以箴帨盥帨總觶角之事，俾之居室接弗違而婉。」〔註79〕不過多數母親教授女兒以「婦事」爲主，如吳可權母親王氏「訓諸女以絲枲、內饋爲婦之德容。」〔註80〕陳良弼女兒受教於母親彭氏，她「柔順靜顓，不妄言笑，其刺繡、縫裳、剪製、結縷，承夫人指綬，咸有法度可觀。」〔註81〕陳彥甫、彥國之母吳氏要求女兒，「織紝組紃必勤，執麻枲治絲繭必時，編珠結縷剪製縫紉必精且巧。」〔註82〕劉仲光母親丁氏，「教諸女以身爲法，自未笄時，已令夙興備盥櫛，奉藥餌。夜嘗躬視局籬煬灶，輒令持燭行前，既笄則教之酒漿蓋藏之事，祭祀賓客之奉。且戒之曰：『爾曹勿厭吾言，異日當蒙其力。』」〔註83〕閻路妻楊氏該涉文史，以「章句字畫訓誨諸女，及內外親表之甥姪。」〔註84〕有的婦女可能入私塾接受啓蒙教育，如劉氏於夫亡後返回成都，「合聚閭巷親族良家兒女之推齒者，受訓誡教書字逾十年」以爲生。〔註85〕才藝雙全的溫琬「六歲則明敏，訓以詩書，……嘗衣以男袍，同學與之居，積年，不知女子也。」〔註86〕也有受教於父親或親族的，如王旦女兒才數歲，王旦「喜其明悟，親教頌《孝經》、《白氏諷諫》及雜詩賦數百編。」〔註87〕周琬則從舅氏邢起學作詩。〔註88〕胡某妻子劉氏自幼「柔惠警敏，父授以《孝經》、《論語》、《孟子》一過能誦，略通大義，終身不忘。」〔註89〕而孫綜女以「才藻非女子事」謝絕與李清照習詩塡詞，其父「乃手書古列女事數十授夫人。」

〔註77〕　《河南程氏文集》卷一二〈上谷郡君家傳〉，頁 654。

〔註78〕　《范太史集》卷三九〈常樂郡君尹氏墓誌銘〉，頁 432。

〔註79〕　宋祁《景文集》卷六○〈隴西郡君李氏墓誌銘〉，《四庫全書》，1088 冊，頁 583。

〔註80〕　《西塘集》卷四〈太儒人王氏墓誌銘〉，頁 418。

〔註81〕　謝守《溪堂集》卷九〈彭夫人墓誌銘〉，《四庫全書》，1122 冊，頁 547。

〔註82〕　《溪堂集》卷九〈吳夫人墓誌銘〉，頁 543。

〔註83〕　《晦庵先生朱文公文集》卷九三〈宜人丁氏墓誌銘〉，頁 1642。

〔註84〕　《丹淵集》卷四○〈華陽縣君楊氏墓誌銘〉，頁 298。

〔註85〕　《丹淵集》卷四○〈文安縣君劉氏墓誌銘〉，頁 295。

〔註86〕　劉斧《清瑣高議後集》卷七，《歷代筆記小說》，23 冊，頁 504。

〔註87〕　韓維《南陽集》卷三○〈太原縣君墓誌銘〉，《四庫全書》，1101 冊，頁 758。

〔註88〕　《元豐類稿》卷四五〈夫人周氏墓誌銘〉頁 287。

〔註89〕　楊萬里《誠齋集》卷一三一〈太儒人劉氏墓誌銘〉，《四部叢刊初編》，頁 1190。

〔註90〕黃崇妻子游氏因族母阮氏「以婦德爲女師，夫人初嘗學焉，受班昭女訓，通其大義；至它組紃，筆札之藝，皆不待刻意而能輒過人。」〔註91〕劉克莊母親林氏，因年幼失母，乃「與伯姊傳誦圖史，由熟班、馬二書，於忠臣、孝子、貞女、烈婦朗朗成誦。」〔註92〕有些婦女因資質明慧，而得到名師的指導，在《揮麈錄三錄》卷二〈張夫人哭魏夫人詩〉就提到：

> 曾文肅熙寧初，爲海州懷仁令，有監酒使臣張者，小女六七歲，甚
> 慧黠。文肅之室魏夫人憐之，教以誦詩書，頗通解。

綜合上述，爲使女兒成婦能恪守婦職，以免貽羞父母，宋代婦女教育內容最重要的是學習婦事與婦德。婦事的訓練是成婦的必備條件，學習書史知識的目的是希望婦女於潛移默化中，能體現禮法，成爲賢妻良母。亦即書史知識對婦女而言，是著重於德行的薰陶，而非婦才的啓發，以致多數家庭並未積極教授婦女讀書識字。而士大夫階層婦女因受家學影響，比其他階層婦女較有讀書識字的機會，少數開明的家庭全力支持女兒向學，如史琰自幼嗜學，獲得家人支持，竟能「蘋蘩線縷，一不經意，志業專確，博古善績文。」〔註93〕然而事實上，亦有不少的士大夫並未積極教授女兒讀書識字，如黃庭堅叔母章氏，「幼喜誦書，弄筆墨，父母禁之，與諸女相從夜績，待其寢息，乃自程課，由是知書事。」〔註94〕程顥的女兒長於書香世家，資質「風格瀟灑，趣向高潔；發言慮事，遠出人意。」又「喜聞道義」，可謂少見聰慧女子，然而家中「未嘗教之讀書」，其學問全然是「自通文義」。〔註95〕可知婦女受學遠較男性曲折困難故，在成就上自然無法男性相抗衡。

　　總結來說，宋人理想的婦女教育應是雙軌制，即婦女除同兄弟一般接受儒家學識，以使婦女在潛移默化中體現婦德外，尚須學習專屬婦女的女紅教育。而二者比重，女事的訓練又遠比書史知識的培養更爲重要。如張載家族「女子之未嫁者，必使親祭祀，納酒漿，皆所以養遜悌，就成德。」〔註96〕以爲成婦後能勝任事親、祭祀的職責。而在墓誌銘中所呈現完美的婦女形象，

〔註90〕 陸游《渭南文集》卷三五〈夫人孫氏墓誌銘〉，《陸放翁全集》，北京中國書店，1986 年一版，頁 216。
〔註91〕 《晦庵先生朱文公文集》卷九一〈建安郡夫人游氏墓誌銘〉，頁 1604、1605。
〔註92〕 《後村先生大全集》卷一五三〈魏國墓誌銘〉，頁 1342。
〔註93〕 《古今閨媛逸事》卷三〈才藝類·和鳴集〉，頁 21。
〔註94〕 黃庭堅《山谷外集》卷八〈叔母章夫人墓誌銘〉，頁 434。
〔註95〕 《河南程氏文集》卷一一〈孝女程氏墓誌〉，頁 640。
〔註96〕 張載《張載集》附錄〈呂大臨橫渠先生行狀〉，頁 383。

更反映此觀念，如譚文初妻子謝氏，她爲在室女時，除同男子一般接受儒學教育外，必定還接受嚴格的婦職訓練，否則怎能「澣濯組紃，與所以待賓客者，皆夫人自爲之」，或「居家雞晨以興，而家之事無不遍視，若滌、若灌、若拂、若拭、若掃洒，必身以率下；若澣濯、若縫綴、若補緝、若裁剔、若果蔬之煎蒸、若醯醢之作藏必以時。」〔註 97〕袁燮母親戴氏也是接受雙軌教育，她性「聰明靜專，柔慧孝謹。」未嫁之時，父親「授以諸經肄業如二兄」外，母親蔡氏則誨以「婉娩聽從，織紝組紃，酒漿籩豆俎醢，凡古公宮所教，彤管所紀，德言容功，日從事焉。」〔註 98〕話本小說也透露出形象完美的婦女除顏色美麗、通曉書史外，還必須精於婦事。如《快嘴李翠蓮記》中因嘴快、個性剛烈被休的李翠蓮就是被塑造成容色美麗、「經史百家」，女事樣樣精通的婦女，其自詡兼具婦德、婦容、婦言、婦功四德。話本形容她除精通書史知識外，尚：

> 紡得紗，績得苧，能裁能補能刺繡；做得粗，整得細；三茶六飯一
> 時備；推得磨，搗得碓，受得辛苦吃得累；燒賣區食有何難，三湯
> 兩割我也會。到晚來，能仔細，大門關了小門閉；刷淨鍋兒掩櫥櫃，
> 前後收拾自用意。〔註 99〕

《風月瑞先亭》中的卓文君，除了擁有閉月羞花般的容貌，也是接受完整雙軌教育，因此她「詩詞歌賦，琴棋書畫，描龍刺鳳，女工針指，飲饌酒漿，無所不通。」〔註 100〕

參、婚姻之過程

一、婚　齡

「女生必有適，二親非終守」；〔註 101〕「女子也，生必有所歸。」〔註 102〕說明宋人普遍認爲婦女應出嫁，做爲人妻、人母、人婦，方是人生完美的依歸。至於男女適婚年齡，宋代官方沿襲唐開元律「凡年男十五，女年十三以

〔註 97〕　《西塘集》卷四〈謝夫人墓表〉，頁 412、413。
〔註 98〕　袁燮《絜齋集》卷二一〈太夫人戴氏壙記〉，《四庫全書》，1157 冊，頁 290。
〔註 99〕　《快嘴李翠蓮記》，《清平山堂話本》卷二，頁 32。
〔註 100〕　《風月瑞先亭》，《清平山堂話本》卷三，頁 48、49。
〔註 101〕　《西塘集》卷九〈示女子〉，頁 486。
〔註 102〕　沈括《長興集》卷一七〈長壽縣君田氏墓誌銘〉，《四庫全書》，1177 冊，頁 345。

上，並聽婚嫁。」在《書儀》〈婚儀上〉司馬光參考古禮，斟酌社會所需，將男女適婚婚齡各提高一歲，認為「男子年十六至三十，女子十四至二十，身及主婚無期以上喪皆可成婚。」〔註103〕而朱熹《家禮》採《書儀》之論點，制定「男子年十六至三十，女子年十四至二十」為男女適婚年齡。陶晉生先生在〈北宋士族的婦女〉一文則認為宋代婦女初婚平均年齡是十八歲，〔註104〕茲據淺見列表於下：

姓　　名	籍　貫	婚齡	年　代	資　料　出　處
舒氏		既笄	治平二年	《江西出土墓志選編》〈史琳妻舒氏墓誌銘〉
錢氏	餘杭	一九	熙寧六年	同上書〈嚴矩妻錢氏墓誌銘〉
甘氏	饒州樂平	一四	元豐八年	同上書〈吳守道妻甘氏墓誌銘〉
易氏	彭澤	二一	元祐五年	同上書〈劉元周妻易氏墓誌銘〉
沈氏	鄱陽	未笄	崇寧四年	同上書〈寶文閣待制程節沈氏墓誌銘〉
熊氏	豫章	一八	宣和元年	同上書〈張奭妻熊氏墓誌銘〉
徐氏	吳塘里	一七	淳熙十年	同上書〈王德用妻徐氏墓誌銘〉
范氏	豫章豐城	逮笄	紹定四年	同上書〈何九齡妻范氏墓誌銘〉
劉氏	南康都昌	二二	淳祐元年	同上書〈吏部侍郎彭方妻劉氏壙記〉
周氏	豫章武寧	一八	寶慶元年	同上書〈孫汝器妻周氏壙記〉
徐妙靜	豫章豐城	一五	寶祐二年	同上書〈王惟善妻徐妙靜墓記〉
周氏	隆興武寧	一七	咸淳十年	同上書〈太平州通判吳疇妻周氏壙記〉
黃氏	撫州	二二	淳化二年	《王臨川文集》〈外祖母黃夫人墓表〉
黃氏	江寧	二三	開寶八年	同上書〈曾公夫人萬年太君黃氏墓誌銘〉
王氏	臨川	一四		同上書〈長安縣太君王氏墓誌〉
蔣氏	宜興	二一		同上書〈永安縣太君蔣氏墓誌銘〉
盛氏	錢塘	二三		同上書〈李君夫人盛氏墓誌銘〉
陳氏	壽春	一九		同上書〈楚國太夫人陳氏墓誌銘〉
魏氏	常州	一九		同上書〈仙居縣太君魏氏墓誌銘〉

〔註103〕《書儀》卷三〈婚儀上〉，頁243。
〔註104〕陶晉生、鮑家麟〈北宋的士族婦女〉，載《中國婦女史論文集四集》，台北稻鄉出版，1995年初版，頁167。此外方建新在〈宋代婚姻禮俗考述〉一文中，認為宋代婦女平均的初婚年齡是十八‧○七。載《文史》第24輯，1985年4月，頁158。

李氏		一五		同上書〈鄭公夫人李氏墓誌銘〉
錢氏		一八		《范太史集》〈工部尚書致仕李莊公許昌郡夫人錢氏墓誌銘〉
富氏	河南	一九		同上書〈永嘉郡夫人富氏墓誌銘〉
楊氏	眉州眉山	一九		同上書〈長壽縣太君楊氏墓誌銘〉
王氏	開封	一九		同上書〈壽昌縣太君王氏墓誌銘〉
李氏		一五		同上書〈保寧軍節度觀察留後東陽郡公妻仁壽郡夫人李氏墓誌銘〉
陳氏	開封	二二		同上書〈贈華州觀察使華陰侯永安縣君陳氏墓誌銘〉
翟氏	開封	一五		同上書〈右侍禁妻翟氏墓誌銘〉
錢氏		一五		同上書〈左班殿直妻錢氏墓誌銘〉
吳氏		一七		同上書〈隨州觀察使漢東侯妻陳留郡君吳氏墓誌銘〉
田氏		一五		同上書〈權孟州節度推官妻田氏墓誌銘〉
王氏		一七		同上書〈右千牛衛將軍妻仙源縣君王氏墓誌銘〉
吳氏		二十		同上書〈左班殿直妻吳氏墓誌銘〉
張氏		一九		同上書〈右監門衛大將軍妻壽安縣君張氏墓誌銘〉
孫氏		一六		同上書〈右監門衛大將軍妻孫氏墓誌銘〉
郭氏		一八		同上書〈右千牛衛將軍妻崇德縣君郭氏墓誌銘〉
曹氏		一五		同上書〈右午衛大將軍台州刺史妻仁壽郡君曹氏墓誌銘〉
劉氏		一七		同上書〈右侍禁妻劉氏墓誌銘〉
安氏	開封	一七		同上書〈贈開封儀同三司昌國公妻同安郡君安氏墓誌銘〉
郭氏	開封	二三		同上書
向氏	開封	一五		同上書〈右監門衛大將軍嘉州刺史妻永安縣君向氏墓誌銘〉
曹氏	開封	一八		同上書〈右監門衛大將軍妻仁和縣君曹氏墓誌銘〉
張氏	開封	一八		《西臺集》〈延安郡太君張氏墓誌銘〉
田氏	開封	一六		同上書〈田孺人墓誌銘〉

宋氏		一六		同上書〈清源王太君宋氏墓誌銘〉
李氏		一七		同上書〈仁昌縣太君李夫人墓誌銘〉
張氏		二二		《溪堂集》〈張夫人墓誌銘〉
甘氏		一八		同上書〈甘夫人墓誌銘〉
彭氏	撫州金谿	一八		同上書〈彭夫人墓誌銘〉
桂氏	信州貴溪	二一		同上書〈桂夫人墓誌銘〉
桂氏	信州貴溪	二〇		同上書〈桂夫人墓表〉
胡氏	楚	一六		《長興集》〈蔡孝廉母胡氏墓誌銘〉
席氏	毗陵	二一		同上書〈席氏墓誌銘〉
許氏	吳郡	一七		同上書〈萬年縣君許氏夫人墓誌銘〉
王氏	漳浦	一七		《西塘集》〈太儒人王氏誌銘〉
葉氏	錢塘	二二		《雞肋集》〈錢塘縣君葉氏墓誌銘〉
晁氏	開封	一九		同上書〈晁夫人墓誌銘〉
穆氏	廣陵	二一		同上書〈穆氏墓誌銘〉
晁氏	開封	二三		同上書〈進士李公裕墓誌銘〉
李氏		一八		同上書〈李氏墓誌銘〉
李仲琬	武昌	一七		同上書〈李氏墓誌銘〉
羅氏	開封	二六		同上書〈羅氏墓誌銘〉
闕氏	開封	一七		同上書〈闕氏墓誌銘〉
吳氏	臨川	二一		同上書〈吳夫人墓誌銘〉
江氏	臨川	一八		同上書〈江夫人墓誌銘〉
謝氏	杭州富陽	二〇	天聖五年	歐陽文忠公集〈南陽縣君謝氏墓誌銘〉
胡氏		二七		同上書〈長沙縣君胡氏墓誌銘〉
李氏	湖南	二二		同上書〈長壽縣太君李氏墓誌銘〉
王氏	濰州北海	二三		同上書〈北海郡君王氏墓誌銘〉
李氏		一五		同上書〈右監門衛大將軍夫人李氏墓誌銘〉
錢氏		一四		同上書〈右監門衛將軍夫金堂縣君錢氏墓誌銘〉
慕容氏		一七		同上書〈右屯衛將軍夫人永安縣君慕容氏墓誌銘〉
俞氏	東陽	二〇		《攻媿集》〈儒人俞氏墓誌銘〉
樓氏	鄞	一八		同上書〈從妹樓夫人墓誌銘〉

王氏	鄞桃源	一九		同上書〈王夫人墓誌〉
房氏		過笄		同上書〈文安郡夫人房氏墓誌銘〉
羅氏	南劍州沙縣	二二		《晦庵先生朱文公文集》〈令人羅氏墓表〉
王氏	成都華陽	一五		同上書〈安人王氏墓表〉
朱氏	吳郡	二一		同上書〈劉氏妹墓誌銘〉
王氏	明州慈谿	一七		同上書〈宜人王氏墓誌銘〉
許氏	建州門隸	一九		同上書〈夫人許氏墓接銘〉
王氏		一九		同上書〈潘氏婦墓誌銘〉
祝氏	徽州	一八		同上書〈尚書吏部員外郎朱君孺人祝氏壙記〉

上表八二位婦女初婚年齡分佈:

年齡	一四	一五	一六	一七	一八	一九	二〇	二一	二二	二三	二六	二七
人數	四	一三	四	一三	一二	一一	四	七	七	五	一	一

　　八二位婦女初婚年齡為十八‧四一歲。有三十六位集中在十七、十八、十九歲出嫁,佔總人數百分之四三;二十歲以上才嫁者則佔百分之三十,二者加起來超過百分之七十。其他的例子如李清照十八歲出嫁趙明成;〔註105〕程顥、程頤母親侯氏十九歲嫁給其父;〔註106〕曾鞏在〈亡妻宜興縣君文柔晁氏墓誌銘〉一文,言晁氏「年十有八」出嫁;〔註107〕話本小說《花燈轎蓮女成佛記》中的張蓮女十七歲時嫁給李某;潮州張承事女兒十八歲納婚;〔註108〕鹽城周氏女在十七八歲時嫁給劉五之子。〔註109〕皆反映宋代婦女理想的初婚年齡在十七歲至二十歲之間。進一步分析上表,可發現與皇族聯姻的二十個案例,婦女初婚年齡較傾向低齡,其平均年齡是十六‧一八歲,若扣除此,一般婦女初婚年齡是一九‧五三歲。至於宋代男子墓誌銘幾乎沒記載實際的初婚年齡,不過據方建新先生蒐集分析平均為二四‧一五歲。〔註110〕因此根據文獻史料,可發現宋代士大夫階層男女初婚年齡不如想像中的早婚,尤其

〔註105〕王仲聞《李清照集校注》附錄《李清照事蹟編年》,台北漢京文化,1983 年初版,頁 211。

〔註106〕《河南程氏文集》卷一二〈上谷郡君家傳〉,頁 653。

〔註107〕《元豐類稿》卷四五〈亡妻宜興郡君文柔晁氏墓誌銘〉,頁 297。

〔註108〕《夷堅支丁》卷二〈張丞事女〉,頁 982。

〔註109〕同上書,卷九〈嚴城周氏女〉,頁 1036。

〔註110〕方建新〈宋代婚姻禮俗考述〉,載《文史》第 24 輯,1985 年 4 月,頁 159。

與唐代世族婦女初婚年齡集中在十三至十五歲，男子是十五至十七歲之間相
較，宋代男女的初婚年齡明顯較唐代為高。〔註111〕嘗試進一步分析唐代七一
個抽樣中，只有一位婦女在二○歲時初婚，其餘皆在二○歲以前出嫁，其中有
八位在十四歲前就出嫁，甚至有一位在十一歲時就出嫁。而宋代婦女在八二
個抽樣中，不但沒有十四歲以前出閣的案例，甚至有高達二五位超過適婚年
齡，遲至二○歲以上才結婚，此皆顯示宋代婦女與唐代相較，是有「晚婚」的
傾向。在宋代，男子晚婚也許基於特殊的家庭環境，或參加科考而延遲結婚
的年齡，如《事文類聚翰墨全書》乙集載：富弼對邵雍解釋之所以遲至二十
八歲登科後方婚，乃因「可善保養血氣，意專學問。」〔註112〕似乎深具道理，
然而進一步深思，影響宋代男女初婚年齡最重要因素，應該以經濟成分居多。
宋代盛行財婚，尤其厚嫁使得女子出嫁不易，以致婦女初婚年齡提高。

財婚由來已久，非獨存於宋代，在唐代亦然，如唐太宗貞觀十六年（642
年）下詔禁止山東世族嫁女索取過多的聘禮，其曰：

> 氏族之盛，實繫於冠冕，婚姻之道，莫先於仁義。……燕趙右姓，
> 多失衣冠之緒，……身未免於貧賤，自號膏粱之胄，不敢匹敵之
> 儀，問名惟在於竊訾，結禍必歸于富室，乃有新官之輩，豐財之
> 家，慕其祖宗，競結婚媾，多納貨賄，有如販鬻，或貶其家門，
> 受屈辱於姻婭；或衿其舊族，行無禮於舅姑，積習成俗，迄今未
> 已。〔註113〕

在宋代，隨著世族的陵夷，所謂因崇尚門閥的陪財婚已蕩然無存、取而代之是
因商業繁榮、貨品經濟發、城市興起，而日益盛行的「財婚」。早在宋初蔡襄任
福州地方官時的諭俗文〈福州五戒文〉，就批評世俗婚姻唯財是取：「取婦為何，
欲以傳嗣，豈為財也。觀今之俗，娶其妻不顧門戶，直求貲財。」〔註114〕司馬
光更指出因盛行財婚，嫁妝成為女家最大負擔，以致有生女不舉者：

> 今世俗之貪鄙者，將娶婦先問資裝之厚薄，將嫁女先問聘財之多少，
> 至於立契約云某物若干，……亦有既嫁而復欺給負約者，……其舅

〔註111〕有關唐代男女初婚年齡，可參考向淑雲《唐代婚姻法與婚姻實態》第三章〈擇
偶過程·婚時〉，台北臺灣商務印書館，1991年初版，頁55～69。
〔註112〕方建新〈宋代婚姻禮俗考述〉，頁175。
〔註113〕王溥《唐會要》卷八三〈嫁娶〉，台北世界書局，1974年四版，頁1528。
〔註114〕蔡襄《蔡忠惠集》卷三四〈福州五戒文〉，上海上海古籍，1996年一版，頁
618。

姑既被欺紿，則殘虐其婦以攄其忿，由是愛其女者務厚資裝，以悅
其舅姑，殊不知彼貪鄙之人不可盈厭，資裝既竭，則安用汝力哉？
於是質其女以責貨於女氏，貨有盡而責無窮，故婚姻之家往往終爲
仇讎矣。是以世俗生男則喜，生女則戚，至有不舉其女者，因此故
也。〔註 115〕

至南宋，婚姻唯財是取的風氣更加興盛。故此南宋詩人陳造於〈財昏〉詩中
指責厚嫁導致貧女出嫁失期，在詩中他形容：

師昏古所辭，財昏今不恥，傳祀合二姓，古者貴由禮，四德五可外，
貨賄亦未爾，民風日就頹，捨此爭校彼。媒氏未到眼，聘財問有幾？
傾奩指金錢，交券羃租米。東家女未笄，儀矩無可紀。已聞歸有田，
資送耀鄰里。西家女三十，閉戶事麻枲。四壁漏風霜，行媒無留趾，
坐貧失行期，趣富皆貪鄙，流弊例不免。……〔註 116〕

因此可能就是盛行財婚，一般家庭需花費多時籌措嫁妝或聘財，所以宋代男
女初婚平均年齡較唐代高。尤其在厚嫁風氣推波助瀾下，嫁妝更成爲女家龐
大的負擔，如蘇舜欽的父親蘇耆爲嫁三孤姪女，竟需「匱所有，資送不足，
又舉倍息錢」；〔註 117〕葉夢得爲了使二位妹妹嫁得乘龍快婿，辛苦籌措嫁資，
在《石林家訓》形容到：

少師損館，惟二姑氏未嫁，榮國太夫人追念不已，吾思無以得其
意，惟二姑氏得佳婿，盡吾力嫁遣，猶庶幾其可。既得許、章二
人，初免喪，家無餘貲，爲汝陽守，假貸于陳州蔡寬夫侍郎，得
三千許緡，而吾汝陽俸入給外，銖寸儲積，汝母積箱篋所有，僅
留伏臘衣衾，其餘一金不以自有，如是數月，併歸二婿，奩具亦
不致儉薄。〔註 118〕

曾鞏亦感嘆道：「吾妹十人，一人蚤夭，吾既孤而貧，有妹九人皆未嫁，大
懼失其時，又懼不得其所歸。」〔註 119〕因此家境不佳者，往往需親友資助
或其他奧援，方得嫁女，否則婦女可能會出嫁失時，或是因「地寒不能自致」，

〔註 115〕《書儀》卷三〈婚儀上〉，頁 245。
〔註 116〕吳之振等《宋詩鈔》引《江湖長翁集》〈財昏〉，上海三聯書局，1988 年一版，
頁 219。
〔註 117〕蘇舜欽《蘇學士集》卷一四〈先公墓誌銘〉，《四部叢刊初編》，頁 90。
〔註 118〕葉夢得《石林家訓》，《說郛三種》，頁 1099、1100。
〔註 119〕《元豐類稿》卷四六〈仙源縣君曾氏墓誌銘〉，頁 299。

淪爲人妾，〔註120〕如韓琦的母親胡氏就是家道中落，只好爲人妾的例子。
韓琦形容胡氏家族「曾高以來世籍富貴，豪於西土」，父親亦是士人，也曾
在後蜀爲官，但隨著後蜀之滅亡，胡家不復昔日繁榮，身爲故國之臣的父親
仍任官職，然久官開封不得調職，生活相當清苦。父亡故後，迫於生計，母
親只得改嫁秦王牙吏王慶，不幸秦王獲罪被遣，手下皆受牽連得罪，家族頓
時困苦無依，胡氏只好爲韓國華之妾。〔註121〕因此墓誌銘中每盛讚主人翁
助嫁懿行，其中以竇禹鈞最爲人所稱道，其一生出資嫁故舊、孤遺，貧不能
嫁的孤女共有二十八人。〔註122〕而一般人基於和睦家族的理念，更以援助
孤貧族人嫁娶爲最大善行，如大臣韓琦的父親韓國華就曾養婿姑於家，「爲
其男女婚嫁」，〔註123〕他的妻子崔氏更是賢慈，她「親爲婚娶者，幾二十人，
雖罄竭家貲而不顧也」；〔註124〕朱氏則以嫁妝幫助夫家婚嫁費用，使夫家男
女婚嫁皆不失時；〔註125〕陳堂前以守寡女子，收養親屬貧窮無法生存者，
爲其婚嫁者至三四十人，更爲人敬佩。〔註126〕至於一般士紳也有協助族人
婚嫁者，如馮籽與親族相處和睦，資助親族貧窮無以嫁娶者。〔註127〕至於
婦女以個人粧奩幫助小姑或族女出嫁更被視爲嘉德懿行，而被大肆表揚。有
些家法、族規因應宋代嫁娶重財的風氣，爲使族人免於嫁娶失時，也有協助
嫁娶的措施。如《范文正公集》卷八描述范仲淹義莊制訂凡「娶婦支錢二十
貫，嫁女則給三十貫」；趙鼎《家訓筆錄》第二十一項規定：「每正初合分給
時，即契勘當年內諸位如有婚嫁，每分各給五百貫足，男女同。」有時則由
官方出資助嫁，如《長編》卷二〇五〈英宗治平二年辛巳〉云：沈遘爲人「輕
俊明敏，通達事物。」在任杭州令時「人有貧不能葬及女子孤無以嫁者，以
公使錢葬嫁數百人。」而一些市井百姓似乎有時女兒必須自籌嫁妝，如《夷
堅志補》卷十〈周瑞娘〉條記載：周瑞娘二十一歲未嫁而亡，死後嫁給林百
七爲妻，亡魂返家向父母索討嫁妝說：「記我生時，自織小紗三十三疋，絹
七十疋，紬一百五十六疋，速取還我。」一般饒於家財的衣冠家族，基於愛

〔註120〕《溪堂集》卷九〈延陵吳夫人墓誌銘〉，頁543。
〔註121〕韓琦《安陽集》卷四六〈太夫人胡氏墓誌銘〉，《四庫全書》，1089冊，頁496。
〔註122〕范仲淹《范文正別集》卷四〈竇諫議錄〉，《四部叢刊初編》，頁168。
〔註123〕《安陽集》卷四六〈序先考令公遺事與尹龍圖書〉，頁495。
〔註124〕同上書，卷四六〈錄夫人崔氏事蹟與崔殿丞請爲行狀〉，頁502。
〔註125〕《華陽集》卷五五〈永壽郡太君朱氏墓誌銘〉，頁405。
〔註126〕《宋史》卷四六〇〈列女傳〉，頁13485。
〔註127〕王之望《漢濱集》卷一五〈遂寧逢君墓誌銘〉，《四庫全書》，1139冊，頁871。

女心切，唯恐女兒出嫁失時，或是社會地位等因素的考量，有些在女兒年幼時多事先籌措嫁妝，如濮陽李氏，「世衣冠，積產甚厚，諸女雖幼，皆預爲嫁具，禮器服必以稱。」〔註128〕徽州新安山區盛產木材，「歲聯爲桴下制河，往者多取富。女子使生，則爲植樻，比嫁斬賣，以供百用，女以其故，或預自蓄藏。」〔註129〕在明代黃仲昭修纂《八閩通志》卷二六〈泉州府物產‧杉〉亦云有宋一朝：

> 永春最盛，安溪、德化次之也。人生女，課種百株，木中樑棟。其
> 女及笄，藉爲奩資焉。

總之，因宋代盛行財婚，尤其厚嫁之風往往導致貧女家婚嫁失時。所以南宋時袁采才會在《袁氏世範》提到家有女兒者當及早準備嫁資：

> 至於養女，亦當早爲儲蓄衣衾粧奩之具，及至遣嫁，乃不費力。若
> 置而不問，但稱臨時，此有何術。不過臨時鬻田廬、及不卹女子之
> 羞見人有。……

今人有生一女而種杉萬根者，待女長則鬻杉以爲嫁資，此其女必不至失時也。
〔註130〕

二、擇　偶

（一）擇偶之態度與條件

宋代因盛行財婚，社會普遍存在男女婚嫁不問門閥，階級，唯以聘財、粧奩多寡爲取捨的現象。甚至形象清高的士大夫或皇族亦無法免俗，婚娶對象唯財是取，如薛惟吉寡妻「盡蓄其祖父金帛，計直三萬緡，并書籍綸告，以謀改適。」張齊賢與向敏中二人雖貴爲朝中大臣，竟爲貪得豐厚嫁資爭相迎娶，引起軒然大波，雙方訴訟不斷，直達天聽，結果是，「向敏中罷爲戶部侍郎，張賢齊責授太常卿，分司兩京。」〔註131〕至於趙希哲早已娶董宗安之女爲妻，在獲漕試文解後，竟利慾薰心，「妄以他事離其妻，再取富室周氏，大獲裝奩。」〔註132〕也有如王蓬覬覦常州江陰孀婦巨萬的家產，屈身爲贅婿。

〔註128〕尹洙《河南先生文集》卷一四〈故永安縣君李氏墓誌銘〉，《四部叢刊初編》，頁 68。

〔註129〕羅願《新安志》卷一，《宋元地方志叢書》，頁 495。

〔註130〕《袁氏世範》卷二〈事貴預謀後則時失〉，頁 154。

〔註131〕《續資治通鑑長編》卷五三〈眞宗咸平五年冬十月初條〉，台北世界書局，1983年四版，頁 512。

〔註132〕《夷堅三志壬》卷四〈趙希哲司法〉，頁 1482。

〔註133〕而地位尊崇的皇親宗室受流俗波及，婚姻亦唯財視尚，有些宗室貴族因貪求聘財而利慾薰心；有的則因生活貧困而貪求鉅額聘財。因此宗室嫁女賣婚的情形頗為盛行，在《萍洲可談》就提到：

> 近世宗女既多，宗正立官媒數時人掌議婚，初不限閥閱，富家多賂宗室求婚，苟求一官以庇門戶，後相引為親，京師富人如大桶張家，至有三十餘縣主。〔註134〕

不過，宋代社會雖瀰漫著婚姻尚財的風氣，大體說來一般宋代士大夫在替兒女選擇婚嫁對象時，應該還是以「貴人物相當」為評量準則。他們在替女兒選擇婚配時，除斟酌家世、年紀、德行等條件外，最重要是郎才女貌、年齒相若。當然也有其他考量因素，如以道德自詡的司馬光認為嫁娶應以德行為評量依據。他強調：

> 凡議婚姻當先察其婿與婦之性行及家法何如？勿苟慕其富貴，婿苟賢，今雖貧賤，安知異時不富貴乎？苟為不肖，今雖富盛，安知異時不貧賤乎？……婦者家之所由盛衰也，苟慕一時之富貴而娶之，彼挾其富貴鮮有不輕其夫，而傲其舅姑，養成驕妒之性，翌日為患庸有極乎？借使因婦財以致富，依婦勢以取貴，苟有丈夫之志氣者能無愧乎？〔註135〕

事實上，在宋代真的有以德性為擇婿唯一標準，如李迪以孫復德高天下，妻以弟女。據《澠水燕談錄》記載：孫明復（復）先生退居太山之陽，枯槁憔悴，髮鬢皓白，著春秋尊王發微十五篇，為春秋學者未有過之者也。故相李文定公（迪）守兗就見之，嘆曰：「先生年五十，一室獨居，誰事左右，不幸風雨飲食生疾病奈何：吾弟之女甚賢，可以奉先生箕帚。」先生故辭。……文定曰：「吾女不妻先生，不過為一小官人妻，先生德高天下，幸婿李氏，榮貴莫大於此。」先生於是曰：「宰相女不以妻公侯貴族，而固以嫁山谷衰老，藜藿不充之人，相國之賢，古無有也，予不可不成相國之賢名，遂妻之。」〔註136〕至於袁采在《袁氏世範》中，認為婚姻首重男女雙方人物相當，他詮釋的貴人物相當類似於「郎才女貌」。其曰：

〔註133〕《長編》卷四七一，頁4471。
〔註134〕朱彧《萍洲可談》卷一，《歷代筆記小說集成》，11冊，頁338。
〔註135〕《書儀》卷三〈婚儀上〉，頁243。
〔註136〕王闢之《澠水燕談錄》卷二，《宋元人說部叢書》，頁716。

> 男女議親，不可貪其閥閱之高，資產之厚，苟人物不相當，則子女
> 終身抱恨，況又不和而生他事者乎？有男雖欲擇婦，有女雖欲擇婿，
> 又需自量我家子女如何？如我子愚痴庸下，若娶美婦，豈特不和或
> 有他事？如我女醜拙很妒，若嫁美婿，萬一不和，卒爲其棄出者有
> 之。凡嫁娶因非偶而不和者，父母不審之罪也。〔註137〕

就社會現實情形言，宋代多數的士大夫替女兒選擇婚嫁對象時，爲了女兒的
終身幸福或是家族的延續和繁榮，態度是非常嚴謹的，如程家在爲程顥的女
兒擇偶時，雖然「其父名重於時，知聞遍天下，有識者皆願出其門。」然而
卻是「訪求七八年，未有可者。」〔註138〕吳氏「性敏以勤，有誦輒記。至
凡女工，不學而能。事親克孝，善養善承。父母以是，賢之篤愛。好述亦多，
慎擇厥配。」遲至二十八歲才嫁與郭申錫爲妻。〔註139〕張氏「早孤，母燕
夫人篤愛之。曰：『有男子如吾女者，乃以歸之。』媒妁日走門，燕夫人輒
揮之曰：『吾女非若輩偶。』時中散公與夫人之叔爲寮，來請婚。」以其素
有聲名，且容貌奇偉具福祿相，乃以女歸之。〔註140〕而王旦長女已屆婚齡，
但「久擇婿不偶，日有盛族扳求，而文正公輒卻之，時忠憲公初第上謁，文
公一見，遂有意以夫人歸焉。」〔註141〕魯國溫靖孫固是神宗時代的名臣，
有「季女愛之甚，與其妻魯國王夫人高擇其配，貴族家以少年公子自讚來請
婚者，相比肩立，莫能當公意。」最後才選定韓純彥爲婿。〔註142〕常州江
陰葛氏家族「族大且顯，凡女子許字必求天下名士」，葛氏女年既笄，「太中
與其兄工部尚書某皆奇愛之，爲訪佳對，而金陵徐君安道受經舒王，以才識
高第中治平某年進士甲科，隱然有雋傑之稱，遂以歸之。」〔註143〕章惇爲
女兒擇婿費時甚久，然無所進展，旁觀者蔡卞只好勸他：「相公擇婿如此艱

〔註137〕《袁氏世範》卷一〈議親貴人物相當〉及〈嫁娶當父母擇配耦〉，頁149。
〔註138〕《河南程氏文集》卷一一〈孝女程氏墓誌〉，頁640。
〔註139〕劉摯《忠肅集》卷一四〈吳郡君墓誌銘〉，《四庫全書》，1099 冊，頁611。
〔註140〕張耒《柯山集》卷五〇〈張夫人墓誌〉，《叢書集成新編》，62 冊，頁624、
　　　　 625。
〔註141〕《蘇學士集》卷一五〈太原郡太君王氏墓誌〉，頁97。
〔註142〕趙鼎臣《竹隱畸士集》卷一九〈孫令人墓誌銘〉，《四庫全書》，1124 冊，頁
　　　　 262。
〔註143〕葛滕仲《丹陽集》卷一四〈徐令人葛氏墓誌銘〉，《四庫全書》，1127 冊，頁
　　　　 543。

難，豈不男女失時乎？」〔註144〕而國子博士羅易直以女「端靜不煩」、「以女德稱」，不可輕易許人，結果到二十六歲才嫁給大理評事李寧爲繼室。〔註145〕劉克莊舅母陳氏，因「少警慧、儒釋書多所遺，古今佳文章皆記誦。」因此父母「艱於擇對」，遲至二十七歲才嫁給林公遇爲妻。〔註146〕

　　爲女兒選擇如意郎君是如此困難，那宋人擇婿首重條件爲何，簡而言之就是郎才，所謂郎才，依宋人標準不但要是一位士人，最好還要擁有科舉功名者，尤以進士及第者最受歡迎。因此孫愈即使與表妹王眞眞不但有血緣之親，又有「嘉耦之約」，舅舅仍不顧手足情誼，堅決以「吾數婿皆官人，而甥獨未仕。若能取鄉薦，當嫁以女。」爲許婚條件。〔註147〕也就是社會崇尚功名，士子只要科舉及第往往不愁沒有嬌妻、財富。如宜黃涂四友高中秋闈後，「郡人杜學諭遣媒妁來，議欲妻以女，資裝殊不豐，悟夢告先兆，即就其約。」〔註148〕陳詁以「韓公未冠舉進士有聲」，妻以女。〔註149〕故每當放榜時，進士更成爲富家或達官貴人獵取的對象。如馮京及第後，「張侍中耆，依外戚，欲妻以女，使吏卒擁至其家，頃中人以酒肴至，且示以奩具甚厚。馮固辭曰：『老母以許王氏矣！』」〔註150〕馮京不屈，後來成爲富弼的乘龍快婿。又王曾亦以青年才俊，成爲達官貴人心儀的美婿，在《石林燕語》卷九就記載：

> 王沂公（曾）初就殿試時，故已有盛名。李文靖公沆爲相，適求婚，語其夫人曰：「吾得婿矣。」乃舉公姓名曰：「此人今次不第，後亦當爲公輔。」是時呂文穆公家亦求姻於沂公。公聞文靖言，曰：「李公知我。」遂從李氏，唱名果爲第一。

此外，《宋史》卷四四六亦云：傅察在十八歲中進士時，蔡京欲妻以女，不過爲傅察所拒絕。其他例子尚有，如平步青在《霞外攟屑》卷三云：

> 胡明仲（寅）初擢第，中書侍郎張邦昌欲以女妻之，不許。洪忠宣（皓）以諸生待廷試京師，伯父給事位南床，王黼爲中執法，慕皓爲人，欲妻以女弟，給事以同台故，曲爲平章，皓懇拜曰：「婦所以

〔註144〕周煇《清波雜志》卷二〈王荊公日錄〉，北京中華書局，1994年一版，頁84。
〔註145〕《雞肋集》卷六六〈羅氏墓誌銘〉，頁526、527。
〔註146〕《後村先生大全集》卷一五一〈陳孺人墓誌銘〉，頁1327。
〔註147〕《夷堅丁志》卷四〈孫五哥〉，頁564。
〔註148〕《夷堅支乙》卷二〈涂文伯〉，頁810。
〔註149〕《雞肋集》卷六四〈文安郡君陳氏墓誌銘〉，頁506。
〔註150〕周煇《清波別志》卷下，《叢書集成新編》，84冊，頁375。

事舅姑也，家素壁立，今暴得一官，乃命鼎貴薦女，如父母何？」
暨擢第，朱復請婚，資送萬計，且啖以顯任，拒尤力，朱不獲命，
牓榜中周審言婿之。及周直內閣，服金帶，爲秀州守。皓迺在暮下，
人爲皓惜之，視之蔑如也。郭知運登紹興甲科，時相強爲與爲婚，
知運弗樂，訖停婚焉，時相蓋秦繆醜（檜），此外尚有多之。

當然亦有獨具慧眼，擇婿於未中舉時。如馬亮初見呂夷簡就驚爲奇人，不顧妻子的反對，以女兒妻之。〔註151〕而另一女，亮又以呂居簡「詞藻宏茂」，知其必貴，而妻之。〔註152〕樊若水以爲鍾輻才華洋溢妻以女，後鍾輻果高中甲科第二。〔註153〕崔立「識韓琦於布衣，以女妻之。」〔註154〕相里氏欣賞杜祁學識，雖然親族極力反對，仍妻以女，第二年杜祁果高中進士甲科。〔註155〕而路振見狄棐，譽其文學治行，即妻以女，後棐果中進士甲科。〔註156〕楊圭見眞德秀「四歲受書，過目成誦。十五而孤，母吳氏力貧教之，心甚異之。」竟「使歸共諸子學，卒妻以女。」〔註157〕

（二）擇偶之範圍

父母在爲女兒選擇伴侶時，有因朋友情誼或是政治理念相似，而相互結爲兒女親家者，如韓億與李若谷爲布衣之交，「公與李康靖公（李若谷）同行應舉，有一氈同寢臥，至別。割氈爲二分之，其後浸貴。以長女嫁康靖公子邯鄲公，而第七解州府君，取康靖公女，子孫數世，婚淵不絕。」〔註158〕而成爲世婚。王質與范仲淹爲好友，相約爲兒女親家，王質的長女嫁入范家，後來受封爲魏國夫人，〔註159〕蒲師道與蘇渙之在慶曆年間因任職於同郡，相善相知進而結爲兒女親家，蒲氏嫁給蘇渙的長子蘇不欺。〔註160〕司馬光父親

〔註151〕呂希哲《呂氏雜記》卷下，《歷代筆記小說集成》，10 冊，頁 531。

〔註152〕魏泰《東軒筆錄》卷三，頁 28。

〔註153〕僧文瑩《湘山野錄》卷中〈青箱雜記〉，《叢書集成新編》，83 冊，頁 513。

〔註154〕《宋史》卷四二六〈循吏・崔立〉，頁 12696。

〔註155〕張方平《樂全集》卷三九〈秦國太夫人相里氏墓誌銘〉，《四庫全書》，1104 冊，頁 485。

〔註156〕《王臨川文集》卷八九〈尚書工部侍郎樞密直學士狄公神道碑〉，頁 562。

〔註157〕《宋史》卷四三七〈眞德秀〉，頁 12957。

〔註158〕韓元吉《桐陰舊話》，《叢書集成新編》，84 冊，頁 36。

〔註159〕《西塘集》卷一四〈魏國王夫人墓誌銘〉，頁 182。

〔註160〕呂陶《淨德集》卷二七〈淨安縣君蒲氏墓誌銘〉，《叢書集成新編》，61 冊，頁 749。

司馬池與張存爲至交好友，日後張的女兒嫁與司馬光爲妻，後封爲清河郡君，而司馬光之子司馬康又娶張氏兄弟張保孫的女兒，二家成爲中表婚。〔註161〕高禹錫擔任無爲軍推官時與同時爲吏巢縣主簿張孝友，因是「同年進士，而又偕任一郡。」故相善甚歡，進而結爲兒女親家。〔註162〕黃寔藉由蘇轍認識蘇軾後，與蘇軾情誼融洽，結果「寔兩女皆嫁蘇軾子。」〔註163〕而趙師恕孫子趙駿之所以娶黃朴女黃昇爲妻，也是師恕與黃朴曾共同受教於黃榦，二者有朋友同窗之誼。〔註164〕又劉克莊父親與方鎔「少同筆墨」，進而指腹爲婚，方氏及笄便嫁給劉克莊仲弟劉克遜爲妻。〔註165〕

　　此外，父母爲女兒擇偶時，亦有基於地緣或是血緣的考量，一般說來宋代士大夫擇偶時，固然會考慮到地緣關係，如四明之袁氏家族擇媳多爲四明富豪家族，擇婿亦爲四明新興進士；〔註166〕而四明另一望族樓氏與四明地區名族如汪氏、馮氏、蔣氏、姜氏亦有密切的婚姻關係；〔註167〕還有宋代江西德興張氏家族之所以成爲饒州名族除了科考功名、豐厚的經濟實力外，更重要的是在張潛、張由時、張氏的擇偶策略，採取和德興名族如劉正夫、熊本、程節、彭汝勵等家族建立良好的婚姻關係。〔註168〕都是以地緣考量嫁娶的對象，然而若是在朝爲官者擇偶時，地緣關係的因素則明顯降低許多，如王章偉先生研究宋河南名族呂氏的婚姻對象時，發現呂氏姻家固然籍貫以河南、河北居多，然而地緣關係並非最主要的考量。〔註169〕大致上，宋人在擇偶時，血緣的考量遠在地緣之上，因此宋代盛行中表婚，而一般人也視中表婚是「因

〔註161〕〈北宋的士族婦女〉，頁171。
〔註162〕《長興集》卷一四〈故長安縣太君高市墓誌銘〉并序，頁327。
〔註163〕《宋史》卷三五四〈黃寔傳〉，頁11161。
〔註164〕福建省博物館編《福州南宋黃昇墓》，北京文物出版社，1982年第一版，頁81、82。
〔註165〕《後村先生大全集》卷二五八〈弟婦方宜人墓誌銘〉，頁1395。
〔註166〕黃寬重〈宋代四明袁氏家族研究〉，載《中國近世社會文化史論文集》，頁105～131。
〔註167〕黃寬重〈宋代四明士族人際網絡與社會文化活動——以樓氏家族爲中心的觀察〉，載《中央研究院歷史語言研究所集刊》第70本，第3分，1999年9月，頁640。
〔註168〕黃寬重〈科舉、經濟與家族興衰：以宋代德興張氏家族爲例〉，載《第二屆宋史學術研討會論文集》，頁435～451。
〔註169〕王章偉〈宋代士族婚姻研究—以河南呂氏家族爲例〉，載《新史學》4卷3期，1993年9月，頁34、35。

親及親，以示不相忘，此最風俗好處」，〔註170〕既然是最佳風俗，中表爲婚委實難以拒絕，如蘇東坡的妹妹蘇八妹好學能文，嫁給舅舅之子程之才爲妻，婚後受虐於夫家，鬱鬱不樂而殞。父親蘇洵事後在〈自尤〉詩提到：「汝母之兄汝叔舅，求以厥子來結姻。鄉人婚嫁重母黨，雖我不肯將安云。」〔註171〕說明蘇洵實在不願意女兒嫁給妻子的姪子，但迫於「中表爲婚，親上加親」的鄉俗，才會勉強答應女兒嫁入程家。而陳亮母親與妹妹自幼相依爲命，妹爲周氏婦後，他母親「欲使姻戚之義相聯於無窮而親愛之至」，除亮之弟娶周氏女外，竟無視其女長周氏子九歲而歸之。〔註172〕事實上，宋代中表婚的例子可說俯拾皆是。如吳越錢氏與張氏爲世婚，錢彥遠姊歸張宗古，其女又嫁與宗古次子爲妻，張宗古次子之女再嫁給錢氏弟之子張魯望爲妻；〔註173〕根據《麈史》卷下〈盛事〉載：「魯夫人，父太師簡魯肅公也，其舅呂申公，夫丞相、司空。」可推知呂宜簡姊妹之一嫁給仁宗時的參知政事魯宗道爲妻，所生女魯氏則嫁給宜簡之子呂公著；由鄭俠〈示女子〉中提到：「汝姑吾之妹，姑夫爲汝舅，事舅如事父，是姑如事母。」可知也是中表婚。〔註174〕陸游與妻子唐琬是「閎之女也，於其母夫人爲姑姪。」亦爲中表昏。〔註175〕樓鑰的父親樓璩娶汪思溫的女兒爲妻，汪之子大猷又娶樓璩的妹妹爲妻，後來汪大猷其中一女又嫁給樓鑰的弟弟樓鏞，也是中表婚。〔註176〕

此外，宋代有時爲強化及延續家族友好關係，或是害怕後母凌虐前妻子，亦盛行順緣婚。如韓琦《安陽集》卷四八〈故東平縣君呂氏墓誌銘〉中提到：韓忠彥初娶呂公弼之女爲妻，其在臨終時對韓忠彥說：「我疾勢日加，萬萬不可治。我有幼妹在家，君若全舊恩以續之，必能卹我子。又二姓之好不絕如故，我死無恨矣！」後忠彥果娶呂氏幼妹爲繼室。侯可「妻劉氏，早卒，封延長縣君，繼以其妹。」〔註177〕張存之子張保孫初娶蓬萊縣君楊氏，楊氏亡

〔註170〕《袁氏世範》卷一，〈因親結親尤當盡禮〉，頁149。
〔註171〕《全宋詩》卷三五二，北京大學出版社，1992年一版，頁4372。
〔註172〕陳亮《陳亮集》卷二三〈祭妹夫周英伯文〉，台北漢京文化，1983年初版，頁361。
〔註173〕《蘇魏公文集》卷六二〈彭城縣君錢氏墓誌銘〉，頁952～954。
〔註174〕《西塘集》卷九〈示女子〉，頁487。
〔註175〕《齊東野語》卷一〈放翁鍾情前室〉，《宋元人說部叢書》，頁470。
〔註176〕同註166，頁642。
〔註177〕《河南程氏文集》卷四〈華陰侯先生墓誌銘〉，頁507。

故，續弦則爲其妹。〔註178〕蘇軾二娶皆是王氏，原配王弗是王方之女，繼室
則爲其堂妹王潤之。〔註179〕章友直長女及中女相繼嫁給常州晉陵縣主簿侍其
璹。〔註180〕陳孝標初娶李緯之女爲妻，在李氏三十八歲亡故後，以孝標「既
賢夫人，而又未嘗忘李氏也，故以其妹繼室。」。〔註181〕至於劉燁也是兩娶趙
氏女，他在未登第前已娶趙晃的長女，早亡。而趙氏仍有二妹待字閨中，不
久劉燁登科，趙晃雖已逝世，趙妻「復欲妻之，使媒妁通意」，後續娶幼妹九
姨爲妻。〔註182〕此外《夷堅支癸》卷一〈董氏籠鞋〉條載：汪德輝也是初「娶
鄱陽董氏女，數年而亡。終喪後，復娶其女兒。」

　　由上推知，經由於唐宋社會的變革，世族制度已蕩然無存，取而代之是經
由科舉制度產生的士大夫階層，他們不似唐代世族有傲人的家世、穩定的經濟
來源，其社會地位也隨著功名的有無，而上下波動，因此他們在選擇婚姻對象
時，無法以門第郡望爲考量的標準，只能以人才做爲評量的依據。此外，宋代
士大夫在爲愛女擇偶過程中，他們固然考量到女兒的終生幸福，爲她們選擇最
適當的婚姻對象。但受婚姻乃合兩姓之好觀念的影響，更多的士大夫視婚姻爲
維持家道繁榮不墮與社會地位的手段，他們希望藉由婚姻網絡，組成綿密的人
際關係網絡，以獲取經濟、政治上的利益或社會崇高的聲望。因此就此點言，
宋代士大夫婚姻雖然不似唐代以門第郡望是尚，但憑藉婚姻關係以獲得家族最
大經濟、政治利益或社會地位而言，與唐代世族藉由門閥之間的內婚，以維持
社會聲望與門風不墮的做法，實無多大的差異。所不同的是隨著經濟、社會結
構的改變，婚姻重財、重官的觀念，取代唐代婚姻重家世門第，躍居爲主要的
考量。當然由上列論述亦可發現，宋代雖然婚姻重財，尤其盛行厚嫁引誘科舉
進士爲婿，但由馮京拒絕做張堯咨的女婿，選擇當富弼女婿看來，財富在婚嫁
時，女家固然可藉此吸引一些貧士爲乘龍快婿。但女方父兄本身的社會聲望及
政治地位，似乎更是不可輕忽的因素。總而言之，在宋代基於利益得失的考量，
在婚姻過程中，官宦世家、家貲雄厚者或是父親具有崇高社會名望的女兒，往

〔註178〕《范太史集》卷三九〈朝請郎致仕張公墓誌銘〉，頁433。
〔註179〕蘇轍《欒城後集》卷二二〈亡兄子瞻端明墓誌銘〉，《四部叢刊初編》，頁
　　　　648。
〔註180〕《王臨川文集》卷九一〈建安章君墓誌銘〉，頁579。
〔註181〕《忠肅集》卷一四〈李夫人墓誌銘〉，頁612。
〔註182〕江少虞《宋朝事實類苑》卷四九〈占相醫藥‧擇妻〉，台北源流出版社，1982
　　　　年初版，頁642。

往比平凡小家碧玉更能嫁得如意郎君。

肆、婦女與娘家的關係

　　宋人認爲婦女以出嫁爲依歸。婦女唯有透過婚姻，完成爲人女、人妻、人母之職責，方爲完美的人生。基於禮法，婦女出嫁後以夫家爲重，因此婦女墓誌銘，以多數的篇幅敘述婦女在夫家克盡婦職的情形。類似如下的描述可謂不勝枚舉：

> 夫人之歸，其治家有法，自冠昏喪祭、牲帛俎醢，莫不有禮意。接
> 內外姻族，尊者恭之，下者拊之，而恩勤一也。又自薄奉養，雖尺
> 帛不妄費。一有婚嫁，視篋中所積，蓋十具八九。故馮氏雖貧，而
> 嫁娶能不失其時。……凡受諸女婦之事甚眾，若鑒刻組繪之工，其
> 學皆精巧過人。至今荊襄間稱馮氏家法，……〔註183〕

或是：

> 自夫人之歸，奉其姑以孝，從其夫以禮，友其夫之妹以和，教其子
> 以立己之大方。紃紉組綴之事，雖勞必親；蘋蘩簠簋之薦，雖老必
> 勤，女功婦道，兼脩兩得。〔註184〕

至於和墓主血緣最親密的身生娘家，除了少數對於在室女時期的居家生活或教育情形有所著墨外，有關婦女婚後與母家之間的迎送往來，反而甚少論及。幸而有時撰文者爲彰顯墓主崇高美德，也會詳細記載出嫁婦女與娘家往來的情形。分析其內容，輔以相關論述，我們可窺探宋代婦女與母家的關係，進而勾勒出較完整宋代婦女生活面。

一、例常歸寧與節慶往返

　　婦女出嫁後移其所天，從此以夫家爲生活中心。然而「婦人雖在外，必有歸宗，曰小宗。」〔註185〕基於禮法，婦人出嫁理所當然以夫家爲大宗，然而她與母家依舊可維持著親密的關係，只是成爲小宗。因此李如圭在《儀禮集釋》卷一七認爲「女子子適人爲昆弟爲父後期者，雖外成，猶重本統也。」〔註186〕也就是在宋代認爲婦女出嫁後，緣於情理依舊可與本家維持親密的關

〔註183〕《華陽集》卷五五〈永壽縣太君朱氏墓誌銘〉，頁405。
〔註184〕《淨德集》卷二七〈長安縣君祝氏墓誌銘〉，頁749。
〔註185〕《儀禮注疏》卷一一〈喪服〉，頁113。
〔註186〕有關小宗的解釋可參閱陳弱水〈試探唐代婦女與本家的關係〉，載《中央研究

係，只是與夫家相較，夫家才是婦女真正的生活重心。在宋代出嫁婦女與母家最基本的關係，便是例常歸寧與節慶的迎送往來，或是娘家親人至夫家拜訪探視。因此即使以家風禮法嚴謹著稱的浦江鄭氏，婦女亦可歸寧或和娘家親人相互往返，只是為維持家門禮法，在《鄭氏規範》中對於婦女與娘家往來的時間、地點、對象等禮節皆有詳苛的規定，其主要內容有：

> 親姻餽送一年一度，非常慶弔則不拘此。切不可過奢，又不可視貧而加薄，視富而加厚。

> 諸婦之於母家二親存日，禮得歸宵，無者不許，其有慶弔勢不可已者，但令人往。

> 諸婦親姻頗多，除本房至親與相見外，餘並不許，可相見者亦須子弟引導方入中門，見燈不許，違者會眾罰其夫。

> 婦人親族有為僧道者不許往來。

> 女子年及八歲者不許隨母到外家，餘雖至親之家亦不許往，違者眾罰其母。

不過如此嚴格的規定，應該限於少數禮法嚴謹的家族，多數家庭對於婦女與娘家往來的限制應該不致如此嚴格。在宋代，有的節日還約定俗成地成為出嫁女兒歸寧的日子，如北宋的開封或南宋的臨安在八月秋社日的習俗是「人家婦女皆歸外家。晚歸即外公姨舅皆以新葫蘆兒棗兒為遺，俗云宜良外甥。」〔註187〕《新醉翁談錄》亦云：南宋臨安在社日之時，「父母取已嫁女歸家，名曰歸寧。舊俗相傳是日歸寧則多外甥，三宜也。」〔註188〕有一些社會習俗的迎往送來，更提供婦女與娘家的機會，如北宋京城開封習俗，出嫁女兒懷孕後，從入月至嬰兒出生，娘家要時時餽送禮物，以為催生之用。其中規定：

> 入月於初一日，父母家以銀盆或錂或彩畫盆。盛粟秤一束。上以錦繡或生色帕複蓋之。上插花朵及通草帖羅五男二女花花樣。用盤合裝送饅頭。謂之分痛。并作眠羊。臥鹿羊生菓實。取其眠臥之義。并牙兒衣物綳籍等。謂之催生。就蓐分娩訖。〔註189〕

院歷史語言研究所集刊》第68本，第1分，1997年3月，頁173～190。

〔註187〕孟元老《東京夢華錄》卷八〈秋社〉，台北漢京文化，1984年初版，頁214。

〔註188〕金盈之《新編醉翁談錄》卷三〈京城風俗記‧二月〉，《叢書集成續編》，213冊，頁245。

〔註189〕《東京夢華錄》卷五〈育子〉，頁152。

然而如此的大費周章、慎重其事，應當只有大富人家或達官貴人方有此經濟能力，非一般家庭能力所及。但是女子適人生子，在宋代娘家應當有所餽贈，在《鄭氏規範》就制訂：「女適人者若有外甥，彌月之禮惟首生者與之，餘並不許，但令人以食味慰問之。」〔註190〕

除此之外，宋代婦女亦可短期歸寧探視父母兄弟，如符惟中的女兒嫁儒士張宗雅，「每歸寧膝下，獨以儒素自尙」，而獲得父親嘉許。〔註191〕又《夷堅志補》卷二四〈賈廉訪〉條也載：商知縣之女在父親死後，嫁給賈廉訪兒子成之為妻後，她「率旬日頃，女輒歸家撫視二弟，且檢校橐鑰，以為常。」

當然拘於婦女應以夫家為生活中心的禮法，也不可能過度期望婦女可隨心所欲歸寧探親，尤其當夫家是閨門禮法嚴謹之家時更是如此，如胡滌就說祖父胡瑗「治家甚嚴，尤僅內外之分。兒婦雖父母在，非節朔不許歸寧。」〔註192〕有的家法甚至禁止父母雙亡後，歸寧探視親人。如以家門禮法傲世的鄭家就規定，「諸婦之於母家，二親存日，理得歸甯，無者不許，其有慶弔，勢不可已者，但令人往。」〔註193〕更何況，若是婦女夫家與娘家路程相距遙遠、或在隨夫宦遊、遠居外地等客觀因素下，出嫁的女兒是無法時常歸寧探視親人的，這時出嫁女兒通常只能憑藉魚雁往返與家人維持聯繫。也許就因為歸寧探親並非易事，因此出嫁女兒只要有機會歸寧探親，往往會克服一切困難，返家探視父母親人，在鄭俠在《西塘集》卷四〈謝夫人墓表〉中，就提到謝氏利用丈夫譚文初回鄉探視父母的機會，返回凌江探視生身父母，因「憂念之深，不知道里之為遠」，她竟然無視虛弱身體「泛小舟，冒盛暑，歷江之險，一夕而至。」結果因舟途過渡勞累，染重疾而亡。不過有時母家父母兄弟也可以來探望出嫁的女兒，在《小學集註》卷六〈善行篇〉載：呂榮公（呂希哲）妻子張氏的母親，即申國夫人之姊，她治家甚為嚴謹，一日前往探視女兒，「見舍後有鍋釜之類，大不樂。謂申國夫人曰：『豈可使小兒輩私做飲食，壞家法邪？』」也有父母前往探視產子的女兒，如楊存中（封和王）的第六女性情賢淑，深為父親所鍾愛。她初為趙汝之妻，後再適向子豐，久無子嗣，適妾生一子，乃向和王謊稱得子。王得知，「甚喜，即請告命，輕舟往視之。向氏家知王來意，良窘，無策以泥其

〔註190〕鄭太和《鄭氏規範》，《學海類編》，頁1620。

〔註191〕陳襄《古靈集》卷二○〈崇國太夫人符氏墓誌銘〉，《四庫全書》，1093冊，頁667。

〔註192〕《宋元學案》卷一〈安定學案〉，台北河洛書局，1975年，頁133。

〔註193〕《鄭氏規範》，頁1625。

行，……深恐勞動多事，遂中途而返，因厚以金繒花果，以遺其女。且撥吳門良田千畝，以爲粥米。」〔註194〕此外，出嫁女兒若生病，父母兄弟也可前往探視，如劉蘊母親久病纏身，母家的父母兄弟前來探望病情，由衷感謝她兒媳董氏悉心照料。〔註195〕

　　大致說來，由於禮法或是客觀環境因素使然，出嫁女兒返家歸寧是有所限制，因此女兒出嫁後通常藉由信件的往返與娘家保持聯繫。如王安石因姊妹妻女皆擅長詩詞，彼此之間時有酬唱之作。王安石寄贈姊妹女兒的詩流傳至今有〈寄蔡氏女子二首〉、〈寄處州江陰妹〉、〈次韻張氏女弟詠雪〉、〈寄吳氏女子〉、〈寄朱氏妹〉、〈示四妹〉、〈自舒州追送朱氏女弟憩獨山館宿木瘤僧舍明日渡長安嶺至皖口〉、〈寄張氏女弟〉等。其在〈寄處州江陰二妹〉云：

> 貢水日夜下，下與章水期，我行二水間，無日不爾思。飄若越鳥北，
> 心常在南枝。又如岐首蛇，南北兩欲馳。逝者日已遠，百憂詎能追。
> 生存苦垂隔，邂逅亦何時。女子歸有道，善懷見於詩，庶云留汝車，
> 慰我堂上慈。〔註196〕

表達對遠嫁二妹思念之情。在王安石諸女中，以嫁給吳安持，後受封爲蓬萊縣君者最富才情，王安石曾多次寄詩給她。在〈寄吳氏女子〉云：

> 夢想平生在一丘，暮年方此得優游。江湖相忘眞魚樂，怪汝長謠特
> 地愁。〔註197〕

她也曾寄詩給父親，云：

> 西風不入小窗紗，秋氣應憐我憶家，極目江山千里恨，依前和淚看
> 黃花。

抒發個人思家情懷。王安石回贈詩二首與楞嚴經一本，詩曰：

> 孫陵西曲岸烏沙，知汝淒涼正憶家人。世豈能無散聚，亦逢佳節且
> 吹花。

〈再次前韻〉云：

> 秋燈一點映籠紗，好讀楞嚴莫念家，能了諸緣如夢事，世間唯有妙
> 蓮花。

〔註194〕《齊東野語》卷六〈向氏粥田〉，《宋元人說部叢書》，頁497。
〔註195〕《誠齋集》卷一三一〈大恭人董氏墓誌銘〉，頁1193。
〔註196〕王安石《王荊公詩李氏注附沈氏勘誤補正》卷一三〈寄處州江陰二妹〉，台北鼎文書局，1979年初版，頁69。
〔註197〕同上書，卷三一〈寄吳氏女子〉，頁158。

勸慰女兒，勿以家人爲念。〔註198〕南宋的朱淑眞長於詩詞，婚後因丈夫熱衷追求利祿，婚姻生活並不幸福，時常寄詩給父母，藉由詩詞傳達個人思親情愫。流傳至今有〈春日書懷〉、〈寄大人〉二首、〈和前韻見寄〉二首、〈春色有懷〉、〈寒食詠懷〉、〈舟行即事〉六首，其內容皆瀰漫濃郁懷鄉思親的情懷。如《斷腸詩集後集》卷七〈寄大人〉二首，一云：

> 去家千里外，漂泊若爲心。詩誦南陔句，琴歌陸岵音。承顏故國遠，
> 舉目白雲深。欲識歸寧意，三年數歲陰。

其二云：

> 極目思鄉國，千山更萬津。庭闈勞夢寐，道路壓埃塵。詩禮聞相遠，
> 琴樽誰是親？愁看羅袖上，長搵淚痕新。

此外，她與母家其他成員也有魚雁往返，如其在《斷腸詩集》卷十〈得家嫂書〉曰：

> 聲聲喜報鵲溫柔，忽接芳函自便郵。一尺溪藤搞錦帶，數行香墨健
> 銀勾。傾心吐盡重重恨，入眼翻成字字愁。添得情懷無是處，非干
> 病酒與悲秋。

二、娘家對已嫁女兒婚姻之干涉

（一）離　婚

根據禮法的規定，夫有出妻之理，妻無棄夫之條，於法妻子不可擅自提出離婚的要求。然而在宋代仍可發現娘家對女兒婚姻生活的干涉，有的甚至不顧女兒或姊妹婚姻的幸福，強迫已婚女兒或姊妹離婚，而其中離婚的理由洋洋灑灑，有以夫家貧困爲理由，如《名公書判清明集》〈妻以夫家貧而仳離〉云：

> 丘教授未第之前以女弟適黃桂，既生五女矣。一旦丘教授偶中高科，
> 門戶改變。黃桂不善營運，家道凋零。丘教授遽奪女弟，令寫離書。
> 〔註199〕

亦有夫妻感情雖然融洽，但因開罪岳父被迫離婚的。如王齊叟是元祐年間樞密使王彥霖的弟弟，善於詩詞，不過爲人玩世不恭。他娶舒氏女爲婦，舒氏亦工於篇翰，然以「婦翁出武列」，齊叟「事之素不謹，常醉酒謾罵。」岳父無法忍

〔註198〕同上書，卷三一〈次吳氏女子韻〉，頁171。
〔註199〕《宋本名公書判清明集》〈婚嫁・妻以夫家貧而仳離〉，《四部叢刊續編》，頁110。

受其行徑，憤而取女歸，最後「竟至離絕」，後舒氏亦更嫁他人。〔註200〕而陳伯山爲王小三家入舍婿，因「爲人無智慮，痴守坐食」，爲妻家所不容，王家先逼逐其於外，進而禁止其與妻相見，最後則夫妻休離。〔註201〕有的則是夫妻感情不睦，女兒備受夫婿虐待，妻家不得已提出離婚的訴求。如向敏中每每優容女婿皇甫泌「縱逸多外寵，往往涉旬不歸」的行徑，然當女兒病篤之際，皇甫泌依舊放浪形骸，棄妻子不顧，向敏中不得已請求離婚。〔註202〕又「鄭毅夫內翰姪孫爌，爲林才中大卿婿，成親四年，生一男一女，伉儷甚睦。鄭因入京，遇上元節……自是鄭生常如病風，數毆詈厥妻，無復平時歡意，不能一朝居。林卿命女仳離歸家，冤隨之不釋，遂爲尼。」〔註203〕朱彧的仲姊嫁給沈括子沈清直爲妻，因婆婆張氏凶悍，她虐夫逐前妻子外，還「時時步入府中，訴其夫子。」家人爲緩和她情緒，每次只好「跣從勸於道」，朱氏父親得知此事，「頗憐仲姊，乃奪之歸宗。」改嫁吳寬夫。〔註204〕於一般市井小民，在女兒婚姻不幸福時，娘家也是會提出離婚之要求，開封民婦朱氏，丈夫乃是一無賴，整日與惡少博飲，置家計不顧，生計全靠朱氏賣巾履簪珥爲生。後丈夫犯法徙武昌，母家之父母欲奪而嫁之，朱氏不堪父母強迫，竟自經而亡。〔註205〕

至於趙鼎臣堂姊的婚姻，更是母家可干涉女兒婚姻的實例，其中似乎隱約透露宋人認爲母家父女、母女之間的親情高於夫妻之間男女的私情，因此當婦女處於母家與夫家衝突之際，社會輿論傾向婦女應放棄夫妻之間的私情，成全與娘家的親情。據趙鼎臣〈武氏姊傳〉記載，其叔父饒於財，生五男一女，故「愛女甚於愛男」，甚至許下豪語曰：「女吾所愛也，其可使之逐雞狗走四方耶？凡高官厚資與世之所謂才士少年，舉不足以動吾意，能與吾老於此則吾婿也。」結果竟爲媒氏所欺，女兒所嫁非人，不但「左目病不能良視，言吐鄙野，出口輒笑人。」且岳父卒後，「益放弛無忌憚，盡壞其家之產，日日飲博斗呼市井中。縣令捕而繫笞之。」當時叔父已亡故，鼎臣的叔母憤愧至極，乃「奪姊置之家，痛絕武不復通會。」後又「置酒悉召會群兄弟，酒半，太夫人好謂姊曰：『武郎何其甚者！身裸衵受辱，恥及吾門，今觀

〔註200〕《夷堅三志壬》卷七〈王彥齡舒氏詞〉，頁1519。
〔註201〕《夷堅三志辛》卷六〈陳伯山〉，頁1513。
〔註202〕魏泰《東軒筆錄》卷一三，《叢書集成新編》，冊84，頁239。
〔註203〕《夷堅丁志》卷一六〈鄭生夫婦〉，頁669、670。
〔註204〕《萍洲可談》卷三、卷二，《歷代筆記小說集成》，11冊，頁360、356。、
〔註205〕《宋史》卷四六〇〈列女傳〉，頁13479。

其意不少衰，吾老矣，將欲暫別，誠不忍見若之凍飢流離貽先人羞，奈何？』」然而趙氏仍不爲所動，回答母親：「某無狀，爲大人憂，武誠庸下，然夫婦之好無苦也。且大人既以女與之矣，獨奈何中道棄之乎？彼縱不足惜，嬰兒何罪？」趙鼎臣見狀，也勸其道：

> 夫婦本以義和，非若父母兄弟不可割絕也。且絕有三：昔賤而今貴不可也，曩貧而適富不可也，彼則無罪，我乃棄之，不可也。夫垢莫大於遭刑辱，莫甚於毀身，彼形質已虧缺矣，何論夫婦。且恥父母、羞鄉閭，終身困窮，不知誰託，此姊之所大苦也。眷戀遲懦回，不即決，持小不忍以逆太夫人之義命，此姊之細行末節也。詩云：『我躬不閱，遑恤我後』，今日之事嬰兒何有哉？」

終不可奪趙氏姊之志，只好「復招武，厚給之財，而以姊歸焉。」然而武氏子惡行如故，不到半年資財又殆盡。以致鄉閭批評趙氏：「拒母之命不可以爲孝，私夫之愛不可以爲義，甘身困辱則非智，曲意於苟賤則無勇，古所謂婦人之仁者蓋近是耶！」趙鼎臣爲此深感難過，只好做〈武氏姊傳〉爲其雪誣，讚美其誼行不但超越共姜、伯姬、息夫人、孟光等輩，且稱「吾姊之義，夫有可絕之罪，親有可從之命，而不絕不從，卓然能守其志，所以趨舍輕重皆重義理。」〔註206〕分析趙鼎臣觀點可發現宋士大夫，雖主張夫妻「壹與之齊，終身不改」，反對爲人妻者因丈夫貧賤而棄夫。但也認爲夫婦以義合，父母子女親情乃天成，除了犯「義絕」，在特殊的情況下，如丈夫行爲有虧，辱及女方父母時，女方是可義正嚴詞提出離婚的要求，爲人女兒者亦應服從親命與夫仳離，否則便是不孝、不義。此也隱含即使是出嫁的女兒，在夫家固然要做一位敬順的賢妻良母，但其人格並非全然爲夫家所吸收，她和娘家仍維持親密的關係。當夫妻之義與兒女之孝發生衝突時，就〈武氏姊〉一文推論，宋人觀點當以孝順父母爲優先考量，而武氏婦以夫妻之好爲重，不願服從母親之命與不肖的丈夫離婚，是置個人私愛於孝之上的不當舉止，因此武氏婦固然處境堪憐，依舊無法獲得鄉閭輿論的支持。事實上，如武氏婦娘家因武氏犯罪而訴諸離婚的女方，在宋代並非特例。在宋代當丈夫犯罪或編管時，是允許女方提出離婚的要求。如《清明集》〈離‧已成婚而夫離鄉編管者聽離〉云：

> 在法已成婚而移鄉編管，其妻願離者，聽。夫出外三年不歸，亦聽

〔註206〕趙鼎臣《竹隱畸士集》卷一四〈武氏姊傳〉，《四庫全書》，1124 冊，頁 224
～226。

改嫁。今卓一之女五姐原嫁林莘仲，續後林莘仲因事編管，而六年
並不通問，揆之於法自合離婚。

便是丈夫犯法編管後，妻子離婚改嫁的案例。

（二）因女婿亡故或行蹤不明時主張女兒再嫁

根據《宋刑統》卷一四〈同姓爲外姻有服共爲姻〉的記載：

諸夫喪服除而欲守志，非女之祖父母、父母而強嫁之者，徒一年，
周親嫁者減貳等，各離之，女追歸前家，娶者不坐。

可推知，在宋代當出嫁女兒丈夫亡故時，婦女再嫁與否似乎娘家比夫家擁有
更大的決定權。有關的墓誌銘的資料或史料似乎也反映此觀念。大抵而言，
父母兄弟基於女兒長遠幸福和人情的考量，或體諒守節之艱辛，主張女兒夫
死再嫁者居多，尤其年紀輕的寡婦再適人，是順乎人情應乎天理。就算是強
調「餓死事小，失節事大。」主張婦女不可以再嫁的程頤，在悼念父親的家
傳中也提到，父親女兒的女兒喪夫寡居，其父「懼女兒之悲思，又取甥女以
歸，嫁之。」〔註207〕以孝睦著稱的蘇頌也不忌諱提到，大妹初適呂蒙正的
孫子呂昌緒，甫三年而寡，四年後再嫁張斯立爲妻。〔註208〕而仲妹最初適
宋氏，「未久而寡，子幼未有所從。」以李希荀「家行慈睦可託」，再嫁李希
荀爲妻；〔註209〕又蔡氏初嫁環某爲妻，十六日後，丈夫即過世，不久舅氏
亦歿，在守喪期滿後，蔡氏之母與弟弟等母家數十人皆勸其再嫁，在歸寧一
年之後，再嫁徐氏爲繼室。〔註210〕楊萬里在《誠齋集》盛讚彭漢老天性孝
友，二女弟夫亡歸寧，彭「撫育獨厚，仕必偕行，且必令販士大夫。」後一
妹再適隆興府豐城縣丞李充，一則再嫁贛州觀察推官朱光祖。〔註211〕

根據文獻史料之記載，當然也有不少婦女雖受母家父母、兄弟的勸說或
強迫，仍然拒絕再婚。如周渭妻子莫荃因周渭北走之時，無暇與妻子辭行，
離別後又音訊全無，當時莫荃年紀少艾，二子尚幼，父母欲強嫁之，莫荃不
從，泣誓曰：「渭非久困者，今違難遠適，必能自奮。」於是「親蠶績碓舂，

〔註207〕《河南程氏文集》卷一二〈先公太中家傳〉，頁651。
〔註208〕《蘇魏公文集》卷六二〈萬壽縣令張君夫人蘇氏墓誌銘〉，頁951。
〔註209〕同上書，卷六一〈朝請郎致仕李君墓誌銘〉，頁942。
〔註210〕《淮海集》卷三六〈蔡夫人行狀〉，頁130
〔註211〕《誠齋集》卷一一九〈中散大夫廣西轉運判官贈直秘閣彭公行狀〉，頁
　　　　1058。

以給朝夕，二子皆畢婚娶。凡二十六年，復見渭。」〔註212〕又司馬光的叔母李氏二十八歲時，不幸丈夫去去世，不但「父母欲奪其志」，「夫家尊章亦遣焉」，最後還是憑藉著堅強意志，「惡衣蔬食，躬執勤苦。」撫養稚子，使之就學。〔註213〕名臣包拯寡媳崔氏丈夫早亡，惟一稚兒，不願再適，發誓謂：「生爲包婦，死爲包鬼，誓無它也。」其後兒亦卒，母親呂氏強誘其再嫁，引發母女激烈的爭辯：

> （母）因謂曰：「喪夫守子，子死孰守？」崔曰：「昔之留也，非以子也，舅姑故也。今舅歿，姑老矣，將舍而去乎？」呂怒，詛罵曰：「我寧死此，決不獨歸，須爾同往也。」崔泣曰：「母遠來，義不當使母獨還。然到荊州儻以不義見迫，必絕於尺組之下，願以屍還包氏。」遂偕去。母見其誓必死，卒還包氏。〔註214〕

謝泌妻侯氏丈夫與姑俱亡，子幼，父母欲其再嫁，侯氏辭曰：「兒以賤婦人，得歸隱居賢者之門已幸矣，忍去而使謝氏無後乎？寧貧以養其子，雖餓死亦命也。」〔註215〕楊氏適右屯衛大將軍仲參爲妻，年始二十歲丈夫便亡故，母親趙氏「憫其孀獨，欲奪志而嫁之。君泣而不許，母憐其節，不強也。」〔註216〕王令妻吳氏二十三歲便守寡，「獨有遺腹一女，其兄欲奪而嫁之，號泣弗許。」〔註217〕其他相關例子尚有，陳亮的學生凌堅之母何道融二十歲丈夫亡故時，已懷有遺腹子，當時父母欲奪其志令其改嫁，終不可。〔註218〕，郭仲通之子郭忠諫戰死，妻子田氏才二十七歲，「父母欲奪而嫁之」，田氏守義不嫁，奉舅姑、養子以終。〔註219〕宋輔臣女兒十六歲出嫁，二十二歲時丈夫去世，「季父清臣嘗欲奪而嫁之」，宋氏終不肯。〔註220〕羅氏丈夫去世時，僅有一子。「其母憐之，欲使再行。夫人陳義甚高，卒不可奪，而止。」

〔註212〕《宋史》卷三〇四〈周渭傳〉，頁 10056、10057。

〔註213〕《傳家集》卷七七〈贈都官郎中司馬君墓誌銘〉，頁 707。

〔註214〕《宋史》卷四六〇〈列女傳〉，頁 13479、13480。

〔註215〕同上註，頁 13488。

〔註216〕《范太史集》卷五一〈右屯衛大將軍妻吉安縣君楊氏墓誌銘〉，頁 542。

〔註217〕王令《廣陵集》附錄〈吳夫人傳〉，《四庫全書》，1106 冊，頁 564。

〔註218〕《陳亮集》卷三〇〈凌夫人何氏墓誌銘〉，頁 439。

〔註219〕畢仲游《西臺集》卷一四〈田孺人墓誌銘〉，《叢書集成新編》，62 冊，頁 404。

〔註220〕《西臺集》卷一四〈清源王太君宋氏墓誌銘〉，頁 404。

〔註221〕樓鑰堂兄樓鐙的妻子蔣氏，丈夫逝世時年僅二十九歲，雖已有一女四男，但居長之女年僅六歲，而稚兒方生半月，「二兄一弟皆在仕途，所生母楊氏太安夫人眞欲奪而嫁之，舅姑亦不能必其留也。其伯父中奉璿諭之曰：『守志固美行，顧汝年尚少，能自保乎？』泣謝曰：『相待如賓誠所不忍，抑不如是，諸孤何以自存？』卒不爲動。」〔註222〕皆是女婿亡故後，娘家父母或父兄出面主張女兒應該再嫁。

三、夫亡或被出者長期歸寧

在丈夫亡故後，固然有的未亡人如前文所提之包拯寡媳、凌堅母何氏或是陳堂前一般，仍以夫家爲生活中心，留在夫家撫卹孤兒或侍奉公婆的。〔註223〕也有的則是舅姑早已逝世，必須仰賴夫家其他親族，像歐陽修在悼念叔父歐陽曄墓誌銘就提到：「修不幸幼孤，依于叔父而長焉。」〔註224〕推論歐陽修的母親鄭氏在丈夫亡故後，歐陽曄頗爲照顧她們母子的生活。不過多數墓誌銘所呈現的訊息，似乎宋代婦女在丈夫亡故後，返回娘家長期歸寧者非常普遍，如歐陽修的妹妹適張龜正，「龜正亡，無子，妹攜前室所生孤女以歸。」〔註225〕程頤伯母劉氏之女守寡後，其父迎之歸，教養其子。〔註226〕韓琦的父親韓國華，見「姑姊數人孀且老，悉奉以歸，事之甚恭。」〔註227〕又《忠肅集》卷一三〈承務郎李君墓誌銘〉亦云：李伉之姊爲宋玠妻，玠戰死，李伉親自至路州，迎姊歸。范遵道的姑姑寡後，也攜子返回娘家居住，時遵道祖父去世後，遂「養孀姑于家，而與其子遊，出處友愛，人不見其爲外兄弟也。」〔註228〕《欒城後集》卷三亦透露：蘇轍長女婿爲文同之幼子文務光，文務光早逝，長女及外孫文驥便隨蘇轍居住京城。蘇轍流放嶺南，其又隨蘇遲、蘇適居住穎昌。蘇頌的妹妹再嫁張斯立，七年後斯立去世，「乃歸寧太夫人河南郡太君，日侍膳外，則以未亡

〔註221〕《雞肋集》卷六六〈羅氏墓誌銘〉，頁527。
〔註222〕樓鑰《攻媿集》卷一〇五〈太儒人蔣氏墓誌銘〉，《四部叢刊初編》，頁1030
〔註223〕《宋史》卷四六〇〈列女傳〉，頁13485。
〔註224〕歐陽修《歐陽文忠公文集》卷二二〈都官員外郎歐陽公墓銘〉，《四部叢刊初編》，頁216。
〔註225〕《安陽集》卷五〇〈故觀文殿學士太子少師致仕贈太子太師歐陽公墓誌銘〉，頁538。
〔註226〕《河南程氏文集》卷一二〈先公太中家傳〉，《二程集》，頁651。
〔註227〕《安陽集》卷四六〈敘先考令公遺事與尹龍圖書〉，頁495。
〔註228〕《忠肅集》卷一四〈范聖涂墓誌銘〉，頁604。

自處，不復接外事。」〔註229〕陶叔獻進士及第不久後，即病亡，其妻唐氏則攜二男一女，歸江陵母家。〔註230〕江琦之女兄年老無以為生，當時江琦雖已過世，妻子虞氏仍「迎以歸，厚其養給，禮敬飭備，十五六年不少懈，既又為之室其子焉。」〔註231〕喬森擔心寡居之妹生活艱困，妻子俞氏善解人意，慨然曰：「吾未有以報舅姑，況君之同氣，忍坐觀其失所耶？」於是併其子挈以歸，撫養皆有恩意。〔註232〕王令姊，寡居，無以維生，令迎之歸，事姊恭敬，又教導其子。〔註233〕在《南軒集》卷三九〈直秘閣詹公墓誌〉中則云：詹至的妹妹在丈夫亡故後，依靠兄長接濟為生，詹至「為之區處生事，兒女婚嫁皆得所。」

　　不過有時婦女夫亡歸寧母家，並非全然仰賴娘家為生，有的儼然似一位女主人主持家中一切事物。如趙蒙母親何氏因丈夫婚後離家十四年，音訊渺茫，只好歸寧母家，依靠弟弟右讚善大夫何絳為生。何絳對姊姊顯然非常尊重，何氏在弟弟家宛如一家之主，「凡家事伊以諉夫人不問」，而何氏則「為之收拾藏貯，歲時均節調用、內外所給如一，無半毫之私。」在何絳英年早逝後，家貧無以為葬，當時何氏與其子解官歸，其則反饋母家「盡傾其橐裝葬如禮，乃攜其孤女撫視養育，擇可婿者嫁之，奩具稱足如己出者。」〔註234〕王令妻子吳氏，甫嫁一年，丈夫便亡故，留有遺腹女一人，她「歸老父母之家，屏跡田桑以事兄嫂」外，致力「掌治陂事，每歲農隙，躬率農夫數千餘人修治堤堰，蓄水灌田，利及一方。一方之人循稟教令，子弟有不率者，自攜檟楚以求治之罪。」在吳氏治理經營下，其家資累積鉅萬，然而她一毫不私用，節儉如昔。且她宅心仁厚，「汲汲振窮乏，周疾喪，貸不能償則為焚券。」所以她深為鄉閭敬重愛戴，以致「訟不詣官，決於一言。」〔註235〕其成就可說遠遠超越一般婦女。當然也有的婦女在寡居後，基於客觀之因素，並未返回母家居住，不過仍由母家的父兄協助日常生活，如吳唐卿「女兄適掌書記章鐸，鐸之歿，諸孤幼弱，君為之營置田廬以處之。」即是如此。〔註236〕

〔註229〕《蘇魏公文集》卷六二〈萬壽縣令張君夫人蘇氏墓誌銘〉，頁951。

〔註230〕《全宋文》卷一六二七，沈遘九〈陶叔獻墓誌銘〉，巴蜀書社，1994年一版，37冊，頁697。

〔註231〕《晦庵先生朱文公集》卷九二〈夫人虞氏墓誌銘〉，頁1620。

〔註232〕《攻媿集》卷一〇三〈儒人俞氏墓誌銘〉，頁1005。

〔註233〕《廣陵集》附錄〈廣陵先生傳〉，《四庫全書》，1106冊，頁564。

〔註234〕《丹淵集》卷四〇〈壽安縣太君何氏墓誌銘〉，頁293、294。

〔註235〕《廣陵集》附錄〈吳夫人傳〉及〈節婦夫人吳氏墓碣銘〉，頁564。

〔註236〕《古靈集》卷二〇〈吳君唐卿墓誌銘〉，《四庫全書》，1093冊，頁666。

也有的婦女返回娘家居住，並非丈夫亡故，而是為夫家所出，或是離婚，只得歸寧娘家。如賈黯之母陳氏被出後，歸宗，待其顯達且父卒，才迎母歸養；張方平之幼女，嫁後復歸；范鎮女嘗適左司諫吳安詩，復歸以卒；將汝明次女則以嫁而歸；趙子畫女兒亦是；其他如韓穆之的生母艾氏，歸父母家二十年。穆之既仕，求訪，迎之歸。〔註237〕

四、特殊原因的短期歸寧

有時婦女是基於特殊理由而短期歸寧。其中不乏因疼愛女兒，不忍其隨夫遠行宦遊，而希望女兒暫時歸寧者。如王旦為相，長女婿韓億例當守遠郡，得洋州。王旦私下對其女說：「韓郎入川，汝第歸吾家，勿憂也。吾若有所求于上，他日使人指韓郎緣婦翁奏，免遠適，則其為損不細矣。」〔註238〕韓億向來以治家嚴謹著稱，甚不滿王旦暱於父女私情的舉止，埋怨道：「王公此舉，於當國則甚公；於處家則似未盡。且婦從夫者也，生死禍福率當同之，今其夫特為遠郡，遽俾其女歸享安佚之樂，而使其夫獨被遐征之勞，豈所以教為婦之道哉？」不過在韓億擔任殿中丞知洋州期間，王氏並未未隨夫遠宦洋州，而是返回母家，「寓外舍，經時未嘗及門外，惟文正公召然後見。」過著守禮自持的生活。〔註239〕不過宋代，當丈夫知守偏遠之州時，妻子返家歸寧似乎非常普遍，王氏並非特例。因此黃庭堅在〈書程夫人墓誌後〉才會感嘆道：

> 余嘗病今士大夫家既去父母而從人矣，及其夫得官於瘴癘之鄉，妻輒不隨，世俗亦以為當然。夫人不納族人之議，從夫於南平，此亦足以厚薄俗矣。〔註240〕

也有因夫家生活貧困，妻子被迫攜子短期歸寧，仰賴母家父兄為生者，如陳師道生活貧窮，上有母親要撫養，下又有及笄之妹未嫁，不得已只好將妻子郭氏送回娘家，其詩〈送外舅郭大夫槩西川提刑〉、〈送內〉、〈別三子〉、〈寄外舅郭大夫〉便是敘述其因貧窮，送妻返回娘家的窘況，其中〈別三子〉提到：

〔註237〕資料來源陶晉生〈北宋婦女的再嫁與改嫁〉「表3 被出，離婚，及歸家的婦女」，載《新史學》6卷3期，1995年9月，頁21。
〔註238〕費袞《梁谿漫志》卷三〈王文貞（正）婿入蜀〉，《知不足齋叢書》，中文出版社，頁457。
〔註239〕《蘇學士集》卷一五〈太原郡太君王氏墓誌〉，頁97。
〔註240〕黃庭堅《山谷別集》卷一二〈書程夫人墓誌後〉，《四庫全書》，1133冊，頁663。

> 夫婦死同穴，父子貧賤離，天下寧有此，昔聞今見之。母前三子後，
> 孰識不得追，嗟呼胡不仁，使我至於斯。有女初束髮，已知生離悲，
> 枕我不肯起，畏我從此辭。大兒學語言，拜揖未勝衣，喚爺我欲去，
> 此語那可思。小兒襁褓間，抱負有母慈，汝哭猶在耳，我懷人得知。
> 〔註241〕

更是令人動容。周必大於紹興年間擔任和劑局門官時，鄰舍王氏家婢「插燈於壁，首焚必大之居，僅以身免。」當時臨安主帥韓仲通雖知道火源起自王氏，然「王之妻弟馬舜韶方為御史，畏不敢問，執必大及鄰比五十餘人皆下獄。奏行三省勘會。」周必大由獄吏口中得知失火延燒罪，當判徒刑，若「以一身承之，以貸比鄰。」僅是個人除籍為民，為了拯救鄰人，「遂自誣服，竟落職。」因生活困難，只好「依其婦翁王彥光於廣德。」〔註242〕

有的則因夫家突遭家庭變故，妻子只得返回母家居住的，像陳亮的妻子家境富裕，未曾經歷重大挫折，當夫家接二連三發生婆婆去世、公公身陷囹圄，曾祖父母相繼亡故等不幸事件時，母家也許愛女心切，竟取以歸。〔註243〕又四明名族樓璩妻子汪氏亦曾長期歸寧母家，但他之所以歸寧並非因樓璩亡故，而是建炎三年（1129年）樓氏家園遭受金兵重創，家園全毀，樓璩的薪俸無法滿足日常家計所需，於是妻、子只得搬回娘家居住。樓鑰兄弟幼時即是長於母親家，蒙受外祖父的教養和提攜。〔註244〕亦有出外經商，妻子暫回本家者，如岳州民鄒魯九於紹興五年春往舒州經商，妻子甘氏便回到兄長甘百九家。〔註245〕

五、出嫁後仍居住在娘家

在宋代婦女和娘家關係最為親密者，應該是女兒出嫁後，並未居住在夫家，反而與身生的父母同住。像楊塾不乏子息，卻因特別鍾愛長女，即使女兒已適朝散郎宇文昭度，仍然居住母家，且一住就三十年，後來她甚至與弟宗惠中分財產。〔註246〕富弼的女兒婚後也是一直住在娘家，甚至富弼去世後，

〔註241〕陳師道《后山詩註》卷一〈別三子〉，《四部叢刊初編》，頁533。
〔註242〕田汝成《西湖遊覽志餘》卷二五〈委巷叢談〉，台北世界書局，1963年，頁443。
〔註243〕《陳亮集》卷二五〈祭妹文〉，頁385。
〔註244〕《攻媿集》卷八五，頁782、785。
〔註245〕《夷堅三志壬》卷十〈諤九妻甘氏〉，頁1541。
〔註246〕《淨德集》卷二二〈朝奉大夫知洋州楊府君墓誌銘〉，頁738。

其子富紹庭仍堅守家法，「（弼）兩女與婿即甥皆同居，紹庭待之與父時不殊，一家之事毫髮不敢變」；〔註247〕有的實在因爲夫家過於貧窮，婚後只得居住在母家，如蔣侯爲一介窮書生，家居衡陽，又需從學四方，與李氏成婚後，便「依李氏未去。」〔註248〕有的則是夫家生活困苦，只好長回娘家居住，像趙越的同產妹出嫁後，「貧不能以自存，則并其夫與子養於家，百須皆滿其意，雖久弗厭也。」〔註249〕而龔氏則似乎是一特別的例子，她在婚後不但住在母家，最後也死於母家。據她從弟龔鼎臣描述，她不但天資柔和、聰悟巧敏、善於女事，又喜音律，尤精於琵琶。更重要是她善解人意，「獨專力奉二親，若起居飲食，無一不順適其意者」。於是父母相謂：「吾女溫淑如是，孝睦又如是，今既無子以嗣後，則非其女，其家將誰付乎？宜耦善□，留以奉吾二人。」後來她嫁給宋之才爲妻。而從文中「親偕逝矣，又不逮事翁姑，徒能歲時兩奉祭祀而已。」〔註250〕看來宋之才應該不是入贅，龔氏婚後仍能夠居於母家奉養雙親，除了父母無子息，可能與舅姑早已逝世有關。而趙充夫的父親趙彥孟因中原混亂不安，避難於婺源。「娶都督孟公庾之女，遂從外舅寓居于信之鉛山。」也是女兒出嫁後仍住在娘家。〔註251〕

六、出嫁的女兒返家照顧父母親的疾病

有的婦女出嫁雖未住在娘家，但時常來往娘家，甚至爲了照顧父母的疾病，而暫擱置在夫家應盡的職責。如劉克莊的仲妹出嫁後，仍時常返家照顧母親魏國夫人。據劉克莊形容其仲妹自小就爲父母所鍾愛，孝親至甚，在室時即以孝行聞於世，她於父親偶而染病則「禱于佛，乞以身代，不愈，創服雜羹齻以進俟，不愈，君雨泣柴立，及執喪，不茹葷血者三年，事魏國太夫人蹞步不離左右，寒燠飢飽必問，褕襲調脈必親。」出嫁之後，因「魏國晚年多疾」，她竟「每棄夫家事來侍湯熨，累月半載乃歸。」〔註252〕其舉止全基於母家立場。劉克莊之妹行爲完全合乎爲女則孝女的標準。但就禮法觀念言，

〔註247〕《宋史》卷三一三〈富弼傳〉，頁 10257、10258。
〔註248〕《全宋文》卷一七二九，沈遼卷九〈福昌縣太君李氏墓銘〉，巴蜀書社，1994年一版，40 冊，頁 249。
〔註249〕《丹陽集》卷一四〈江陰趙君墓誌銘〉，頁 537。
〔註250〕《全宋文》卷九三一〈宋故仙遊縣太君龔夫人墓誌銘〉，巴蜀書社，1992 年一版，22 冊，頁 242。
〔註251〕《絜齋集》卷一八〈運判龍圖趙公墓誌銘〉，頁 251。
〔註252〕《後村先生大全集》卷一五七〈仲妹墓誌銘〉，頁 1383。

劉克莊的妹妹既然已出嫁爲人妻，即應以夫家爲主，侍奉舅姑、主中饋，乃至相夫教子。更何況魏國夫人並非孤苦無依，其身旁不乏子媳孝養，其行爲是否合宜，就值得進一步評量，不過由劉克莊於以隱惡揚善、宣揚墓主嘉德懿行的墓誌銘中，不吝筆墨的形容仲妹事母至孝看來，顯然當時社會輿論是認可其行爲，即出嫁女兒對身生父母盡孝道是人情自然的流露。在人情考量下，禮法更爲圓融，因此劉女爲對身生父母克盡孝道，無法完全對夫家克盡職責，則可以被諒解。此外，四明名族袁方妻子范氏也是返回母家照顧父親疾病，當父親生病時，她「屏左右悉不用，而專屬以湯劑之供，昕夕臥內，跬步不敢離，月餘衣不解帶，以篤孝稱。」袁燮在墓誌銘中，絲毫沒有責怪她忽視夫家，反盛讚范氏不但「盡力於夫家」，「又深念其親不能暫忘，親亦深信愛之。」〔註253〕與母家維持親密的互動關係。

七、已嫁女兒歸寧養病

在宋代也有出嫁的女兒歸寧養病，蘇頌在彭城縣君錢氏的墓誌銘描述她「早失所怙，盡孝於母氏，常悗溫清不時，惟其起居之間，雖在千里，必浹旬一置郵書。平安信反，然後遑處，間或相遇飲食已，爲談內典，論性裡，相顧怡然。」可見她不但事母至孝，和母親更有著深厚依附關係。而由文中錢氏「五子一女，女適其弟之子魯望」，與弟親上加親，結爲兒女親家，可窺知她希望藉由婚姻關係與娘家保持更親密的關係。也許就是這些原因，在她四十多歲身染重病，竟不願子媳照顧，而決定返回娘家養病。誌文中形容錢氏返家養病，母親對其悉心照顧的情形是：

> 他日偶被重病，歸省餘杭，以就醫診。濟陽憂甚，親爲和湯餌，同起臥者累月。夫人跼踏不自安，乃強起，潔誠精禱於浮屠曰：「蕞爾之軀，死不足吝。顧念一旦先沒，必貽親累。願稽延歲月以盡太夫人餘年，則瞑目無憾矣。」已而果有瘳。〔註254〕

看來，使其病情痊癒的動力，似乎親情才是扮演最重要的角色。此外，胥茂諶妻子謝氏生病時，因丈夫已亡故，只有婆婆成安夫人韓氏與其相依爲命，可能婆婆年邁也無能力照料她，於是她在「熙寧乙卯四月輿疾歸父母家而卒。」〔註255〕另外，朱春卿妻子王柔也是回娘家養病而卒於家中。〔註256〕在宋代似

〔註253〕《絜齋集》卷二一〈太儒人范氏墓誌銘〉，頁 292。

〔註254〕《蘇魏公文集》卷六二〈彭城縣君錢氏墓誌銘〉，頁 953。

〔註255〕《山谷外集》卷八〈湖州烏程縣主簿胥君夫人謝氏墓誌銘〉，頁 437、438。

乎不歡迎女兒返家待產，然也有女兒回家生產的，如陳戩母親即是母親歸寧外家所生。〔註257〕

八、父母隨出嫁女兒居住

有時父母可能家計困難或年老無子息，往往需依靠女兒照顧晚年的生活起居。因此《袁氏世範》卷一才會提到：

> 嫁女須隨家力，不可勉強。然或財產寬餘，亦不可視爲他人，不以
>
> 分給。今世固有生男不得力，而依託女家及身後葬祭皆由女子者。
>
> 豈可謂生女之不如男也。

而眞實社會中有也有母家雖不乏兄弟，但出嫁女兒仍迎接母親奉養，甚至擔負埋葬母親的責任；也有夫亡子幼只好依靠女兒爲生者。如司馬光在所撰〈宋故處州縉雲縣尉張君墓誌銘〉中，就讚揚張仲倩看到從母寡居後，因生活孤苦無依，「將從其女於保德軍」，苦於「子幼不能自致，」張不忍其母子單弱無助，尚須涉遠，自告奮勇護送從母於保德軍依女爲生的義舉；〔註258〕而葛君寔夫人尹氏，不但對於母家的族親「撫接皆有禮意」，對母親更是孝敬有加，她不忍母親楊氏年事已高，尚需從諸子隨官遠方，即「迎歸以養」，楊氏至八十餘歲才終於夫人之家，尹氏即葬其母於近墅。〔註259〕又吳磐的夫人穆氏，早年失怙、仰賴母親鞠育成人，出嫁寡居後，見「其母丁氏寡且老，猶寓廣陵，夫人懷思不忘，因歎曰：「生女不生男，昔人以爲恨，顧我與子處，足自爲矣。」乃迎丁氏舍吳氏，旨甘定省無違，迄十有一年，恭謹如一，而丁氏以壽終，又禮葬廣陵。」〔註260〕吳唐卿孝睦親族，娶李氏爲妻，念及岳母寡居無依，乃迎岳母，「養之終身，葬送以禮，歲時不絕其祀。」〔註261〕蘇邴母親甘氏嫁到蘇家後，雖然要服侍奉病中的婆婆，然以「母貧無所依」，遂「迎致于家，朝夕奉之甚力。」而他的婆婆似乎並不反對甘氏的作法，與甘氏的母親相處甚爲融洽，還時常餽贈禮物給甘氏的母親。因此甘氏非常感激的對婆婆說：「姑取婦以佚老，而反劬，豈人之情也哉。」以致「凡姑之所以奉其母者，夫人皆助之。」而她的婆婆則讚

〔註256〕同上書，卷八〈王氏墓誌銘〉，頁431。

〔註257〕張守《毘陵集》卷一三〈徽猷閣制贈左鄭議大夫陳公墓誌〉，《四庫全書》，1127冊，頁821。

〔註258〕《溫國文正公文集》卷七五〈宋故處州縉雲縣尉張君墓誌銘〉，頁542。

〔註259〕《蔡忠惠集》卷四〇〈尹夫人墓誌銘〉，頁723。

〔註260〕《難肋集》卷六五〈穆氏墓誌銘〉，頁511。

〔註261〕《古靈集》卷二〇〈吳君唐卿墓誌銘〉，頁666。

賞甘氏的舉止不失純孝；〔註262〕尹和靖年老無子，晚年也是由三女婿邢純照顧生活起居，去世後，「喪葬嗣裔」等事宜亦由其一手經辦。〔註263〕江琦妻子虞氏在父親年老失子後，「歸養益謹，送其終，哀戚甚，慨不沐浴、不鹽酪者三年，且爲之選於宗人以奉祀，而歸其貲產。」不但對母家生父盡到養生送死的職責，還爲父親立嗣。〔註264〕韓繼球的妻子李氏在父親去世後，乃迎母親「王夫人養于家」，而王氏亦自豪對親族人言：「吾生事死葬之託一女而已，孰謂不如男乎？」此外，李氏鑑於父親「嘗誦華嚴經，欲百部以禳兵火之厄，僅及其半。」於是李氏「誦至二百部，以酬先志。」〔註265〕

九、幼時長於母親家

亦有父母早亡，自幼生長在母親本家，由母親的家人擔負教養職責。如劉摯就是由外公陳希谷撫養大，他在悼念舅氏墓誌銘云：

> 生十年而考、妣棄其孤，實鞠於外祖父贈祕書監陳公。是時，公以疾退居東平里第，將沒，以劉氏孤屬其五子某。當時竊自惟念，親槩不得而見之，中乃幸得諸舅從之，其庶矣乎！〔註266〕

而吳執中之妻，即宇文誥的女兒，「生三歲喪母，長於外氏，其外祖母鍾愛，與諸孫並養。」〔註267〕此外，胡宗質的堂妹去世後，歸其孤於胡氏，由胡的妻子施氏教養而嫁之有三人。〔註268〕閻路的妻子楊氏少孤，外祖父張春卿「攜養於其家」，張春卿爲西南士人、文章的宗師，楊氏受其調教護養，舉止「恭愿柔懿，動嚮禮法，薰漬善術，該涉文史，徽德婉行聞之閭里。」〔註269〕楊時好友李虙早年父母雙亡，也是由母親外家撫養成人，其學識受舅舅黃覆啓蒙，書「過即成誦，至日數千言。自是於六經諸子百氏之書，下至毛鄭箋傳」，無所不讀。〔註270〕李富的妻子曾氏在父母相繼去世後，則「鞠于外家羅氏」，

〔註262〕《溪堂集》卷九〈甘夫人墓誌銘〉，頁544。

〔註263〕尹焞《尹和靖集》〈呂德元撰墓誌銘〉，《叢書及成新編》，74冊，頁83。

〔註264〕《晦庵先生朱文公文集》卷九二〈夫人虞氏墓誌銘〉，頁1620

〔註265〕《南澗甲乙搞》卷二二〈太恭人李氏墓誌銘〉，頁578。

〔註266〕《忠肅集》卷一四〈陳仲明墓誌銘〉，頁607、

〔註267〕《全宋文》卷一七五九〈宋故南陽縣君宇文夫人墓誌銘〉，巴蜀書店，40冊，1994年一版，頁755。

〔註268〕《長興集》卷一七〈宋故玉山縣君施氏墓誌銘〉，頁436。

〔註269〕《丹淵集》卷四〇〈華陽縣君楊氏墓誌銘〉，頁298。

〔註270〕《楊龜山先生集》卷六〈李修撰墓誌銘〉，《叢書集成新編》，74冊，頁72、73。

而由其「女訓婦功靡不習之」〔註271〕看來，她在母親娘家應受到完善的教導。筆記小說亦有孤寡，而由母親的家人撫養的情節，如明州王百娘「少孤寡無依，其舅陳安行舍人每攜以官。」〔註272〕

十、出嫁女兒與娘家的財務關係

根據宋代律令，已出嫁婦女在母家戶絕，又無在室女存在，可獲得本家資財的三分之一。如仁宗天聖六年（1028 年）時雄州民妻張氏戶絕時，已出嫁的女兒便獲得三分之一的田產。〔註273〕至哲宗元符元年（1098 年）再次明文制訂戶絕時出嫁女兒的財產繼承權，其規定：

> 戶絕財產盡均給在室及歸宗女，千貫已上者，內以一分給出嫁諸女；止有歸宗諸女者，三分中給二分外，餘一分中以一分給出嫁諸女，不滿二百貫給一百貫，不滿一百貫全給；只有出嫁諸女者，不滿三百貫給一百貫，不滿一百貫亦全給，三百貫已上三分中給一分，已上給出嫁諸女並至二千貫止。若及二萬貫已上，臨時具數奏裁增給。
> 〔註274〕

已出嫁的婦女在戶絕時，可獲得家業三分之一的資產，直至南宋依然如此，如在《清明集》〈女承分・處分孤遺田產〉即云：

> 照對解汝霖因虜入寇，夫婦俱亡，……解汝霖既無親子，合作戶絕法施行。准法：諸已絕之家而立繼絕子孫，謂近親尊長命繼者，於絕家財產，若只有在室諸女，即以全戶四分之一給之；若有歸宗諸女，給五分之一；其在室并歸宗女，即以所得四分，依戶絕法給之；止有歸宗諸女，依戶絕法給外，即以其餘減半給之，餘沒官；止有出嫁諸女者，即以全戶三分為率，以二分與出嫁女均給，一分沒官。
> 〔註275〕

此外，在《清明集》其他判例，如〈立繼類・命繼與立繼不同〉、〈檢校・侵用已檢校財產論如擅支朝廷封樁物法〉、〈爭業類・羅械啓將妻前夫田產沒官〉亦有出嫁女在戶絕時，可繼承本家三分之一資產的規定。依據法律的規定，

〔註271〕《誠齋集》卷一二七〈李母曾氏墓誌銘〉，頁 1155。
〔註272〕《夷堅支丁》卷一〈王百娘〉，頁 969。
〔註273〕《長編》卷一〇六〈仁宗天聖二月甲午條〉，頁 1013。
〔註274〕《長編》卷五〇一〈哲宗元符元年八月丁亥條〉，頁 5101。
〔註275〕《清明集》，頁 33。

已出嫁婦女在娘家戶絕時，可繼承三分之一的產值。至於實際的社會情形，出嫁婦女在娘家戶絕之時，似乎可能繼承更多的產業。如《夷堅丙志》卷一八〈王八郎〉條記載：比陽富人王八郎眷戀倡女與妻子離異，妻子不但獲得女兒的監護權，且以中分所得資產經營致富。女兒及笄便嫁給田氏，該女在母亡之後，盡得所有資產，財產總值超過十萬緡。此外，鄧倚生活潦倒至貧無立錐之地，再娶故彭藤州女為妻。因彭無子息，彭女「盡挾田產改嫁倚，箱直果滿千萬。」〔註276〕有時妻子和與前夫所生之子仍在世，嚴格說來並不能說是戶絕，但防患家業落於異姓之手，父親可預立遺囑，將資產給予親妹和親生女兒，如《清明集》載：

> 徐二初娶阿蔡為妻，親生一女六五娘。再娶阿馮，無子。阿馮有帶
> 來前夫陳十三之子，名陳百四。徐二宜立嗣而不立嗣者，蓋阿馮專
> 其家不容立也。徐二慮之熟矣，恐身死後家業為異姓所攘。乃於理
> 宗淳祐二年（1241年）手寫遺囑，將屋宇、園池給付親妹與女，且
> 約將來供應阿馮及了辦後事。〔註277〕

而整個事件的發展也如徐二所料，在徐二去世後，阿馮果真被誘盜賣夫業。經過訴訟，徐百二娘與六五娘的繼承權得到保障。

至於歸宗女的財產繼承權，根據《宋刑統》的規訂：歸宗女在夫亡無子、又不曾分得夫家財產、歸還父母家，女方戶絕者，則視同在室女。但是哲宗元符元年（1098年）八月則又規定，戶絕財產二千貫以上者，在室女和歸宗女均分三分之二的產業，三分之一則給出嫁女；若只有歸宗女，則可得產業的三分之二。〔註278〕顯然女家在戶絕時，歸宗女可承分的產值較《宋刑統》的規定低。至南宋時，歸宗女可承分之產值又較北宋時減少，如《清明集》〈女承分・處分孤遺田產〉中則規定，在戶絕但命繼的情形時：若在室女和歸宗女並存時，二者可共同承分遺產的五分之四，但歸宗女只能得其中的三分之一，三分之二給在室女；若只有歸宗女時，歸宗女則可承分二分之一的產業，命繼子則得四分之一。因此就整個宋代而言，歸宗女在母家戶絕時所能承分的產業，顯然有減少的趨勢。〔註279〕

〔註276〕《夷堅志三補》〈夢得富妻〉，頁1806。
〔註277〕《清明集》〈違法交易・鼓誘寡婦盜賣夫家業〉，頁84。
〔註278〕《長編》卷五○一〈哲宗元符元年八月丁亥條〉頁5101。
〔註279〕有關歸宗女在戶絕時的承分，請參閱〈宋代女性財產述論〉，載《中國婦女史論集續集》，稻鄉出版社，一九九一初版，頁173～213。

　　不過在宋代也有出嫁的女兒與幼弟共分母家財產的例子,如張詠在眞宗咸平二年(999年)在杭州擔任官職時,有民與姊婿爭訟家產,女婿強調岳父臨終時,「此子才三歲,故見命掌貲產,且有遺書,令異日以十分之三與子,於七與婿。」因此應得十分之七的產值,然而張詠緣於法、情的考量,判定「以七給其子,於三給婿;」〔註280〕而劉克莊在《清明集》〈分析‧女婿不應中分妻家財產〉判決中,反對在周丙身亡故後,女婿「不顧條法,不恤幼孤」,中分妻家的財產,主張應依「父母已亡,而女分產,女合得男之半」令文,周丙身遺腹子得資產二分,細乙娘得一分,方是合於情理。但也有出嫁女與弟中分家產的事例,在《北窗炙輠錄》卷下載:

> 有一富人,亦有一子,方孩無母,乃有一婿。將死,屬其婿曰:「吾以子累君,幸君善撫之。他日吾子長,當使家資中分之。」乃出手札付其婿,及子長,不肯如父約,其婿乃以手澤訴于縣。……其子大悟,遂中分之。

亦有基於特殊的理由,即使母家並未戶絕,出嫁的女兒仍可繼承所有家業。如因兒子不肖,未盡到供養父母的職責,迫使父母必需依靠出嫁女兒養生送死,在此情形下,父母可能會將財產歸於女婿,而此舉雖有違律令,但地方官緣於義理、人情往往會成全父母的心意。在《清明集》〈戶婚門‧子不能孝養父母而依棲婿家則財產當歸之婿〉即云:

> 王有成之父王萬孫昨因不能孝養父母,遂致其父母老病無歸,依棲女婿,養生送死皆賴其力,縱使當時果有隨身囊篋,其家果有田宅,盡以歸之於女婿。在王萬孫之子亦當反而思曰:「父母之於子,天下至情之所在也。今我不能使父母惟我是字,乃惟我是疾;以我之食則不食,以婿之食則食之;以我之室則不居,以婿之室則居之。生既不肯相養以生,死又不肯相守以死。此其意果安在哉?必爲子之道有所不至,是以大傷厥考。……」

因此判定「李茂先之家衣食之奉,殯葬之費咸仰給焉,以此償之良不爲過。」而王有成父子未能克盡孝養之道,判決竹比二十。也有並非子息未能克盡孝道,只因兒子才智平庸,父母深恐其無法守住家業,而以遺囑的形式將貲產分給女婿。如《夷堅甲志》載:

> 常州無錫戴氏,富家也。十三郎者,於邑中營大第,……又數年,

〔註280〕《宋史》卷二九三〈張詠傳〉,頁9802。

> 邑子李謨登科，戴嫁之以女。戴且死，囑其二子曰：「汝曹素不立，
> 必不能善守遺緒。此屋當貨於汝手，與其歸他人，不若歸李郎也。」
> 後如父言，宅子李氏。〔註281〕

　　宋代婦女與娘家關係最難釐清的就是出嫁女兒與娘家之間的財務物往來。在親族相處以孝睦爲先，及彼此有通財之義的理念下，或是緣於個人的私心，許多出嫁婦女與娘家之間仍有頻繁的金錢往來。在親情包容緣飾下，其中許多事例還獲得社會輿論的褒揚，尤其當事人將孝睦之情推及外姻時，更是如此。因此翻閱宋代墓誌銘或史料，每可發現撰文者致力讚美主人翁將敦親孝睦之澤推及姻親。如《宋史》卷三四○〈蘇頌傳〉形容蘇頌，「遷集賢校理，編定書籍。頌在館下九年，奉祖母及母，養姑姊妹與外族數十人，甘旨融怡，婚嫁以時，妻子衣食常不給，而處之晏如。」曾鞏褒揚周夢臣「其在仕也，嫁姊之貧者，君常分月俸三之一以奉之，餘以與諸弟，君與妻子或止食館券而已。」〔註282〕樓鑰在《攻媿集》卷一○一〈朝奉郎主管雲臺觀趙供墓誌銘〉讚美趙善譽：「女弟再適人，皆竭力資遣。遇母家桂氏特厚，舅氏既卒，訪其遺腹子，爲之嗣，且厚給之。其他篤故舊、撫姻族恩意稱是。」而陳堂前王氏更是偉大婦女，她在丈夫亡故後，守節自持，經營家事、奉老撫孤外，還需教養年幼的小姑。在小姑及笄後，又爲其選擇匹配厚嫁之，可說仁至義盡。然而在舅姑亡故後，小姑未感恩圖報，反而要求分取財產，而「堂前盡遣是中所有，無靳色。」結果不出五年，財產爲妹夫放蕩用盡，妹乃歸悔，陳堂前又不計前嫌，爲其「買田置屋，撫育諸甥，無異己子。」〔註283〕其孝睦友愛的胸襟，即使是學富五車的士大夫亦有所不如。桑莊妻子陸氏見夫兄之子「妻士人陳汝翼，貧無以生。」支持丈夫攜其歸返娘家居住，「同爨十五年，使其子與己子俱就學。」後皆高重科舉。《延祐四明志》卷一也提及王安石擔任鄞令時，訪得義夫、節婦三人，其中平民童判子，「爲人掌典庫，其家養疏屬數口，奉寡姊承順不違。其甥不事家產，屢負人債，輒爲償之，不以告姊。」〔註284〕在《昌谷集》卷一九〈蕭景仁墓誌銘〉中，曹彥約形容景仁的父親蕭之敏，「事二姊以孝」，「且老，有田數十畝，每以分給姊弟。」張栻在《南軒集》卷三九〈夔州路提點刑獄張君墓誌銘〉

〔註281〕《夷堅甲志》卷三〈戴氏宅〉，頁130。
〔註282〕《元豐類稿》卷四三〈秘書丞知成都府雙流縣事周君墓誌銘〉，頁276。
〔註283〕《宋史》卷四六○〈列女傳〉，頁13485。
〔註284〕《延祐四明志》卷一，頁5536。

中稱讚從兄張寔不忍見姊姊生活困苦，便「推居官所得俸以給女兄。」深爲樓鑰所稱許的史浚，非常友愛女兄，「同氣惟一女兄，適周氏，事之甚篤，見其卜居，以金谿別墅遺之，制幕例得就直。」〔註285〕當然若是婦女家境饒於財，母家緣於愛女心切，往往願意資助女兒生活所需，如趙鼎臣〈武氏姊傳〉中就提到堂姊因丈夫不肖，生活所需幾乎全仰賴本家資助。甚至有時女婿見妻家富裕，也會想從中獲利，少數人不爲金錢所誘，就值得大肆著墨表揚。如張惟德就是這樣志氣高超，因此呂陶稱其：「袁氏婿，僚凡婿七人。袁富族也，爲之婿者或私其貨幣以豪，君獨不爾。袁父母嘗厭他婿之求，欲以餘積委君，則再拜避謝，卒不以一金自污。」〔註286〕

不過在宋代，出嫁婦女並非全然依靠娘家經濟的資助，也有婦女可能娘家經濟較爲困窘，婚後似乎時常資助娘家經濟，如章巨川妻子田氏，因父親「春秋日以高，相其甘旨」，但爲保留兄弟顏面，不願旁人批評其「兄弟爲資人以生」，僅是供養父親生活無缺而已。〔註287〕而陳氏及笄，「歸丞相彭城公時，公甚貧，而無以爲家。……已而斥賣嫁時衣被鞶帨，以太夫人之命訪族姻之貧者而賑之，人人咨嗟，以爲不可及。」〔註288〕有時婦女雖然已出嫁，但對於娘家的財務運作，似乎有著舉族經重的地位，如王俊臣妻歐陽氏因一兄長早世，便爲其經營家計。〔註289〕劉蘊的妻子董氏則時常接濟貧苦的母族，因此雖是一女子，確有很高的聲望，故「姻族家事有疑，必於夫人謀之，可否斟酌，咸服其當。」〔註290〕文中並無確切說明有那些家事，需要和董氏諮商，但推測應包含財務的糾紛吧！可能母女感情較爲親密，或是深恐丈夫得知，有時母親會將辛苦賺來的私房錢交由出嫁女兒保管，以爲將來養生送死之用。像饒州安仁縣崇德鄉居曹三之妻，育有二男一女，死於慶元三年（1197 年）二月，辦完喪事後，十月一日女兒一娘歸寧設供。其魂拽女衣而問曰：

> 我在生之日，辛苦看蠶績麻苧，三年艱辛，織得紬絹三十尺，布十

〔註285〕《攻媿集》卷一〇五〈朝請大夫史君墓誌銘〉，頁 1027。
〔註286〕《淨德集》卷二八〈贈大理評事張府君墓表〉，頁 750。
〔註287〕《陳亮集》卷二九〈章夫人田氏墓誌銘〉，頁 430。
〔註288〕汪藻《浮溪集》卷二八〈吳國夫人陳氏墓誌銘〉，《四部叢刊初編》，頁 252。
〔註289〕《誠齋集》卷一二七〈夫人歐陽氏墓誌銘〉，頁 1157。
〔註290〕《誠齋集》卷一三一〈大恭人董氏墓誌銘〉，頁 1194。

> 五疋，寄頓汝家，正要防身。汝是我親生女，如何欺死瞞生，便不
>
> 將出？宜今數還我，教父兄貨鬻充修營費。〔註291〕

在所有妻子與娘家財務關係，最爲道德輿論所指責的是寄財於妻子名下，或
外姻之家。因此舉不但違背親族通財之義與孝睦爲先的原則，主要原因還是
在宋代法律允許妻子於夫亡再嫁，或因夫妻離異而歸宗時，可將妻財帶離夫
家。如在〈快嘴李翠蓮記〉中就描述李翠蓮欲與丈夫張虎離婚時，即威脅道：
「今朝隨你寫休書，搬去粧奩莫要怨。」〔註292〕而妻子攜財歸宗或再嫁時，
不只是牽涉到道德層面，主要還是很可能因妻子攜財改適，使的夫家經濟陷
於困境，甚至影響家族的延續與生存。這樣做雖然無法得到輿論的認同，但
宋代妻子攜財再嫁似乎是普遍的現象，甚至士大夫亦無法免俗。因此釋文瑩
於《玉壺清話》卷二才會批評時尚：「膏梁士族之家，夫始屬纊，已欲括奩
結橐求他耦而適者，多矣！」至於爲了規避與兄弟中分產業，而將財產寄於
外姻之家，也是時有所聞。此舉風險高於寄財於妻子名下，事後很可能外姻
不肯承認，財產喪失殆盡，或鬱鬱而終。在《夷堅支庚志》卷一〈丁陸兩姻
家〉條即載：

> 德興民丁六翁，與同邑陸二翁爲姻家，其居隔一都，皆致力農桑，
> 爲上戶。陸一弟客遊它鄉，二十餘年而歸，從兄析貲產。兄靳之，
> 訟于縣，乃盡斂金帛浮財，寄諸丁氏。凡田園之在契券者，一切中
> 分，事始息。未幾，陸訪丁家索所藏，丁曰：「君兄弟爭訟方竟，遽
> 取物歸，萬一彰漏，是自啓禍端。……」

陸「雖知丁已萌掩有之志，念終不可泄漏以招弟訟，但隱忍茹苦，怏怏而殂。」
〔註293〕除了產業爲外姓所強佔，事態嚴重時甚會演變成親族、甚至父子劍
拔弩張，對簿公堂的境界，如在《清明集》〈戶婚門・爭業・妻財置業不係
分〉即載：陳圭訴訟其子陳仲龍與妻子蔡氏盜典眾分田業與妻舅蔡仁之案
例。翁甫雖判定「在法，妻家所得之財不在分限；又法，婦人財產並同夫爲
主。今陳仲龍自典其妻粧奩田，乃是正行交關。」這樣的判決，確保蔡氏個
人的財產權，也顯示在宋代姑舅也無權干涉媳婦的財產。但緣於蔡仁是陳妻
蔡氏的親弟，爲免除眾人的疑慮，平息爭端。翁甫幾經考慮，判決「若是陳

〔註291〕《夷堅三志巳》卷九〈曹三妻〉，頁1375。

〔註292〕《快嘴李翠蓮記》，《清平山堂話本》，頁39。

〔註293〕《夷堅支庚》卷一〈丁陸兩姻家〉，頁1137。

圭願備錢還蔡氏,而業當歸眾,在將來兄弟分析數內;如陳圭不出贖錢,則業還蔡氏,自依隨嫁田法。」可謂兼顧情、理、法。因此袁采在《袁氏世範》卷一〈同居不必私藏金寶〉中,才會苦口婆心的勸誡世人,親族相處應以孝睦為先,同居者不應該私藏金錢。他說:

> 人有兄弟子姪同居,而私財獨厚,慮有分析之患者,……或寄妻家,或寄內外姻親之家,終為其人用過,不敢取索,及取索而不得者多矣;亦有作妻家姻親之家置產,為其人所掩有者多矣;亦有作妻名置產,身死而妻改嫁,舉以自隨者亦多矣。

伍、結 論

綜合上述,可發現在宋代婦女出嫁後,移其所天,夫家成為生活中心。然而此並不意味嫁出去的女兒就同潑出去的水,疏離與娘家的關係。事實上,她們多數都與娘家維持著親密的關係。除了例常的歸寧與迎送往來外,若是夫家與娘家相隔遙遠,略通文墨的婦女則可藉著書信往來與娘家保持一定的聯繫。且我們還可發現,雖然宋代禮法規範較唐代嚴謹,事實上,仍有些宋代婦女雖然已經出嫁,並未遵循禮法以夫家為主,依然以娘家為生活中心。有的出嫁後仍舊與生身父母同住,或是已出嫁的女兒迎奉生身父母共同居住,擔負生身父母養生送死的責任。有的可能夫家與娘家相距不遠,已婚的女兒為表達個人孝心,或是緣於私情,時常返家探望或照顧父母,甚至如劉克莊的仲妹,「每棄家事來侍湯熨,累月半載乃歸。」儘管她們的行誼與禮法規範有所出入,基本上都得到社會道德輿論的認可,咸視為女兒孝心或是女婿敦睦親族,澤及外姻的體現。

除此之外,宋代已出嫁的女兒似乎與娘家仍存有強烈的依附關係,當她們遭遇生活挫折時,如夫家貧窮、丈夫遠宦偏遠之地,丈夫亡故、夫家遽變時,她們似乎多數選擇返回娘家居住,而娘家的父兄基於愛女或孝睦之情多數也能體諒女兒的作法,擔負照顧她們生活起居的責任。不過在宋代,娘家對已婚女兒影響也非全然是正面的,尤其牽涉女兒婚姻生活時,有時生身父母、甚至兄弟可以無視女兒的意願與婚姻幸福與否、橫加干涉其婚姻,進而強迫她們離婚或是改適。尤其當女兒的丈夫去世時為甚。依據宋代的習俗,似乎多數婦女在丈夫亡故後並未留在夫家,而是選擇返回娘家長期歸寧。因此與夫家相較,娘家對於女兒在丈夫亡故後是否再嫁,似乎有較大的決定權。

甚至即使夫家不願媳婦再嫁或夫亡歸寧，娘家仍可強制實行，如秦觀在《淮海集》卷三六〈蔡夫人行狀〉中，就提到因蔡氏在丈夫環生亡故後，無復更嫁之意，於是其母與諸昆弟率親族數十人至環館而奪之，一年後，蔡氏再嫁徐君爲繼室。

　　總之，在宋代已嫁婦女與娘家仍保持密切的關係，然與唐代相較，可發現宋代婦女與娘家的親密關係，似乎有減少的趨勢。如唐代在室女或歸宗女去世，仍被視爲家中一份子，多附葬於祖墳，甚有出嫁女兒仍葬在本家祖塋的事例。至宋代在室女逝世後，有的仍附葬於祖墳，如曾鞏的女兒、韓琦家族早殤之女、畢從古的女兒、程頤的姪女、劉克莊等人的外孫女皆仍葬於祖塋，〔註294〕而《夷堅志三補》〈夢亡夫置宅〉條亦云：趙師簡亡故後，不久妻子石氏、少女相偕去世，長子趙希戚謀卜葬之地，得之。即「鑿壙作雙穴，擬合附二親而旁結小塋剄其妹，……大姊孀居，久未有丈夫，……大姐發病，不二日奄然，遂俱葬其處。」也顯示在室女及歸宗女亡故後，似乎皆葬於本家的祖塋。不過在宋代的習俗似乎也有不少在室女去世後，並未歸葬於祖墳，而是安厝於廟宇。〔註295〕此是否透露出視女兒非家族成員的觀念已在醞釀中，因缺乏直接的記載無從得知。

　　此外在《新唐書》卷二〇五〈列女傳〉載：劉寂的妻子夏侯碎金，已生二女，因父親夏侯長雲失明，便與丈夫離婚，返回本家「歸侍父疾，又事後母以孝稱。」五年後父親去世，她又居喪過禮，哀毀備至。因此得到朝廷的褒

〔註294〕韓琦在《安陽集》卷四六〈誌石蓋記〉提到：韓國華第三子妻壽春縣君李氏長女，未笄而亡，從葬於祖墳。《四庫全書》，1089 冊，頁 500；卷四六〈三姪孫女墓記〉載：韓公彥二女、三女及方彥女八娘死後亦葬於祖墳。頁 507；而《西臺集》卷一四〈畢氏墓誌銘〉，提到畢從古的第五女死後與祖姑墓比鄰而接。《叢書集成新編》，62 冊，頁 405；曾鞏在《元豐類稿》卷四六〈曾氏女墓誌銘〉提到：其妹嘉祐六年卒於開封、至熙寧十年歸葬於祖墳南豐之源頭；在〈二女墓誌〉云二女慶老、興老也在熙寧十年歸葬於祖墳；《河南程氏文集》卷四〈澶娘墓誌銘〉中提到程顥幼女，七歲死於痘疾，死後葬於「河南伊陽縣神陰鄉先塋之東，與其姊嬌兒同兆」；卷一一〈孝女程氏墓誌〉則說程頤女亡後葬於先塋之東。《二程集》，頁 502、641。
〔註295〕《王臨川文集》卷一〇〇〈鄞女墓誌銘〉，其女兒即葬於崇法院的西北。頁 632；又陳鵠《西塘集耆舊續聞》卷七亦載在室女殤亡後並未歸葬於祖墳，而是厝於寺院：「余聞英華之事實矣。……元豐二年夏五月，縣令開封李長卿女也。李有二女，慧性過人，文誦詩書，皆默記之。姿度不凡。俄染屬疾而逝，殯於邑之先嚴寺三峰閣。」《叢書集成新編》，84 冊，頁 427。

揚，賜帛二十石、粟十石的例子。而在宋代孝行固然爲人所重視，也然強調要孝養生身父母，但在「重夫家，外本家」原則下，似乎出嫁女兒應以舅姑爲主要的孝養的對象，故無法尋得類似夏侯碎金的例子。

以禮法服制言，中國服制向來以父系爲中心，以親親、尊尊爲原則。在唐代的服制，根據《大唐開元禮》卷一三二〈凶禮〉的服制載，唐服制沿襲古禮，婦爲舅姑與女子出嫁爲其父母皆服齊衰不杖周。至唐末開始有爲舅姑服齊衰三年者，但當時人認爲：

> 父母之喪，尚止周歲，舅姑之服，無庸三年。且服者報也，雖有加降，不甚相懸，故舅姑爲婦，大功九月，以卑降也，婦爲舅姑，齊周衰年，以尊加也。〔註296〕

依舊認爲沿襲古禮爲正。至宋乾德三年（965年）尚書省左樸射魏仁浦等二十一人上奏議云：

> 謹按禮內則云：「婦事舅姑，如事父母，即舅姑與父母一也。古禮有期年之說，雖於義可稽，書儀著三年之文，實在理爲當。……何況三年之內，几筵尚存，豈可夫衣衰麤，婦襲紈綺，夫婦齊體，衰樂不同，求之人情，實傷至治。況婦人爲夫有三年之服，於舅姑而止服周，是尊夫而卑舅姑也。且昭憲皇太后喪，孝明皇后親行三年之服，可以爲萬代法矣。〔註297〕

太祖允從，十二月乃令：「婦爲舅姑三年齊斬，一從其夫」。在南宋時《慶元條法事類》及《政和五禮新儀》亦定婦爲舅服斬衰三年，爲姑服齊衰三年。因此從宋代始，出嫁女爲有血緣之親的父母僅服齊衰周歲，而婦爲舅姑卻要服喪三年，此亦顯示婦的身份更爲夫家所吸收。亦即從唐末至宋代認爲已婚婦女隸屬於夫家的觀念逐漸加強，漸強化了婦女一生應秉持「在家從父，出家從夫，夫死從子」之規範。所以由服制的轉變，顯示在宋代認爲婦女出嫁後，即應該移其所天，以丈夫爲天，一切夫家爲重，克制個人私情，淡化與有著血緣之親的娘家關係。以達到眞正地「內夫家、外本家」的觀念遠甚於唐代。

就財產繼承言，在唐代本家戶絕時，根據仁井田陞所輯開元二十五年〈喪葬令〉內容：

〔註296〕《唐會要》卷三八〈服紀下〉，頁687。
〔註297〕《長編》卷六〈太祖乾德三年十一月戊子條〉，頁61。

> 諸身喪戶絕者，所有部曲、客女、奴婢、店宅、資財，並令近親（親
> 依本親，不以出降）轉易貨賣，將營葬事及量營功德之外，餘財並
> 與女……。

因此唐代戶絕時，不論在室女或已出嫁的女兒幾乎可繼承所有的產值，然而
宋代財產法規定戶絕時，在室女固然可繼承所有產值，但對已出嫁女承分的
規定是「戶絕者所有店宅、畜產、資財營葬功德之外，有出嫁女者參分給與
壹分，其餘並入官。」〔註298〕則明顯較唐代減少。至於歸宗女繼承的產值，
在《宋刑統》中雖主張在夫亡無子、未分得夫家財產、還歸父母家後戶絕者
視同在室女，可繼承所有產業。然而事實上，整個宋代歸宗女於戶絕時所能
繼承的產值則呈遞減的趨勢。故就財產繼承權來看，宋代出嫁婦女在娘家的
權益似乎不及唐代，此是否亦暗示宋代婦女與母家關係日漸降低。

因此觀看宋代婦女與娘家的關係，似乎顯示宋代是處於過渡時期。婦女
與娘家的關係雖不及唐代密切，但與禮法森嚴的明、清二代相較，仍是相當
親密。之所以如此也許唐代屬於世族社會，許多婦女娘家家世顯赫，加上「緣
情制禮」的禮法觀念，使得婦女在與娘家互動時，可以較「不忌諱」的表達
個人的私情。然而在宋代，可能婦人娘家缺乏顯赫的家世背景，加上禮法觀
念漸趨於嚴格，尤其是所謂家法、家規、家範相繼地出現，對婦女行爲規範
漸形成具體的約束力。因此，出嫁的女兒就必須顧及道德輿論的制裁，盡量
克制私情，盡可能一切以夫家爲主。以達到「本夫家、外本家」的境界。

〔註298〕《宋刑統》卷一二〈戶絕資產〉，頁 415。

第三章　婦女在夫家的人際網絡
——以舅姑關係為中心

壹、前　言

　　《易經》卷五〈歸妹〉言「歸妹天地之大義也」,「歸妹人之終始也」,視婦女出嫁為人生最終依歸。強調女子只有經由婚姻儀式進入夫家,實踐其為人妻則貞順、為人母則賢慈、為人媳則孝的職責,方是圓滿的人生。因此除非是特殊原因,多數的宋代婦女都會踏上婚姻之途。對婦女本身而言,婚姻無疑是人生一大轉捩點,其意謂婦女的生活中心,將不再是生身父母的本家,而是陌生的夫家;此外她所面對的人際關係,不再是熟悉的父母、兄嫂、姊妹,而是毫無所悉的人際網絡,若是夫家是人口單純的家庭,新婦可能只需調適與丈夫、舅姑之間的關係;若夫家是數代同堂、人口龐雜的家族,新婦除了面對夫妻、婆媳之間的相處問題,她尚須周旋於妯娌、叔妹等複雜的人際關係網絡中。而婦女個人與紛雜的人際關係的互動,往往攸關個人日後婚姻生活幸福與否,其中又以與姑舅關係的互動影響最深。

貳、儒學禮制中的舅姑子媳關係

　　《禮記》卷八〈內則〉云:「子甚宜其妻,父母不說,出;子不宜其妻,父母曰:『是善事我。』子行夫婦之禮焉,沒身不衰。」故儒家倫理觀念認為娶婦主要目的,並非為了一己之歡,是要傳承子嗣與侍奉父母。若妻子無子可以納妾補救之,然而子媳若無法獲得舅姑的歡心,就可能遭遇出妻的命運。

因此新婦若要鞏固在夫家的地位，首先一定要獲得舅姑之歡心，而獲得舅姑歡心的方法，唯有敬順一途。尤其新婦與婆婆接觸較為頻繁、職事有所重疊、加上母親對兒子的佔有支配欲，婆媳之間難免心存芥蒂，甚至衍生成家庭衝突，為了家庭的和諧，中國的倫理思想向來強調以「姑慈婦順」化解雙方之衝突。即一方面主張為人姑者要善待子媳，視其如同己出，另一方面則主張子媳應以孝敬父母之心奉侍舅姑。不過在中國差序格局的人倫網絡中，還是側重以「孝」、「順」、「敬」等道德，來規範子媳的言行為主。期望新婦在進入夫家能「順於舅姑，和於室人，而后當於夫以成絲麻布帛之事，以審守委積蓋藏。」〔註1〕為了新婦將來成婚後能勝任婦職、和於室人，博得舅姑喜愛，在她出閣前三個月，便要施以特別的婦教，內容包括「教以婦德、婦言、婦容、婦功，教成祭之牲用魚，芼之以蘋藻，所以成婦順也。」〔註2〕女兒即將出嫁時，據《儀禮》卷二〈士昏禮〉的描述，父親在送女兒出閣時，還需再三叮嚀說：「戒之、敬之、夙夜毋違命。」要女兒務必要遵循舅姑的教誨；而母親也反覆申誡說：「勉之、敬之、夙夜無違宮事。」不要違背婆婆交代的職事；而父親的妾亦「及門內施鞶申之以父母之命，命之曰：『敬恭聽宗爾父母之言，夙夜無愆視諸衿鞶。』」皆是再三告誡即將出閣的女兒，嫁入夫家後，務必克制自我情緒，惟舅姑是瞻，順從舅姑心意。

至於婚後禮儀亦是不斷強化「婦順」的重要，在新婦首次與舅姑會面時的餽贈禮節，無不是強調婦順的重要，其儀式為：

> 夙興，婦沐浴以俟見，質明贊見婦于舅姑。執笲、棗、栗、段、脩以見，贊醴婦，婦祭脯醢，祭醴成婦禮也，舅姑入室，婦以特豚餽，明婦順也。〔註3〕

其中笲、棗、段、脩等餽贈物皆象徵著婦順。實際上，新婦為了博得舅姑的讚賞，除了順從舅姑心意，尚須敬慎奉侍翁姑的日常生活起居。《禮記》卷八〈內則〉認為媳婦應恪守者為：

> 婦事舅姑，如事父母。雞初鳴，咸盥漱、櫛縰、笄總、衣紳。左配紛帨、刀礪、小觿、金燧，右配箴管、線纊、施繫袠、大觿、木燧；衿纓、綦屨，以適父母舅姑之所。及所，下氣怡聲，問衣燠寒，疾

〔註1〕《禮記》卷二○〈昏義〉，《四部叢刊初編》，頁 185。
〔註2〕同上註。
〔註3〕同上註。

痛苟養，而敬抑搔之。出入，則或先或後，而敬扶之。進盥，少者
奉槃，長者奉水，請沃盥，盥卒，授巾。問所欲而敬進之，柔色以
溫之，……脂膏以膏之，父母舅姑必嘗之而后退。……父母舅姑將
坐，奉席請何鄉；將衽，長者奉席請何趾，少者執床與坐。……。

子媳服侍舅姑之禮節。除此外，禮法上還強調子媳需曲從舅姑之意，以得到
舅姑之歡心。因此班昭在女兒出適前再三耳提面命「曲從」的重要性，其云：

夫得意一人，是謂永畢；失意一人，是謂永訖。欲人定志專心之言
也。舅姑之心，豈當可失哉？物有以恩自離者，亦有以義自破者也。
夫雖云愛，舅姑云非，此所謂以義自破者也。然則舅姑之心奈何？
故莫尚於曲從矣。姑云不爾而是，固宜從令；姑云爾而非，猶宜順
命。勿得違戾是非，爭分曲直。此則所謂曲從矣。

此外，班昭還反覆勸誡女兒「婦人之得意於夫主，由舅姑之愛己也；舅姑之
愛己，由叔妹之譽己也。」認爲子媳之「臧否毀譽」，可謂全掌握在叔妹的手
中，故「和叔妹」也是獲得舅姑讚譽的不二法門。〔註4〕所以要求子媳以孝心、
敬順的態度奉侍舅姑日常生活起居，可說成爲歷代婆媳相處之規範。而在宋
代以前的女教書，不論是《鄭氏女孝經》〈事舅姑章〉第六所說的「女子之事
舅姑也，敬與父同，愛與母同，守之者義也，執之者禮也，雞初鳴，咸漱盥，
衣服以朝焉。冬溫夏清，昏定晨省。……」〔註5〕或《女論語》〈事舅姑〉第
六的「阿翁阿姑，夫家之主，既入他門，合稱新婦，恭承看養，如同父母。」
〔註6〕皆是強調子媳侍奉舅姑，應如同孝事父母，以敬順爲原則。

參、宋代婆媳相處之典範

在宋代，政府與士大夫咸視厚人倫、興教化爲立國之本，對於子媳與舅
姑相處之倫的倡導可謂不遺餘力。在道德觀點上，宋人認爲子婦恪守婦道與
否，攸關家門之興衰，選擇子婦應小心謹愼。爲確定子婦進門後能孝敬舅姑、
和於室人，胡瑗認爲應秉持「嫁女須勝吾家者，娶婦須不若吾家者。」如此
方可「則女之事人必欽必戒；娶婦不若吾家，則婦事舅姑必執婦道。」〔註7〕

〔註4〕《後漢書》卷八四〈列女傳〉，頁2790、2791。
〔註5〕侯莫陳妻《鄭氏女孝經》，《叢書集成新編》，33冊，頁472。
〔註6〕宋尚宮《女論語》〈事舅姑〉第六，《說郛三種》，頁3292。
〔註7〕周煇撰、劉永翔校注《清波雜志校注》卷九〈婦女嫁娶〉，北京新華書店，1994
　　　年一刷，頁385。

司馬光則匯集前人的觀點加以申論，在《書儀》卷四〈居家雜儀〉中，除了承襲《禮記》〈內則〉的見解，還進一步闡述子媳與舅姑的關係，據云：

> 凡爲子婦者毋得畜私財，俸祿及田宅所入，盡歸之父母舅姑，當用，
> 則請而用之，不敢私假，不敢私與。……凡父母舅姑有疾，子婦無
> 故不離側，親調嘗藥餌而供之。

主張子婦應孝敬、除照顧舅姑日常生活起居外，還不可私蓄財物。此外，亦賦予婆婆擁有對子媳絕對的教導權，必要時還可命令兒子出妻。故司馬光主張子婦若「未敬未孝」，不能克盡職責，則「姑教之，若不可教，然後怒之，若不可怒，然後笞之。履笞而終不改，子放婦出，然亦不言其犯禮也。」而袁采在《袁氏世範》中也認爲曲從、敬順是子媳侍奉舅姑最高的指導原則，他勸誡子媳云：

> 凡人之婦性行不相遠，而有小姑者獨不爲舅姑所喜。此固舅姑之愛
> 偏，然爲兒婦者要當一意承順，則尊長久而自悟，或父或舅姑終於
> 不察，則爲子爲婦無可奈何，加敬之外，任之而已。〔註8〕

認爲婆媳相處，爲人媳婦者即使受了委屈，緣於長幼尊卑之禮，言辭上亦不能抗辯，只有一昧的順從婆婆的心意。在《鄭氏規範》中更明確指出：

> 諸婦必須安詳恭敬、奉舅姑以孝，事丈夫以禮，待娣姒以和。無故
> 不出中門，夜行以燭，無燭則止。如其淫狎，即宜屏放。若有妒忌、
> 長舌者，姑誨之，誨之不悛，則責之，責之不悛，則出之。〔註9〕

在禮法上，宋代政府爲了強化人倫禮制，除了一改古禮子媳爲舅姑服齊衰週年的禮制，爲子媳爲舅服斬衰三年，姑服齊衰三年外。又爲免除與公主成婚者陷於以祖爲父，以父爲兄，以母爲嫂的窘境，宋代皇室修訂了自唐以來尚主駙馬皆升行的規定。在神宗治平四（1064 年）年有詔：

> 朕嘗侍先帝左右，恭聞德音，以本朝舊制，士大夫之子有尚帝女者，
> 輒皆升行以避舅姑之尊。習行既久，義甚無謂。朕常念此，寤寐不
> 平，豈可以富貴之故，屈人倫長幼之序也。可詔有司革之，以勵風
> 俗。朕聞諭之始，欽仰稱嘆，至于再三。不幸先帝後嬰疾疢，其議
> 中寢，朕恭承遺旨，敢不遂行。可中書門下議，降詔有司，以發揚
> 先帝盛德。於是令陳國長公主行見舅姑之禮，王師約更不升行。公

〔註8〕袁采《袁氏世範》卷一〈舅姑當奉承〉，頁146。
〔註9〕鄭太和《鄭氏規範》，《學海類編》，頁1624。

　　　　主行見舅姑之禮自此始。〔註10〕

在現實生活中，宋代的公主固然有如仁宗之女兗國公主恃寵而驕，凌駕夫族，進而做出不守禮法、不敬婆婆、不睦夫婿的舉動。大體而言，多數的公主還能恪遵禮法、敬奉舅姑。如太宗女荊國大長公主下嫁李遵勗爲妻，在舅氏李繼昌生日時，公主以「舅禮謁之」。〔註11〕英宗之女魏國大長公主嫁給王詵後，事詵之寡母盧氏，「主處之近舍，日致膳羞。盧病，自和湯劑以進。」〔註12〕而神宗之女徐國長公主則「事姑修婦道」。〔註13〕

　　婦女嫁入夫家後，首要工作是服侍舅姑的生活起居。有關宋代婦女與公婆相處的情形，若根據墓誌銘的描述，似乎多數的婦女大都能爲女則孝，「及嫁，移所以事父於舅，而致其禮有加焉，凡在舅黨者，無不禮也；移所以事母於姑，而致其愛無損焉，凡在姑黨者，無不愛也。」〔註14〕她們對舅姑孝心的表現，大致可劃分成幾個方面：

一、悉心照料舅姑日常生活起居

　　根據宋代婦女墓誌銘的敘述，也許具有濃厚歌功頌德或渲染的色彩，但反映多數的士大夫階層的婦女在成爲人婦後，都能恪守婦道，竭盡心力照顧舅姑的生活起居。如姚煥在紀念母親的墓誌銘中，形容母親米氏成爲姚家媳婦後，克盡婦道。因婆婆壽安縣太君性情謹肅。她則「柔色怡聲，奉順無違，晨昏則上服進見，定省問安。及進飲食，左右侍，必取箸執醬，調味膳羞，適意所嗜。見姑寢甘美食，悅而後退。」〔註15〕徐氏未嫁時即以孝聞於鄉里，出嫁以後，「逮事其姑，紉縫烹飪必以身，蚤暮寒暑飲食必以時，姑亡，哀毀得疾，逾年而後能起。」〔註16〕侯正臣妻鮑氏，則「事姑如大母，雞鳴而起，率至夜分就寢，姑意有所欲，未及言，夫人輒先意而至。」〔註17〕而郭忠諫的妻子田氏侍奉寡居的婆婆衛國太夫人，更是絲毫不敢懈怠，田氏她：

〔註10〕《長編》卷二○九〈英宗治平四年二月壬辰條〉，頁 2106、2107。
〔註11〕《宋史》卷二四八〈公主傳〉，頁 8774。
〔註12〕同上書，頁 8779。
〔註13〕同上書，〈公主傳〉，頁 8781。
〔註14〕《王臨川文集》卷九九〈鄱陽李夫人墓表〉，頁 574。
〔註15〕《全宋文》卷一七四九，姚煥〈宋故度支郎中姚甫君夫人米氏墓誌銘〉，原收於《千唐誌齋藏誌》下冊，四川巴蜀書店，1994 年一版，40 冊，頁 558。
〔註16〕《歐陽文忠公文集》卷三六〈萬壽縣君徐氏墓誌銘〉，《四部叢刊初編》，頁 277。
〔註17〕《陶山集》卷一六〈鮑夫人墓誌銘〉，頁 127。

> 雞初鳴則起，昧爽而至衛國之所問安以待，不敢退，食飲非孺人所調視，不舉；衣服非孺人所紉製，不服；起居上下非孺人所承，不適。及夜，振床布席，起衾篋枕几以告，衛國臥，孺人俛而覆之，乃退。至雞初鳴復起以為常。〔註18〕

又張太宗的妻子徐氏則是：

> 事舅姑盡禮，晨夕敬問，衣服、食飲、寒燠之宜而節適之，舅姑未食不敢食，未寢不敢寢。姑性嚴重，事有不可其意，終日不懌，左右莫能近，夫人獨從容娛侍，所以開釋其意者萬方，俟其語笑復常，乃敢退，如是者十有八年，鄰里親族見之，不見其一日懈也，舅姑沒哀毀不勝哀。〔註19〕

江琦之妻虞氏因「舅姑年皆甚高，禮法峻整，諸婦少得當」，她曲盡心意侍奉舅姑生活起居：

> 凡調胹烹飪之事，既躬服其勞，而薪火之節亦必謹，候視務為敏給，以稱微指，既進饋，則又退屏側立，踧踖以聽，唯恐小不中度，至或陰儲它饌，以備更索，雖在亂離顛沛乏絕之中，亦必多方營致，不使有纖芥不滿之意。〔註20〕

林公遇妻子陳氏嫁入夫家後，可能婆婆已經亡逝，然她「事舅尤孝謹，辭氣容色之間，寒暑飢飽之節，左右體察毫髮無違。」〔註21〕

二、照顧舅姑的疾病

孝順的子媳對舅姑除了要盡到養生送死的職責外，最重要的是能照料舅姑的疾病。由墓誌銘得知，多數為人子媳者在舅姑疾病時，多能調藥餌，須臾不離左右。有的甚至悉心照料姑舅疾病，數年如一日毫不懈怠。如崔氏十九歲出嫁後，曲盡婦道，奉舅姑極為孝敬，姑氏福昌君治家嚴謹，「人不堪其勞，而夫人奉順益謹。」面對小姑的詆毀，崔氏亦「引咎不較」，「福昌君感疾累年，手足不能自舉，飲食盥櫛皆俾夫人為之，而未嘗有倦色，及居喪，哀毀過人。」〔註22〕蘇耆妻子王氏雖貴為相國王旦的女兒，但她嫁入蘇家之後，悉心服侍八

〔註18〕《西臺集》卷一四〈田孺人墓誌銘〉，頁 404。

〔註19〕《晦庵先生朱文公文集》卷九二〈夫人徐氏墓誌銘〉，頁 1610、1611。

〔註20〕同上書，卷九二〈夫人虞氏墓誌銘〉，頁 1620。

〔註21〕《後村先生大全集》卷一五一〈陳孺人墓誌銘〉，頁 1327。

〔註22〕范純仁《范忠宣集》卷一二〈比部杜君夫人崔氏墓誌銘〉，《四庫全書》，1104 冊，頁 669。

十餘歲的祖姑薛氏，毫不懈怠。祖姑年邁久病纏身，「起居必夫人（王氏）親侍湯藥，周旋左右，不解衣者二年餘。」因此，每當有內外姻親探視病情，薛氏便道：「吾老而病，得此孫婦，死有所慰。」極力稱讚王氏孝且勤。〔註23〕陳孝標妻子李氏照料公公疾病十年，其間「凡其食飲，夫人非自烹飪，藥非親調，皆不以進。疾甚，則出奩中物，以有所祈請無不至。」〔註24〕黃叔敖妻子李氏本身亦染重疾，適逢公公亦臥病在床，李氏「不以己臥，故忘舅之疾，問藥餌惟時，聞其篤，則自力盥頮禱于神，願代舅死。〔註25〕」劉蘊妻子董氏的婆婆平常脾氣就「性嚴且急」，難與他人和睦相處，唯有董氏能得其歡心。在婆婆身染重病，起居飲食完全無法自理，全賴他人照顧，董氏和氣無倦怠的照料婆婆疾病。她奉事之道是：

> 夙興問安否，退居區處日用，復適姑所，掖以興爲之衣服，率家人置便坐，理髮面，具藥餌、脼善飲、節寒燠而進之，且代之手匕筋，間則虞侍左右，至夜寐始敢休息。抑搔苛癢，澡沐垢污，罔弗躬者，每有肴核必導其旨甘，密爲貯儲，問所欲而敬薦之。如是，八年如一日。〔註26〕

而王信臣的妻子趙氏雖貴爲皇室，仍執守婦道，敬慎地侍奉婆婆的疾病，多年如一日毫不懈怠，婆婆年高九旬，嬰疾在身，趙氏雖然早在三個月之前，就已身染重病，身體非常虛弱，她依舊「力疾起進餐，鬻治藥物。」此舉令婆婆頗爲驚訝，對她說：「汝舍汝療而吾療乎？」竟一病不起，不久趙氏亦逝，年僅三十八歲。〔註27〕郎氏歸於虞氏後，侍奉婆婆孝心有加，婆婆生病，即使氏方生產不久，又要哺乳幼子，身體急需調養。但郎氏依舊，「執事于膳于藥，匪躬弗置，匪嘗弗進。」婆婆見狀有所不忍，勸遣曰：「汝自須人扶，吾小愈，毋久。」然郎氏雖口頭敬諾，「終不斯須離也。」〔註28〕朱植的母親劉安人，嫁後「闔戶持家，中外事皆自營，綜不以煩舅姑。」婆婆爲風眩症所苦，只要婆婆病發，劉氏即「左右扶披，不寐達旦。」〔註29〕

〔註23〕韓維《南陽集》卷三〇〈太原縣君墓銘〉，《四庫全書》，1101 冊，頁 758。
〔註24〕《忠肅集》卷一四〈李夫人墓誌銘〉，頁 611。
〔註25〕《難肋集》卷六六〈李氏墓誌銘〉，頁 523。
〔註26〕《誠齋集》卷一三一〈大恭人董氏墓誌銘〉，頁 1193。
〔註27〕《誠齋集》卷一二九〈夫人趙氏墓誌銘〉，頁 1175。
〔註28〕《誠齋集》卷一三一〈太宜人郎氏墓誌銘〉，頁 1199。
〔註29〕《後村先生大全集》，卷一六一〈劉安人墓誌銘〉，頁 1424。

張氏在室時，事繼母以孝聞於鄉里，為單卿繼室後即「事嚴姑如事繼母」，張氏婚後子息多不育，好不容易得一男，然而因婆婆生病，她為盡孝，竟忍棄私愛，照料婆婆「夙夜藥糜，不慈其子。」〔註30〕也有舐拭姑疽癰者，蔡公湍妻子方道堅平日：

> 奉事尊章肅恭誠至，時其飲食起居，色養無違。皇姑濟南郡夫人多
> 疾，罕能中其意者，藥非夫人所和，食非夫人所視，不御。躬定省，
> 侍匜帨，或經月不少懈。濟南疽于要，幾殆。夫人吮血乃癒。〔註31〕

而黃堂妻俞氏，「舅患痼風，姑患乳癰皆其疾。」俞氏「供修藥餌，朝夕舅姑側，姑癰潰腥穢不可近，俞待若弗聞，湔滌傅藥三年如一日。」〔註32〕

三、割股療親

根據《新唐書》卷一九五〈孝友傳〉載：「唐時陳藏器著《本草拾遺》，謂人肉治羸疾。自是民間父母疾，多割股肉而進。」故中唐以後「割股療親」之風便逐漸蔓延。雖然士人對於「割股療親」看法分歧，亦有持反對意見者。然從政府列「封股療親」者於國史，或旌表其門閭、給帛之舉看來，可看出是讚許過於苛責。而宋人對「割股療親」的觀點，可以歐陽修、宋祁在《新唐書》〈孝友傳〉引韓愈文看出端倪。歐陽修等贊同韓愈的看法：

> 父母疾，烹藥餌，以是為孝，未聞毀肢體者也。苟不傷義，則聖賢
> 先眾而為之。是不幸因而且死，則毀傷滅絕之罪有歸矣，安可旌其
> 門以表異之？

故認為割股療親可能導致自身死亡，反而陷父母於罪，實不足為取，但深思之，亦未盡然。最後還是強調：「割股療親」的行為，「委巷之陋，非有學術禮義之資，能忘身以及其親，出於誠心，亦足稱者。」〔註33〕亦即「割股療親」雖於義禮無據，然至誠的孝心，亦足為典範。而仇遠更有感而發，認為割股療親是孝親極至的表現，他說：

> 或生或死豈非命耶？或者譏傷股膚為非孝，則過矣。夫身乃父母之
> 身也，父母病，苟可以身代亦為之，矧臠肉之足惜乎？古人所謂身

〔註30〕《山谷外集》卷八〈單卿夫人張氏墓誌銘〉，《四庫全書》，1113 冊，頁 431、432。
〔註31〕《誠齋集》卷一二九〈太令人方氏墓誌銘〉，頁 1175、1176。
〔註32〕《古今閨媛逸事》卷一〈賢懿類·奈何以老婦故忘君恩〉，頁 28。
〔註33〕歐陽修、宋祁等《新唐書》卷一九五〈孝友傳〉，頁 5577、5578。

體髮膚受之父母不敢毀傷者，其意謂鬥狠猖獗殘形之類，若夫剜所
愛之肉活幾死之親，發于眞誠，自不容已，烏可謂之非孝乎，聖人
復生不易吾言矣。〔註34〕

肯定「割股療親」是爲人子至孝的行爲。至於朝廷態度，若由《宋會要輯稿》
〈禮〉六一「旌表」所載，政府視「割股療親」是「孝子，順孫、義夫、節
婦」，「正風俗、厚人倫」之舉，咸加表揚看來，政府是採取褒揚認可的態度
多於苛責。不過若根據《宋史》的記載，竟然在宋代「割股療親」只有十餘
例，以數字言，顯然是不及唐代二十七例多，然若爬梳其他文獻記載，則可
發現宋代「割股療親」之風絕不下於唐代。受此風氣的影響，一些爲人子媳
者在期望舅姑早日病癒，往往做出令人怵目驚心的「割股療親」行爲。如朱
雲孫因母病，除「革血指書詞以禱焉」外，又剔股爲粥以進，母親果病癒。
他日朱母病情復發，妻子劉氏以雲孫傷口未癒，乃自「剜股肉做糜以進」，而
姑病果瘳。它日姑又病，劉氏復「割股以進，又愈。」她的行爲明顯有違《孝
經》〈開宗明義〉「身體法膚，受之父母，不敢毀傷」的訓誨，然仍深受時人
讚揚，當時尚書謝諤就作〈孝婦詩〉表揚她。〔註35〕而率仲軾的妻子劉氏也
因公公率防禦久病未愈，乃「剜股肉粥以進」，而防禦在服用之後，竟然不藥
而癒。〔註36〕張信古妻子竇氏孝行感人，婆婆生病，則「剜股再焉」。〔註37〕
此外張伯威曾先後剔臂肉治療大母黃氏與繼母楊氏的篤疾，張的妹妹嫁爲崔
均妻者，在婆婆王氏生病時，張氏則「剔左臂肉做粥以進，」婆婆食用後，
達旦即愈。〔註38〕有的孝婦不只是「割股療親」，而是做出更極端的「取肝療
親」，如昌化縣民章欽的媳婦盛氏平日：

> 事舅姑恭謹，躬紡績、烹飪以養，欽妻何氏性急，盛氏怡聲下氣伺
> 顏色，終日侍立無惰容。……姑病，貧無醫藥資，且乞甘旨，盛氏
> 鬻簪珥裙襦共費。姑病劇，盛氏聞人言病者餔人肝則愈。乃閉閣，
> 援刀剚脅取肝爲常膳以進。……姑食而愈。

何氏在食用後果然病情痊癒。轉運使劉既濟在得知此事，上其事於朝廷，下

〔註34〕仇遠《稗使》〈志孝〉，《說郛三種》，頁384。
〔註35〕事見《誠齋集》卷一三二〈夫人劉氏墓銘〉，頁1203。及《宋史》卷四六○〈列
　　　　女傳〉，頁13488。
〔註36〕《范太史集》卷四七〈右監門率府率妻劉氏墓誌銘〉，頁508。
〔註37〕《陶山集》卷一六〈仁壽縣君鮑氏墓誌銘〉，頁127。
〔註38〕《宋史》卷四五六〈孝義傳〉，頁13414。

詔旌表門閭。〔註39〕至於陳晏妻丘氏雖未有「割股療親」之舉，但她「姑病篤，刺血寫經，爲姑祈庇，姑果感夢而愈。」〔註40〕也有刺臂血調藥以進者，據《萬柳溪邊舊話》載：

> 兵侍公夫人性嚴下，常苦目疾，時發時止，發則往往不食。海內有
> 名眼藥，俱用過不能愈。莊定公夫人甚孝其姑。姑亦大愛之。夏日
> 姑目疾大發，最劇，幾欲自投池水中。莊定公夫人慟哭禱天，刺臂
> 血調藥以進，姑目即愈。歷數十年至大故，未嘗復發。〔註41〕

四、捍衛舅姑

　　謝泌的妻子侯氏，平日事姑就甚爲孝謹。一日盜焚里舍殺人，村人四處逃避。因「姑疾篤不能去，侯號泣姑側，盜逼之，侯曰：『寧死不從。』盜刃之，仆溝中。」〔註42〕有的就算是犧牲一己之性命，也要保護舅姑，如歐陽希文之妻廖氏於紹興三年（1132 年）春，號「白氈笠」盜匪侵擾臨江時，「希文與妻共挾其母傅走山中，爲賊所追。廖以身蔽姑，使希文負之逃。賊執廖氏，廖正色叱之。賊知不可屈，揮刃斷其耳與臂，……」〔註43〕而馬元穎的妻子榮氏，在建炎二年（1128 年）時，匪寇張遇侵犯儀眞時，榮氏、婆婆和二女欲逃往惟陽，然「姑素羸，榮扶掖不忍舍。」不久賊至，榮氏不受脅迫，結果三人皆爲賊匪所害。〔註44〕

五、夫亡故仍守節侍奉舅姑者

　　宋代的習俗似乎婦女在丈夫逝世後，有的歸宗本家，然亦有留在夫家侍奉年邁舅姑者。如包拯寡媳崔氏在丈夫去世後不願改適。後崔氏之子殤亡，母親呂氏希望崔氏能改嫁族人，崔氏以「昔之留也，非以子也，舅姑故也。今舅歿，姑老矣，將舍而去乎？」堅持留在包家奉侍年邁的婆婆。〔註45〕司馬光的叔母李氏二十八歲守寡，時有二男一女，父母以其年紀少艾，希望她再適人。李氏自誓不從，除過著「惡衣蔬食，躬執勤苦，使里（李氏子）之

〔註39〕潛說有等《咸淳臨安志》卷六八〈人物‧孝婦盛氏〉，《宋元地方志叢書》，台北大化書局，1987 年再版，頁 4519。

〔註40〕何喬遠《閩書》卷一四五〈閩閣志〉，福建人民出版社，1994 年一版，頁 4339。

〔註41〕尤玘《萬柳溪邊舊話》，《叢書集成新編》，84 冊，頁 616。

〔註42〕《宋史》卷四六〇〈列女傳〉，頁 13488。

〔註43〕同上書，頁 13485。

〔註44〕同上書，頁 13481。

〔註45〕同上書，頁 13479、13480。

四方就學」外，因姑「老且病，常臥一榻，扶然後起、哺然後食。夫人左右就養，未嘗小失其意。如是積年，以至於沒，無懈倦之色。」如此的悉心照料婆婆的病情。〔註 46〕胥茂諶妻謝氏與丈夫是中表婚，然謝氏「終不以外氏故，不盡節於夫家」。當舅都官君捐館，丈夫早逝，外祖母又亡故時，謝氏「獨奉其姑成安韓夫人以立胥氏門戶。」〔註 47〕郭忠諫妻子田氏在二十七歲時，因丈夫戰歿于永樂後，即守志不嫁，在夫家奉侍婆婆、主持家務。她無微不至地照顧婆婆，與婆婆情同母女，甚至她到南京探望兒子體仁，因思念婆婆，才三個月，就急忙返回服侍婆婆，隨著婆婆年紀增長，奉侍日勤，她：

> 事之益盡，不復歸其室，夜分而寢，不離衛國之側，張半床席不帷。
>
> 孺人既白首，衛國尚無恙。孺人起恭起孝，猶如初爲婦時。〔註 48〕

陳堂前十八歲爲陳安節之妻，一年多後丈夫去世，僅有一子，舅姑又無生事，堂前斂泣告曰：「人之有子，在奉親克家爾。今已無可奈何，婦願幹蠱，如子在日。」舅姑曰：「若然，吾子不亡矣。」埋葬其夫後，她事親治家有法，舅姑安之。〔註 49〕又黃公憲之妻楊氏，在丈夫亡故後，仍留在夫家，時「母（姑氏）老末疾，楊氏侍奉不離側，持喪盡哀。」〔註 50〕洪晚成妻子留氏亦是夫亡守節不嫁，留在婆家奉養婆婆，史載：

> 晚成當遠戍，屬留曰：「我歸未期，母老無他兄弟奉養，仰汝矣！」
>
> 逾年晚成卒，留年二十四，誓死不嫁。撫育幼子，備甘旨養姑，姑
>
> 寢疾累歲，奉湯藥無懈。及卒，哀毀逾時，鬻室廬工喪葬。〔註 51〕

此外，朱伯履妻陳氏，夫亡後，以柏舟自誓，誓死不嫁，留在夫家照料姑舅，「翁得風眩疾」，她「侍湯藥，未嘗少怠」，婆婆年事已高，則「手調甘旨以養，年百有一歲。」〔註 52〕筆記小說中也有婦女守志不嫁，奉養舅姑的例子。在《夷堅志》中所記載的吳孝婦是王乙之妻，無子寡居，而事姑極爲孝順。姑老且病目，憐吳孤貧，欲爲招婿接腳，因以爲義兒。吳泣告曰：「女不事二夫，新婦供奉，勿爲此說。」姑知其志不可奪，勉從之。吳爲鄉鄰紡緝、瀚

〔註 46〕《溫國文正司馬公集》卷七五〈故處士贈尚書都官郎中司馬君行狀〉，頁 547。

〔註 47〕黃庭堅《山谷外集》卷八〈湖州烏程縣主簿胥君夫人謝氏墓誌銘〉，頁 437、438。

〔註 48〕《西臺集》卷一四〈田孺人墓誌銘〉，頁 404。

〔註 49〕《宋史》卷四六○〈列女傳〉，頁 13485。

〔註 50〕《閩書》卷一四一〈閨閣志〉，頁 4163。

〔註 51〕同上書，頁 4186。

〔註 52〕《宋會要輯稿》一三冊〈禮八之二二〉，頁 514。

濯、縫補、炊爨、掃除之役，日獲數十百錢，悉以付姑，爲薪米費。或得肉饌，即包藏持歸。〔註53〕

六、其 他

宋代子媳盡孝之道，不只表現於日常的養生送死，尚有其他之孝行。如蘇舜欽妻子鄭氏隨夫遠官亳州，接到公公去世的噩耗，她：

> 即日衰至與之西走，晝夜奔號登頓，食寢失節。方妊，以馬駭墜地者三，傷左股焉，起即強自支，不肯少休。曰：「早得一慟於舅之柩前，遂死無恨，若或殞滅，重爲姑憂，大甚爲不孝也。」三月十三日至於家，是暮產一子，疾起所傷，七日而逝。〔註54〕

又胡安國的母親吳氏，既歸胡門，克盡婦道。婆婆余太君年老篤疾，「寢食盥櫛皆待人，夫人侍膳問衣，委身同起臥者垂十載。」姑氏亡故時，因「足屈不申，宗長欲以羌夷法舉葬。」吳氏哭泣道：「姑不得以全體歸地下，吾當與俱。」於是默禱於神，以手徐徐按摩，不久，姑足遂伸。」〔註55〕又張維之妻羅氏，因婆婆羅恭人苦於篤疾，羅氏竟「靜夜露香致禱，願捐己壽，以延姑年。如是者數月，恭人疾頓平。」三年後羅氏忽然暴卒，婆婆感念她的孝心，哭之欲絕，永銘不忘羅氏的孝心。〔註56〕在《欒城後集》卷二四〈亡姊王夫人墓誌銘〉中云：王東美的妻子，二十歲嫁入王家後，「夙莫不懈，舅姑亦賢之。」舅氏王兼死於耀州，因貧窮無法歸葬，「夫人勸其家盡所有以歸葬」。則是媳婦傾全力安葬舅氏之例。也有以個人嫁妝爲舅氏治裝者，如王毖妻李氏平日「奉事舅姑，能先意集事，飲食衣服，非經其手不以薦」外，見翁「與其從弟同拜天章閣待制，從弟家治黃金帶爲燕服，夫人顧舅家貧不可得，悉其奩中物易金作帶藏之，待制出守陝州，盛服燕客，夫人出帶，使大理君獻之。」〔註57〕又聖憲肅向皇后之姪向子騫妻子周氏，雖不能於盡孝於舅姑生時，不過她事死如事生，於祭祀絲毫不敢殆慢。她「初歸向氏，自以不及舅姑之養，乃盡孝家廟，行定省如事生，未嘗一日廢。歲時節臘，於烹飪滌濯，必恭必親。」〔註58〕

〔註53〕《夷堅志補》卷一〈都昌吳孝婦〉，頁 1554～1556。
〔註54〕《蘇學士文集》卷一四〈亡妻鄭氏墓誌銘〉，頁 91。
〔註55〕《閩書》卷一四二〈閨閣志〉，頁 4205。
〔註56〕同上書，頁 4225。
〔註57〕張耒《柯山集》卷五〇〈李夫人墓誌銘〉，《叢書集成新編》，62 冊，頁 624。
〔註58〕《夷堅甲志》卷一二〈向氏家廟〉，頁 107。

　　根據文獻的描述，尤其是在墓誌銘中顯示多數的宋代婦女，受倫常禮法規範薰陶，多能體現婦道，敬順公婆。她們除了孝親、養親、承歡膝下、不辱舅姑、盡到養生送死的職責外，甚至有的子婦將孝道的實踐發揮到極至，做出令人心驚膽寒、血淋淋地割股療親之舉。也許就是子媳多能遵守道德規範，甚至曲從奉侍公婆，因此緩和了婆媳之間的摩擦，也彌補二者無血緣關係的不足，使得婆媳之間相處融洽，呈現出「姑慈婦孝」的景象，甚至有時婆媳之間親密如母女。像王荀龍妻子趙氏，「既嫁，姑路氏有賢行，而嚴正少可，惟夫人能得其意。」臨終言：「始吾兒早孤，求配常危慮，無以成王事者，今得吾婦，死瞑矣。」〔註59〕李覯就形容妻子陳氏能「事姑瞻相顏色，爲先意之爲，吾母固愛之。」〔註60〕王利的夫人服侍公婆極爲孝順，舅姑曾經「稱夫人以誡諸婦曰：『事我者當如此。』又以誡其諸女曰：『爲人婦者當如此。』」〔註61〕張法善在二十四歲時嫁給韓元龍爲繼室，她與婆婆相處非常融洽，「嘗因小疾，太夫人躬撫摩之。」張氏甚爲感動曰：「姑也，而以女視婦乎，其何敢不事姑如母也。」後來婆婆病重，張氏「扶掖起居，凡湯劑食飲必歷其手而後進，如是踰一紀。」〔註62〕王邦乂的妻子歐陽氏侍奉年高八十的婆婆蕭氏恭敬有加，「每夫人上食，侍立不去，下氣怡色，不敢左右視，食竟乃退。」婆婆蕭氏對歐陽氏孝行也是滿懷感激，每當與他人論及媳婦，必流涕曰：「誰獨無婦，吾有斯婦，非吾婦也，吾女也。」〔註63〕吳可權的母親王氏十七歲嫁入吳門，吳家「甥姪及內外族親來歸奉養省問者日盈門」，然而王氏「竭誠悉力，無少懈怠。」太儒人若有所教誨，必「歡喜拜受，憶而不忘。」因此婆婆沈氏「彌愛之如己女」，時時稱讚其「孝謹天性也，其所進食，吾未嘗不飽，此其誠心所感，非以鼎味之美也。」〔註64〕方道堅事姑至孝，婆婆濟南郡夫人「每稱其孝，曰爲宗族師。」〔註65〕翁孝女爲在室女時，即因「割股」療治母病，孝行聞於鄉里，既歸彭門，「以其孝父母者孝舅姑。舅沒，姑耄且多疾，女日夜侍湯藥，至忘寢食。」婆婆被其孝心所打動，更感謝她不眠不

〔註59〕《忠肅集》卷一四〈仁壽趙夫人墓誌銘〉，頁610。
〔註60〕《直講李先生文集》卷三一〈亡氏墓誌〉，頁237。
〔註61〕歐陽修《歐陽文忠公文集》卷二六〈長壽縣君李氏墓誌銘〉，頁278。
〔註62〕韓元吉《南澗甲乙稿》卷二二〈安人張氏墓誌銘〉，《叢書集成新編》，62冊，頁576。
〔註63〕《誠齋集》卷一二七〈夫人歐陽氏墓誌銘〉，頁1156、1157。
〔註64〕《西塘集》卷四〈太儒人王氏誌銘〉，頁417、418。
〔註65〕《誠齋集》卷一二九〈太令人方氏墓誌銘〉，頁1176。

休的照料，因而對其言：「願汝婦如汝。」〔註66〕黃堂妻俞氏能順適舅姑心意，
而她照料舅姑疾病無怨無悔，備極辛苦，公公由衷極爲感激其孝心，臨終之
際，因俞氏生子皆不育，故「呼天助孝婦產佳兒以報。」〔註67〕又朱伯履母
親臨終之際，執媳婦陳氏手曰：「願婦子孫眾多，壽如我。」〔註68〕其他例子，
尚有隆興府進賢縣境內無名婦人，「傭身紡績舂簸，以養其姑，姑感婦孝，每
受食，則以手加額仰天而祝之。」〔註69〕

　　總之舅姑婆媳之間的相處，完全以義合，缺乏血緣親情爲基礎與潤飾，
故較父子、母女更容易發生爭執，加上婆媳二者職事重疊，以及朝夕相處，
難免會起勃谿。爲減少二者相處衝突之摩擦，儒家倫理道德規範強調以「孝」
做爲緩衝劑，強調子婦除應服侍舅姑日常生活起居外，在態度上還應敬順、
曲從於舅姑，並賦予舅姑可以管教子婦的權力，必要時甚至可以將子婦逐出
夫家之門，以維繫家庭的秩序和和諧。在此禮法規範下，最理想的家庭關係
當然是「婦孝姑慈」，不過這樣的「理想型」，身爲媳婦者要做一位合於禮法
規範的子媳，對其身心而言是極大的挑戰，並非人人皆能勝任，其背後的辛
酸血淚絕非一般人所能體會。如程頤在〈家世舊事〉中描述曾祖母崔夫人和
從高祖母雷氏侍奉舅姑戰戰兢兢的情形：

　　奉事二叔姑，晨夕敬畏，平居必曳長裙。烹飪少有失節則不食，拱
　　手而起。二婦恐懼，不敢問所由，伺其食美，取所餘嘗之，然後知
　　所嗜。太高祖母楊氏前卒、四高祖母李氏主內事，性尤嚴峻。二婦
　　晝則供侍，夜復課以女工之事。雷氏不堪其勞，有間，則泣於後庭。
　　崔夫人每勸勉之，竟得羸疾而終，崔夫人怡怡如也，叔舅姑遂加愛
　　之。

幸而最後母家及時伸出援手，在父親巧妙的安排下，崔氏才可隨夫宦居他
方，〔註70〕否則她也很可能步上雷氏的後塵，鬱鬱而終或過勞而亡。此外，
畢從古之祖母楚國夫人侍奉婆婆祝夫人極爲敬順，她「辨色而起，侍立左右，
未食不敢退。嘗倚戶後以聽命，久之，隱其壁以成跡而不知也。」〔註71〕

〔註66〕《閩書》卷一四二〈閩閣志〉，頁4205。
〔註67〕《古今閨媛逸事》卷一〈賢懿類·奈何以老婦故忘君恩〉，頁29。
〔註68〕《宋會要輯稿》一三冊〈禮八之二二〉，頁514。
〔註69〕《宋史》卷四三七〈程迥傳〉，頁12950。
〔註70〕《河南程氏文集》卷一二〈家世舊事〉，頁658。
〔註71〕《蘇魏公文集》卷六二〈壽昌太君陳氏墓誌銘〉，頁955。

蔡祥的母親胡氏十六歲嫁入蔡家，敏感的繼室身份，使得她要成爲子婦的典範遠較他人困難，然而她除撫育前妻之子有恩，侍奉婆婆可說備極辛苦，因「有姑則繼也，及蔡氏之叔母，皆刻嚴難爲下，惟夫人觸之日樂，衣之日吉。」〔註72〕尹洙的女兒是張景獻的妻子，他的婆婆李氏向來以治家嚴謹著稱於世。與這樣嚴厲的婆婆相處，當然必須較常人更敬順謹慎，故尹氏爲了得到婆婆的喜愛，她平日「甘淡薄，一毫不輒費」，但是侍奉婆婆李夫人，「所欲用，不計多寡有無，至以笄髮繼之。」在丈夫顯貴之後，她仍然「菲食惡衣」，而婆婆宴集時，則「身執爨與群婢等，寢食一有不安節，則夫人徬徨不下堂。」尹氏如此敬順的侍奉婆婆，終於得到回報，嚴謹的李氏也衷心喜歡這位媳婦，故臨終時還執尹氏手曰：「婦孝不可忘也」。〔註73〕至於趙鼎臣幼妹嫁給張子義爲妻，因張子義嫡母崔夫人「性嚴毅，諸婦造次不敢輒進。」而子義的生母尚存於世，趙氏執守子婦之道，以順、敬周旋在二位婆婆之間，她「蚤暮承顏爲謹，退從黃夫人伸其私恩，恭愛後先曲折不違。」〔註74〕可說進退得宜。王惟善的妻子徐妙靜，入夫家門後，「恭順舅姑盡婦道」。婆婆徐氏性情嚴謹、御下極爲嚴格，徐氏則「柔聲怡色，日娛侍左右。」故婆婆每在人前稱讚她「是善事我者。」〔註75〕

肆、媳婦的困境

　　儒家倫理規範中子婦與舅姑的理想關係，雖說是「姑慈婦孝」的對等關係，即禮法強調子婦固然應該孝敬舅姑，但爲人舅姑者亦應爲子婦表率，慈愛對待子婦。然而在儒家差序格局的倫理架構下，不論社會道德輿論、或法律規範往往片面苛責子婦必須恪守婦道者居多，加上多數婆婆每無法克制「大抵婦女多虐子婦」之私情，使的子婦必須比子女更謹慎小心的奉事舅姑，以博取他們的喜愛，進而穩固個人在夫家的地位。就因爲如此，在宋代婆媳相處時，舅姑苛責子婦是屢見不鮮的。在墓誌銘中基於爲死者諱之立場，皆是以「姑嚴毅」含蓄點出婆婆的苛責挑剔，至於小說則因沒有這方面的顧忌，對公婆苛責虐待子媳有較實際的描述，如《夷堅三志己》卷一〈石六山美女〉條，描述舅姑時常

〔註72〕《長興集》卷一四〈蔡孝廉母胡氏墓誌銘〉，頁326。
〔註73〕《范太史集》卷三九〈長樂郡君尹氏墓誌銘〉，頁431、432。
〔註74〕《竹隱畸士集》卷一九〈季妹十六安人墓誌銘〉，頁259。
〔註75〕《江西出土墓志選編》第三編〈王惟善妻徐妙靜墓記〉，頁223。

笞罵子媳,「女子即哭訴:『我只山下村家,喪夫半歲矣。姑舅嚴急,每天明必使負水,少遲則遭撻不計其數,臀脊常流血,不如無生。』」此外,黃州市民李十六,在觀風橋下開間茶店,店已打烊,僕人崔三聽到敲門聲,崔三以為是主人李十六,開門,驚見一容質甚美女子,問其來處,該女曰:「我是只左側孫家新婦,因取怒阿姑,被逐出,夜無所歸,願寄一宵。」〔註76〕則是婆婆驅逐子媳於外。有時子媳實在無法忍受婆婆的苛責,因而自縊而亡。如樂平余嘉績娶徐氏為繼室,徐氏攜前夫程氏子共往,後又為其娶妻,然徐氏性情嚴急,「日夜詈責苛峻」,結果「婦不能堪,遂自縊死。」〔註77〕而邵伯溫曾祖母張夫人對待媳婦李夫人非常嚴厲,至「李夫人不能堪,一夕欲自盡。」幸「夢神人令以玉筯食羹一杯,告曰無自盡,當生佳兒。」方免一死。〔註78〕在《厚德錄》載兗州民婦賀氏因其夫在外養小妻,棄家不顧,未曾「一錢濟其母、給其妻」,至「姑老且病,凍餒切骨」,賀氏為了家計、奉養婆婆,於是「傭織以資之,所得傭直盡歸其姑,己則寒不營衣,飢不飽食。」然而對如此孝順媳婦,婆婆不但毫無感激,還待之「不慈,日有凌虐。」〔註79〕有時舅姑也可能迷信而虐待子媳,如曹彬在徐州時,有吏犯罪當杖,因該吏新婚不久,曹彬考慮到「若杖之,其舅姑必以婦為不利,而朝夕笞詈之,使不能自存。」延至一年後才處罰該吏。〔註80〕

有的則是婆婆心存芥蒂,媳婦始終無法得到舅姑之歡心。如黃庭堅的大妹不但精於女工,且「生雙瞳子,眉目如畫,玉雪可念。」可謂才貌兼具。她在母親安排下,嫁給阿姨之子洪民師,本是時人所羨親上加親中表婚,且洪民師為人「亦孝謹,喜讀書,登進士第。」以宋人的擇婿標準,應是美滿的婚配,然不知何緣故,黃庭堅大妹似乎不滿意母親的婚姻安排,最後是在逼迫情形,不得以才成婚的。但是婚後黃氏似乎也能恪守子媳之道,奈何婆婆學識即使是「治春秋甚文,有權智如士大夫」,在得知媳婦出嫁時是「意快快逼之而後行」後,竟難以釋懷。「故歸而姑莫愛,至於毀辱之,人情有所不能堪。」而黃氏在公公、丈夫去世後,婆婆對她非理凌虐可能更甚,黃氏就在百般折磨下,在二十五歲時就去世。黃氏死後無法依照社會習俗與舅氏、

〔註76〕《夷堅支乙》卷二〈茶僕崔三〉,頁805。
〔註77〕《夷堅支乙》卷三〈余尉二婦人〉,頁814。
〔註78〕邵伯溫《河南邵氏聞見前錄》卷一八,《叢書集成新編》,83冊,頁610。
〔註79〕李元綱《厚德錄》,《百川學海》,1966年出版,台北新興書局,頁439。
〔註80〕《宋史》卷二五八〈曹彬傳〉,頁8982、8983。

丈夫合葬於祖墳，狠心的婆婆竟背著姊姊、無視同產情誼，殘忍到焚其屍骨後，將黃氏骨灰投諸於江。〔註81〕

　　也有無法獲得婆婆的喜愛被出的，如程尊彥的母親性情嚴厲，程和妻子感情甚佳，而母不悅其妻，尊彥只好順從母意出之，尊彥當時方三十，後承順母意，不復言娶，其妻也甚賢慧，毫無怨言，守節不嫁，遵守婦禮。〔註82〕在《識小錄》也載：（鄭沖素）處士，初娶丁氏，甚愛之，以饋姑食稍緩，姑怒，即出之。不過妻子因婆婆不悅，無端遭到休離者，當以唐琬名聲最著，據周密《齊東野語》卷一〈放翁鍾情前世〉載：

> 陸務觀初娶唐氏，閎之女也，於其母夫人爲姑姪，伉儷相得，而弗
> 獲於其姑，既出而未忍絕之，則爲別館，時時往焉。姑知而掩之，
> 雖先知而契去，然事不得穩，竟絕之。

陸游與妻子情感深厚，二者婚姻又是親上加親的中表婚，只因唐琬無法得到婆婆的喜愛，婆婆竟然不顧親密的姑姪關係、兒子的意願，強迫兒子出妻。

　　最過份的是婆婆想藉著訴訟手段達到子媳被出，甚至被判刑的目的。如劉宰擔任泰興縣令時，有婆婆控訴子婦未盡奉養的責任，若劉宰根據《宋刑統》卷二四〈告周親以下〉的規定：

> 祖父母、父母有所教令於事合宜即需奉以周旋，子孫不得違反即供
> 養有闕。禮云七十貳膳，八十常珍之類，家道堪供而故有闕者，各
> 徒二年。

的律文治罪，子媳對公婆奉養有闕，則判處徒刑二年，且因子媳「不事姑舅」還犯了七出之條，夫家還可提出離異的要求。〔註83〕幸而劉宰深知民情，他「召二婦并一姑置一室，或餉其婦而不及姑，徐伺之，一婦每以己饌餽姑，姑猶呵之，其一反之。如是累日，遂得其情。」〔註84〕才使婆婆惡計難以得逞，還這位孝順的媳婦的清白。當然社會人情錯綜複雜，妻子被出確實是不能全部歸罪於婆婆權威的心態，有時眞的是子媳不能恪守媳婦之道，如《涑水記聞》云：「張洎女嫁楊文公，驕倨不事姑，或效其姑語以爲笑，後終出之，由是兩家不相能。」〔註85〕譚文初的第一任妻子自恃嫁妝豐盛，「頗不知訓言，入門未幾，舅姑有所

〔註81〕黃庭堅《山谷別集》卷三〈毀璧序〉，《四庫全書》，1113 冊，頁 558、559。
〔註82〕李薦《師友談記》，《百川學海》，頁 1621，1622。
〔註83〕《宋刑統》卷一四〈和娶人妻〉，台北文海出版社，1974 年再版，頁 477。
〔註84〕《宋史》卷四〇一〈劉宰傳〉，頁 12167。
〔註85〕司馬光《涑水記聞》卷三，頁 462。

不悅，以文初少且新納婦也，忍不言。」受娶婦目的主要是侍奉父母，「父母不悅，則出之」觀念的規範，不論譚文初是出於自願或被迫，他對新婚妻子說：「吾親之不悅，則烏用汝爲。昔曾參以藜蒸不熟爲不順而出妻矣。況於吾親有不悅哉。」因而出妻。〔註86〕而《快嘴李翠蓮記》的李翠蓮確實是容貌才色俱佳的婦女，對婚姻也有相當的憧憬，也希望自己能成爲人人喜愛的新婦。雖然她嫁後自認「不曾毆公婆，不曾罵親眷，不曾欺丈夫，不曾打良善，不曾走東家，不曾西鄰串，不曾偷人財，不曾被人騙，不與李四亂，不盜不妒與不淫身，無惡疾、能書算，親操井臼與炮除、紡織桑麻拈針線。」於女德並無所失，可是他忽略了一點，她脾氣剛烈，口快如刀，得罪夫家所有的人，弄得夫家人際關係緊張，實有違禮法規範子婦應敬順、曲從之道。舅姑當然無法容忍個性稜角分明、饒舌的媳婦，因而強迫兒子張狼休妻。張狼雖然萬般不捨，只因父母做主，「只得含淚寫了休書，兩邊搭了手印。隨即討乘轎子，交人臺了嫁妝，將翠蓮并休書，送至李員外家。」〔註87〕

伍、由法律訴訟原則看舅姑與子媳的相處

依據宋代禮法觀念，子媳應爲舅姑服齊衰三年而非一年的期服，此在法律關係雖爲義服，不是血緣關係的正服，但法律上正服與義服相同。因此服齊衰的親屬不允許（告周親以下），所以根據律法子媳就算被舅姑侵犯也不得告訴。然而在宋代禮法觀念是較爲寬鬆，士大夫認爲媳婦與舅姑的關係畢竟比不上子孫親密，因此宋律規定，子罵父最高刑責爲死刑，媳罵舅姑只是徒刑三年，相較明清判死刑，可說較爲輕緩。可是《宋刑統》律文也認爲，子婦相對於舅姑是屬卑幼身份，基於爲尊者諱、同居相隱的精神，卑幼是不可控告尊長，所以有子婦因控告婆婆謀殺公公，被判「告其夫父母，罪流三千里，仍離之。」但在《東南紀聞》卷一則載趙憲權平江府事時，子媳告婆婆之事例，其云：

> 有婦告姑私醋者，官追姑，勘罪，將施刑，而問婦曰：「事姑孝乎？」
> 曰：「極孝順。」憲曰：「汝既孝順，代姑受杖，竟杖其婦。」

因此宋代媳婦是否能告舅姑是有模糊的地帶。〔註88〕不過綜合言之，宋代律

〔註86〕《西塘集》卷四〈謝夫人墓表〉，頁412。
〔註87〕《快嘴李翠蓮記》，《清平山堂話本》，頁31～40。
〔註88〕柳立言〈從法律糾紛看宋代父權家長制——父母舅姑與子女婿媳相爭〉，載《中

法是人倫禮教的反映，禮法規範要求爲人子媳者當曲從、敬順舅姑，故每當子媳與舅姑有所衝突時，道德輿論或法律制裁多偏袒舅姑。甚至整個事件的過程明顯是「翁姑理皆不直」，號稱斷事清明的官員在裁決時，稟於「家人之義，當責卑幼，但不可遽繩以法耳，是故恕其罪，而責之養也」〔註89〕的禮法精神，卑幼往往仍需承擔較多的責任。在《折獄龜鑑》卷八〈矜謹・張詠查誑〉載：

> 張詠尚書，再知益州。民有負販者，翁役其婦，婦違之，翁怒，翦其髮曰：「我作婢使汝。」其子自外歸，作鬧。所由具事領過。或謂其子曰：「翁翦婦髮何罪？子若執父，汝罪不輕。」至廳下，詠詰之，翁云：「婦自翦髮誣翁。」子亦云：「妻自剪髮誣翁。」詠察其誑，即于解狀後判云：「雖然子爲父隱，其奈執辭不定。既不可窮詰於尊長，又不可抑斷於卑幼。仰責新婦狀，今後再不侍養，別具狀領過。並放。

一場鬧劇總算歡喜收場。然從判決中，透露張詠相信公公確實有剪媳婦的頭髮，兒子之所以臨時反悔，指稱妻子自剪頭髮以誣告父親，當然是懼怕《宋刑統》卷二三〈告祖父母父母〉規定之子孫告祖父母、父母者絞的懲罰，才會一改初衷，與父親異口同聲將過錯全推給妻子，以規避刑責。而張詠也就在情理法的考量下，判決媳婦承擔所有之過失，責備她需善加侍養公公，不可再犯。有時子媳可說毫無過失，倒是爲婆婆的眞可以說是「厚顏無恥」，但在法律之前，媳婦仍是屈居於下，如王質制知荊南，有婆婆控告媳婦奉養有闕。媳婦回答說：「舅亡姑嫁，既窮而歸。且奉事無不謹。」王質當然知道做婆婆的禮虧，婆婆既然改嫁他人，即非該婦的婆婆，該婦實不必要撫養她。然緣於倫理人情之考量，王質對婦言：「姑雖不良，獨不顧夫耶？」於是取家人衣以衣媼，又給以廩粟，使歸養之。〔註90〕

　　至於公公對媳婦的性侵害時，政府也是採取「爲尊者諱」的態度。幸運者如《清明集》〈婚嫁・將已嫁之女背後再嫁〉中的阿吳一樣，遇到能兼顧禮法與考慮卑幼立場的地方官，得以改嫁他人。該案例中，地方官劉抗認爲胡

央研究院歷史語言研究所集刊》，第 69 本，第 3 分，1998 年 9 月，頁 516、517。

〔註89〕 鄭克《折獄龜鑑》卷八〈矜謹・張詠察誑〉，上海古籍出版社，1988 年一版，頁 507。

〔註90〕 同上註，頁 506、507。

千三戲謔子婦雖未成姦，然舉措悖理甚矣，阿吳固難再歸其家。不過其父吳慶三僅憑阿吳片面之詞，未經官司程序聽正。便將阿吳帶回本家，暗地裏將阿吳嫁給外州人士，還謊稱女兒下落不明，實是觸犯刑法。但考慮到「阿吳若歸胡千三之家，固必有投水自縊之禍，然背夫盜嫁，又豈可再歸胡氏之家。」因而判定阿吳「責付官牙再行改嫁。」不過對媳婦進行性侵害的胡千三，因事發時未經官府堪正，判不與起訴。不過多數子婦被公公性侵害時，妻子的處境通常是很悲慘，多數情況下，她無法從丈夫那得到援助，因丈夫相對於父親屬卑幼的身份，根據宋代律法的規定，在為親者諱的原則下，除了牽涉反叛、謀逆等罪，兒子是不能隨便控告父親，否則會被處以絞刑。因此丈夫對妻子總是愛莫能助，往往只能為父隱惡，犧牲妻子，最多是逐其妻而已。有時就算媳婦執意將事情鬧開，判決者基於禮法的考量，這時媳婦不但無法得到平反，甚至如〈復以惡名加其舅以圖免罪〉的阿張一樣，因以往素行不良，不但無法申訴冤情，反而要承擔家庭失和的所有過錯，不幸被判射充軍婦。〔註91〕

　　總之，當子媳與舅姑發生紛爭，在事件曖昧不明時，地方官的判決通常是曲責子婦，幾乎所有的過錯全由子媳承擔。至於如果子媳果真有「事姑無狀」、「供養有闕」、「詈罵舅姑」之舉，當然更是不可原諒。如《清明集》判例載許萬三非王氏親子，乃王氏接腳夫許文進之子，王氏因無子待許萬三甚厚。然許萬三卻縱容妻子阿戴「悖慢其姑，又將鹽筴席捲而去」，實已犯不孝舅姑之罪，可處以極刑。不過法律不外人情，劉抗考慮王氏年老無人侍養，故判許萬三阿戴夫妻「與王氏同居侍奉，如有咆哮不孝致王氏不安跡，定將子婦一例正其不孝之罪。」〔註92〕又在《折獄龜鑑》〈孔深之辨讞〉記載：南朝劉宋時，安陸應城縣民張江陵與妻吳氏共罵母黃氏令死，黃憤恨自縊。依據當時的律令，子賊殺傷毆父母，遇赦猶梟首，罵詈，棄市。謀殺夫之父母，亦棄市；會赦，免刑補兵。因此張江陵判處梟首，妻吳氏以「婦本以義，愛非天屬，黃之所恨，意不在吳，原死補兵，有允正法。」被判補兵。可是《折獄龜鑑》作者鄭克則持不同之看法，他認為「詈之致死，重於毆傷，不以赦

〔註91〕在宋代有關公公對媳婦性侵害在判決上的觀點，可參考柳立言〈從法律糾紛看宋代的父權家長制——父母舅姑與子女媳婿相爭〉中「非法性行為與曖昧事」。剖析為政者處理公公性侵害媳婦事件的觀點主要還是維繫儒家倫理體制為考量，頁520～533。
〔註92〕《清明集》〈義子·背母無狀〉，頁38。

原，於理為允。妻若從坐，猶或可赦，吳實共罵，棄市亦當。」〔註93〕主張吳氏實是共犯而非從犯，即使會赦亦應棄市，不應只判補兵之刑，此似乎透露宋代對子媳的禮法規範較南朝劉宋嚴格許多。

此外，子媳在舅姑生平時固然應該服侍舅姑，死後亦需擔負送死之責，若是送死有闕，也會受到法律的制裁，如在〈包恢傳〉載：「姑死者假子婦棺以殮，家貧不能償，婦愬于恢。恢怒，買一棺紿其婦臥棺中以試，就掩而葬之。」〔註94〕就是媳婦送葬不力，妄起爭訟，而慘遭活埋的例子。至於謀害舅姑實窮兇惡極之行，一定會被處以極刑，據《東都事略》載：陳執中之子世儒是妾張氏所生，執中死後張氏為尼，但世儒長大後將生母迎回奉養。然世儒：

> 與妻李事之不謹。世儒宰相子，庸駁，久居京師，元豐間為太湖縣，不樂為外官，與李諷諸婢謀殺張，欲以憂去。諸婢以藥毒之不死，夜持釘陷其腦骨，以喪歸。為婢所告，送大理寺推治，而李辭屢變，凡三易獄始得實。世儒並妻等十人並處死。〔註95〕

而李氏雖非主謀，只是共犯，也難逃一死。

簡而言之在宋人的觀念，子婦與舅姑相處，做子婦應孝順舅姑乃不可顛撲的義理。此也反映在筆記小說上，筆記小說中的描述，每見忤逆公婆的子婦，即使法律無法制裁她，其惡行也一定會遭到天譴，在內容上實屬荒誕不經，然深具警世意味。如《夷堅乙志》卷二〈張十妻〉條載：

> 吳江縣民張十妻，嗜殺生，又事舅姑亡狀，年六十矣。紹興二十九年得疾，兩股皆生惡瘡，蛆盈其中，齧骨及髓，宛轉呻痛，聲達鄰里。久之，每遺糞必自取食，并食薦席皆盡，期年乃死。

《夷堅丙志》卷八〈謝七嫂〉條則載：

> 信州玉山縣塘南七里店民謝七妻，不孝於姑，每飯以麥，又不得飽，而自食白粳飯。紹興三十年七月七日，婦與夫皆出，獨留姑守舍。游僧過門，從姑乞食，笑曰：「我自不曾飽，安得有餘？」僧指盆中粳飯曰：「以此施我。」姑搖手曰：「白飯是七嫂者，我不敢動，歸

〔註93〕《折獄龜鑑》卷四〈議罪・孔深之辨讞〉，頁191。
〔註94〕《宋史》卷四二一〈包恢傳〉，頁12592。
〔註95〕王稱《東都事略》卷六六〈陳執中〉，台北文海出版社，1979年出版，頁997、998。

－115－

來必遭辱罵。」僧堅求不已，終不敢與。俄而負來，僧徑就求飯，
婦大怒，且毀叱之。僧哀求愈切，婦呫曰：「脫爾身上架裟來，乃可
換。」僧即脫衣授之，婦反復細視，戲披於身，僧忽不見，架裟變
爲牛皮，牢不可脫。……則儼然全牛矣。

不孝的報應，一是痛苦而亡，一則變爲牛，可謂下場悽慘，足爲世人警惕。
另一方面宋人也認爲若子媳侍奉舅姑孝謹每可得到善報。如紹興年間鄱陽境
內太陽王氏婦病終，以肉猶未冷，家人不忍殮。不料不久王氏復蘇。王氏醒
後描述因她「奉事翁姑孝謹，間冥數未盡，宜放還。」〔註96〕又如紹興二十
九年閏六月，鹽官縣雷震，顧德謙妻子張氏事先得知將死於雷斧下，恐懼萬
分。次日暴風狂作，天色昏暗，張自知必死，「易服出屋外桑下立，默自念：
『震死既不可免，姑老矣，奈驚怖何！』俄雷電晦冥，空中有人呼張氏曰：『汝
實當死，以適一念起孝，天赦汝。』」〔註97〕都是因孝順公婆免於一死的事例。
而都昌吳孝婦守節侍奉年邁的婆婆，孝心感天，蒙天帝獎賞。《夷堅志》載：

汝一下愚村婦，乃能誠事老姑，勤苦盡力，實爲可重。賜酒一盃，
馨香徹鼻，又與錢一貫，曰：「將歸供贍，自今不須傭作。」……果
有千錢在床，滿房香氣。使悟眾所睹者，乃神遊爾！自是傭喚愈多，
吳亦不拒，而賜錢專留姑用，用盡復生，一千綿綿不匱，姑雙目尋
亦再明。〔註98〕

皆說明媳婦與舅姑雖爲「義合」，但孝順舅姑乃天經地義，孝順者必有善報，
如不是必遭天譴。

陸、結　論

中國向來以累世同居共財、共爨爲理想的家庭型態，在此複雜的人際網絡
中，維持家庭關係的和諧，成爲首要任務。爲了達到家庭和諧、安定和團結，
減少人際之間利益的衝突，儒家家庭倫理向來強調「長幼有序」的差序格局，
要家中每一份子各依名分行事，以達到《禮記》卷七〈禮運〉：「父慈、子孝、
兄良、弟弟、夫義、婦聽、長惠、幼順、君仁、臣忠。」的境界。因此每一位
家中成員不論社會地位的高低與否，皆必須放棄自我、收斂個人的情感、忠實

〔註96〕《夷堅支戊》卷四〈太陽步王氏婦〉，頁1082。
〔註97〕《夷堅甲志》卷二〇〈鹽官孝婦〉，頁180。
〔註98〕《夷堅志補》卷一〈都昌吳孝婦〉，頁1555。

地扮演既定的角色，不得逾越。其中舅姑與子媳雖屬「義合」，而無血緣之親，但在「夫妻一體」的觀念下，子媳與舅姑的關係幾乎可說等同父子、母子關係，故爲人子媳者應「移事母之心事姑，以事父之心事舅。」又因二者無血緣親情潤飾，子媳對舅姑較缺乏孺慕之情，舅姑對子媳亦較乏慈愛之心，二者相處確實比父子母女之間更容易起勃谿，爲化解雙方的衝突，道德規範除強調爲人媳者要敬愼孝順舅姑，甚不顧是非曲從舅姑心意，以博得他們的歡心外，還賦予舅姑管教權，可對子媳教之、罵之、笞之，甚至出之。而至宋代爲止，雖然儒家倫理有關子媳與舅姑相處的規範，仍承襲前代，依舊環繞在子媳應服侍舅姑日常生活起居、照料舅姑疾病、曲從舅姑心意等命題上。但由前文的敘述亦可發現，在宋代子媳與舅姑之間的相處，除了承襲強調子媳孝、敬侍奉舅姑，以達到「姑慈婦孝」的理想境界外，也發現孝順舅姑的觀念似乎逐漸強化，如包拯媳婦崔氏拒絕母親再適時曰：「昔之留也，非以子也，舅姑故也。今舅歿，姑老矣，將舍而去乎？」斷然拒絕母親的提議，甚以死相脅，致與母親發生激烈的爭執，當然是不孝於生身母親。然就夫家立場考量言，她移其所天，奉侍孤苦年邁的婆婆的行徑，絕對合乎孝的標準。〔註99〕而且對舅姑的孝心也是超越夫妻之情。如在《夷堅支甲》卷九〈梁小二〉條就提到梁小二事母無狀，然妻王氏奉姑至謹。兵荒馬亂之際梁小二與母親、妻及稚子四人依靠乞食爲生。「王氏念姑久不食，減半以與之。梁見之怒甚，詐使妻抱子前行，自與母在後，相望百步許，即仆母在地，曳入道側，搯泥沙塞其喉，然後去。……妻疑爲夫所害，還訪之，見尸已僵，拊膺悲泣，急取水扶灌，氣竟絕不蘇。乃奔告里保，執梁送于縣。」若依照《宋刑統》卷二三之規定，妻子同卑幼，是不能控告丈夫，即使事實證明妻子所言屬實，妻子仍會被判二年的徒刑，然在「孝」爲先的立法原則下，王氏不但未獲罪，官方還閔其孝心，給粟養之。

此外，隨著孝道觀念的強化，在宋代子媳對舅姑的孝行有日益新穎化的趨勢。表達孝心的方式，不僅表現在侍奉舅姑日常生活起居、悉心照顧疾病上，她們爲了凸顯孝心，除了在舅姑生病時，不眠不休、衣不解帶的侍疾外，有時還會做出令人驚心動魄和戲劇性的刺血、吮癰、「割股療親」之舉，更甚者還出現「取肝療親」的行爲。雖然在宋代像這樣的極端的孝行，在數量上不及明清兩代，內容也較缺乏新異性、戲劇性。但宋代婦女「義無反顧」的以怵目驚心自殘的方式祈求舅姑病體早日康復的舉止，實開後來明、清二代孝婦之先河。

〔註99〕《宋史》卷四六○〈列女傳〉，頁 13480。

第四章　試論夫婦間的相處問題

壹、前言

> 有天地然後有萬物，有萬物然後有男女，有男女然後有夫婦，有夫
> 婦然後有父子，有父子然後有君臣，有君臣然後有上下，有上下然
> 後禮義有所錯。〔註1〕

中國的倫理思想向來視男女二人共組家庭，為最基礎的社會單位，是一切的人倫關係的始點，故特別重視夫妻之倫。而有關夫婦之間的關係在先秦時代即並存兩種觀點。一是主張夫妻為對等的關係。即《儀禮》卷一一〈喪服〉言：「父子首足也，夫妻牉合也。」意謂男女各合其半以成夫婦。因此《禮記》卷八〈郊特牲〉言：「壹與之齊，終身不改，故夫死不嫁。」說明夫妻之間的關係應該是平等的。然傳統父系宗法體制，向來強調「乾道成男，坤道成女」，視男性為天、乾、陽，將女性比喻成地、坤、陰，在所謂「天尊地卑，乾坤定矣；卑高以陳，貴賤位矣。動靜有常，剛柔斷矣……，陰陽合德而剛柔有體」；「乾天下之至健也」、「坤天下之至順也」。〔註2〕等觀念的推波住攔下，若要說傳統夫妻之間的相處一切平等是不可能的。而在《禮記》卷八〈郊特牲〉云：

> 夫昏禮萬世之始也，取於異性，所以附遠後別也。……男子親迎，

〔註1〕《易經》卷九〈序卦傳〉，《四部叢刊初編》，頁55。
〔註2〕同上書，卷七、卷八〈繫辭〉，頁43～52。

男先於女，剛柔之義也，天先乎地，君先乎臣，其義一也。執摯以
相見，敬章別也。男女有別，然後父子親。父子親，然後義生……
出乎大門而先男帥女，女從男夫婦之義由此始也。婦人從人者也，
幼從父兄，嫁從夫，夫死從子。夫也者，天也；夫也者，以知帥人
者也。玄冕齋戒鬼神陰陽也，將以爲社稷主，爲先祖後，而可以不
致敬乎。共牢而食同尊卑也，故婦人無爵，從夫之爵，坐以夫之齒。

對於夫妻之間的關係有著更確切的闡述。其中「夫婦共牢而食，同尊卑也。」
說明夫妻之間的關係在日常居處之際雙方是立於平等的地位。然而在以男性
爲中心的家族倫理架構下，向來以男先於女；夫是剛、是天、是君；妻是柔、
是地、是臣爲正。故妻子只能扮演「從人者」的角色，她在家族宗法的地位
當然是遠遜於丈夫。而有關後代學者論述夫妻之間關係的言論，幾乎都是這
兩個觀點的延續與補強。且在漢代獨尊儒術、罷黜百家，儒家取得主導之學
術地位後，隨著禮法觀念的強化，夫尊妻卑的言論似乎日漸取得優勢。如班
固在《白虎通論》〈嫁娶篇〉雖言：「妻者齊也，與夫其體，自天子下至庶人，
其義一也。」似乎主張夫妻之間是立於平等的地位，不過他主要是在說明妻、
妾的差別。實際上他認爲理想的夫妻關係是「夫爲妻綱」、「夫婦者，何謂也，
夫者扶也，扶以人道者也；婦者服也，服于家事，事人者也。」〔註3〕至於班
昭雖認爲「夫不賢，則無以御婦；婦不賢，則無以事夫。」夫妻之間存在著
對等的關係，但她也反覆論述夫妻相處，妻子應恪守「敬順」之道，視夫爲
天，專心正色待之。〔註4〕在唐代《女論語》〈事夫章〉則云：

女子出嫁，夫主爲親。前生緣份，今世婚姻。將夫比天，其義非輕。
夫剛妻柔，恩愛相因。居家相待，敬重如賓。夫有言語，側耳詳聽。
夫有惡事，勸誡諄諄。莫學愚婦，惹禍臨身。夫若外出，須記途
程……，莫教寒冷，凍損夫身。……同甘同苦，同富同貧。死同棺
槨，生死共食。莫學潑婦，巧口花唇。〔註5〕

繁瑣之內容較《女誡》更凸顯夫尊妻卑，妻子的從屬性格。因此受傳統禮法
觀念之影響，固然強調夫妻相處時，是夫妻一體，同尊卑、共生死；壹與之

〔註3〕 班固《白虎通德論》卷九〈嫁娶〉，卷七〈三綱六紀〉，《四部叢刊初編》，頁
74、75，頁58。
〔註4〕 《後漢書》卷八四〈列女傳〉，頁2788～2790。
〔註5〕 《女論語》〈事夫章〉，《說郛三種》，頁3292。

齊，終身不改。然在「夫尊妻卑」的禮法規範下，夫妻之間的關係對婦女而言，仍然擺脫不了「嫁得雞，逐雞飛，嫁得狗，逐狗走」〔註6〕的宿命。

有關夫妻之間的相處，傳統倫理規範認為二者相處應是禮大於情，致使夫妻之間無法輕易表露相愛之情，甚至出現夫妻之間情感只是「有禮無情」的現象。像這樣近乎不合情理的「有禮無情」夫妻關係，在標榜禮法、名教的時代，確實有些士人將此落實於實際的家庭生活中，如東漢張湛「矜嚴好禮，動止有則，居處幽室，必自修整，雖遇妻子，若嚴君焉；」〔註7〕馮良是「志行高整，非禮不動，遇妻子如君臣，鄉黨以為儀表；」〔註8〕而仇覽則是「雖在宴居，必以禮自整。妻子有過，輒免冠自責。妻子庭謝，候覽冠，乃敢升堂。家人莫見喜怒聲色之異；」〔註9〕又梁鴻雖隱姓埋名於齊魯之間，後前往吳地，可是梁鴻「每歸，妻（孟光）為具食，不敢於鴻前仰視，舉案齊眉；」〔註10〕龐德公則是隱居山林，「居峴山之南，未嘗入城府，夫妻相敬如賓。」〔註11〕這些人守禮自持，奉守名教，待妻子「有若嚴君」或「相敬如賓」，不但成為社會的楷模，還成為歷代夫妻相處模式的典範。即使在不拘禮法、崇尚自然、講求「緣情制禮」或「崇尚自然」的魏晉南北朝，夫妻相處模式仍以相敬如賓為正，如以「閨門整肅」自居的何曾，在「年老之後，與妻相見，皆正衣冠，相待如賓。己南向，妻北面，再拜上酒，酬酢既畢，便出，一歲如此者，不過再三焉。」〔註12〕在魏晉時縱使禮法規範較寬鬆，但是夫妻之間若隨意流露出親密的感情，還是會招致非議或為社會輿論所譏笑。如當時荀粲因曹洪的女兒貌美，娶之為妻，婚後夫妻感情彌堅。有一年「冬月婦病熱，乃出中庭自取冷，還以身熨之。婦亡，奉倩後少時亦卒，以是獲譏於世。」〔註13〕此外，竹林七賢之一的王戎，妻子常以卿暱稱其。王戎認為此於禮法不合，對妻子說：「婦人卿婿，於禮為不敬，後勿復爾。」妻子卻認為夫妻相處貴於情，回答道：「親卿愛卿，是以卿卿，我不卿卿，誰當

〔註6〕莊綽《雞肋編》卷中，《叢書集成新編》，86冊，頁733。
〔註7〕《後漢書》卷二七〈張湛傳〉，頁928。
〔註8〕同上書，卷五三〈馮良〉，頁1743。
〔註9〕同上書，卷七六〈仇覽傳〉，頁2481。
〔註10〕同上書，卷八三〈逸民傳〉，頁2768。
〔註11〕同上註，頁2776。
〔註12〕《晉書》卷三三〈何曾傳〉，北京中華書局，1987年第三次印刷，頁997。
〔註13〕劉義慶著，余嘉錫撰《世說新語箋疏》卷三五〈惑溺〉，台北華正書局，1984年版，頁918。

卿卿？」遂恆聽之。〔註 14〕從今日看之，王戎妻的舉止是內心感情自然的流露，並無不當之處。不過顯然劉孝標根深蒂固地認為夫妻之間隨性表達愛意，有違夫妻相處之禮，固在其標榜以品評人物為主的著作《世說新語》中，視王戎夫妻關係過於親暱的舉止為「溺惑」。

貳、夫妻相處之道

在宋代商業日漸繁榮，社會也漸趨多元化，因此結構已異於前代，但畢竟文化相承有其延續性與惰性，有關宋代的倫理思想，嚴格說來仍是儒家學說的融會整合，至有關夫妻之間的相處理論似乎沒有大幅的修正，如司馬光在《家範》中承襲前人觀點，認為夫妻關係是：

> 夫天也，妻地也；夫日也，妻月也；夫陽也，妻陰也；天尊而處上，
> 地卑而處下；日無盈虧，月有圓缺；陽唱而生物，陰和而成物。故
> 婦人專以柔順為德，不以強辨為美。

所以妻子與丈夫相處時應該恪守柔順、清潔、不妒、儉約、恭謹和勤勞六項美德。〔註 15〕在法律上，宋代亦沿襲唐律立法之精神，除嚴格實施一夫一妻制外，還禁止有妻更娶，以妾、婢為妻，妻妾擅自離去；〔註 16〕在訴訟方面則制訂，妻告發夫與告發期親尊長同，要判徒刑二年；〔註 17〕若夫妻之間相毆，唯有相毆致死，視為夫妻情誼已恩盡義絕，以凡鬥論，處以死刑外。其他夫妻之間的相互鬥毆、興訟等衝突場合，妻子相較於丈夫，則屬「卑幼」，強調妻子視丈夫應同對待父母，祖父母般的恭敬順從，因此妻毆夫者，宋律規定徒一年，傷重者加凡傷三等處罰之，可是夫毆妻，則減凡傷二等科處。而有關妻子在法律上之緣坐和蔭親，則為丈夫所吸收，基本上是無獨立的人格可言。〔註 18〕不過社會真實的情形與禮法理想總是有所差距，宋代真實的

〔註 14〕 同上註，頁 923。
〔註 15〕 《家範》卷八〈妻上〉，頁 467。
〔註 16〕 《宋刑統》卷一三〈婚嫁妄冒〉云：「諸有妻更娶妻者徒壹年，嫁減壹等，若欺妄而娶者，徒壹年半；女家不坐，各離之，諸以妻為妾，以婢為妻者，徒貳年；以妾及客女為妻，以婢為妾者徒壹年。」又卷十四〈和娶人妻〉規定：「妻妾擅去者徒貳年，因而改嫁者加二等。」，頁 450、451，頁 469。
〔註 17〕 《宋刑統》卷二四〈鬥訟·告周親以下〉云：「諸告周親尊長、外祖父母、夫、夫之祖父母，雖得實，徒貳年。」，頁 776。
〔註 18〕 《宋刑統》卷二二〈夫妻妾媵相毆並殺〉：「（夫）諸毆傷妻者減凡人貳等，死者以凡人論；……過失殺者各勿論。……疏：諸毆傷妻者減凡人貳等，死者

夫妻生活關係如何？是固守待妻子「有若嚴君」，或「相敬如賓」呢？還是隨著社會結構的改變、商業經濟的發達，呈現新的面貌，尚待深入探討。原則上，宋人認為夫妻相處應以「相敬如賓」為準則。如在《竹坡老人詩話》中，提及劉博文妻子朱氏，「賢而善事其夫，每舉按齊眉，則相敬如賓。」〔註19〕不過宋代雖強調夫妻相處應相敬如賓，在夫妻相處時，似乎沒有東漢時代的虛妄矯飾，更合乎人情。至於一般百姓緣於生計或缺乏禮法之薰陶，則更不會為繁文縟節的禮法所拘，夫妻之間的相處則更為平實。如在《石林避暑錄話》載達州人樂君生活清貧，以教書為業：

> 家貧，甚不自經理，有一妻、二兒、一跛婢，聚徒城西，草盧三間，以其二處諸生，而妻子居其一。樂亦坦率多嬉笑，未嘗見其怒。一日過午未飯，妻使跛婢告米竭，樂君曰：「少忍，會當有餉者。」妻不勝忿，忽自屏間躍出，取案上簡擊其首，樂君袒而走，仆于舍下，群兒環笑掖起。已而先君適送米三斗，樂君徐告其妻曰：「果不欺汝，飢甚，幸速炊。」〔註20〕

樂君的妻子當著學生面前毆打丈夫，丈夫亦不以為忤，可見夫妻相處平實的一面。至於一些偏遠地區，平民百姓禮法觀念淡薄，夫妻相處之道甚至與禮法背道而馳，如陳普的〈古田女〉談到饒州一地禮法蕩然，夫妻之間的相處是不和睦的，據云：

> 清川浴婦人，以晝不以夜。上流濯垢膩，下流汲歸舍。供佛與事尊，共用如□□。朝昏賣魚蝦，晴雨親耕嫁。樵蘇與負載，咸與夫並駕。……男不務耕稼，女不專桑柘，內外悉如男。遇合多自嫁。雲

以凡人論……殺妻仍為不睦……諸妻毆夫徒壹年，若毆傷重者加凡鬥三等，死者斬。」可看出宋代夫妻互毆，妻子承受的刑責遠大於丈夫。頁732、733《宋刑統》卷一七〈賊盜律・謀反逆叛〉云：「諸謀反及大逆者皆斬，……妻妾並沒官，……即雖謀反，詞理不能動眾，威力不足率人者，亦皆斬，父子、母子、妻妾並流參阡里。」又云：「諸緣坐，……若女許嫁已定，歸其夫。出養入道及聘妻未成者，不追坐。道士及婦人，若部曲奴婢，犯反逆者，只坐其身。」頁565～570 至於有關宋代婦女夫妻之間之義務與權責，請參閱游惠遠《宋代民婦的角色與地位》，第一章〈從宋代婦女的婚姻觀察其家族角色與地位〉，台北新文豐出版，1989年一版，頁8、9。或〈從中國古代法律看女性地位的演變〉，載《陽剛與陰柔的奏變——兩性關係和社會模式》，中國社會科學出版社，1995年一版，頁307～322。
〔註19〕周紫芝《竹坡老人詩話》卷二，《百川學海》，新興書局，頁566。
〔註20〕葉夢得《石林避暑錄話》，《宋元人說部叢書》，頁7。

> 山恣歌謠，湯池任騰藉。插花作牙儈，城市稱雄霸，梳頭半列肆，
> 笑語皆機詐，新奇弄濃粧，會合持物價，愚夫與庸奴，低頭受凌跨。
> 〔註21〕

其中妻子行徑可說全然不受「男女之別」、「女正位於內」的禮法約束，她們越俎代庖與丈夫一同主持外事，聲勢凌駕丈夫之上。在嶺南一帶夫妻之間關係亦異於中原地區，周去非在《嶺外代答》卷一〇〈十妻〉描述當地男女人口比例失調，呈現陰盛陽衰的局面，至夫妻之間關係亦異於他處，其云：

> 余觀深廣之女，何其多且盛，男子身形卑小，顏色黯慘。婦人則黑
> 理充肥，少疾多力。城郭虛市，負販逐利，率婦人也。而欽之小民，
> 皆一夫而數妻，妻各自負販逐市，以贍一夫。

只是儘管宋代夫妻之間的相處，不再刻意強調外在的繁文縟節，或因區域、階層的差異而呈現多樣的風貌。然夫妻之道，人倫之始，宋代禮法規範還是秉持夫妻雙方應恪守「夫義婦順」、「相敬如賓」之道。尤其隨著父系宗法體制的強化，禮法上雖主張夫妻齊體、夫義婦順，然在禮制上總是苛責妻子大於丈夫。視理想的妻子應恪守婦道、輔助丈夫，成就其賢德功名。如程顥、程頤母親侯氏學識淵博、精明能幹、治家有法、不嚴而整，是丈夫最佳的賢內助。但她恪守妻子分際，總是「謙順自牧，雖小事未嘗專，必稟而後行。」而丈夫待其是「禮敬尤至」。〔註22〕可說是夫妻相處相敬如賓的典範。

此外，宋人認爲夫妻相處，理想的妻子應能適時規勸丈夫的行誼，成其賢明。像這樣的賢內助在宋代可謂俯拾皆是，如呂蒙正夫人宋氏「能隨事諷諫」，一次呂蒙正罷朝歸，「偶片雪沾衣，欲斬執役。」宋氏知蒙正在困躓之時曾作一詩，其中有「撥盡寒爐一夜灰」之句，宋氏於是舉〈撥灰詩〉諷之，事方罷。〔註23〕贈給事中張宗雅妻子符氏居家有法，每當丈夫與士大夫議論時事，她則「多竊聽之，退而品第其人物賢否無不曲當，尤喜聞政事與訟獄之疑難者，悉能區別情僞，裁之義理。」丈夫得到她的協助，果能「所治有異政，號爲良吏。」〔註24〕又許益之妻子劉氏學識淵博，「書傳無有不經覽者，於左氏春秋尤能通誦之。」婚後，她事上待下皆合禮法，更重要是她能匡正

〔註21〕陳普《石堂先生遺集》卷一六〈古田女〉，，《北京圖書館古籍珍本叢刊》，北京，文獻書目出版，頁771。
〔註22〕《河南程氏文集》卷一二〈上谷郡君家傳〉，頁653。
〔註23〕《盍史》卷三〈妻〉，中國人民大學出版社，1994年一版，頁57。
〔註24〕《古靈集》卷二〇〈崇國太夫人符氏墓誌銘〉，《四庫全書》，1093冊，頁667。

丈夫的行誼。因丈夫「資稟曠闊、磨盪崖畛，常以醺飲傲佚自喜。」她則「每乘間，引古之所以，因是而取諸悔咎者指論之」，每當益之聽到她的勸誡，「未嘗不憮然愧畏，遂至於不復更敢爲此，恐或戾夫人之所陳者。」且常對他人說：「予之所以將放而復斂者，謂何？慮其聞於予之梱中也，蓋使人聽其言，惕然若嚴師良友在側，動靜語默以教義、諄諄警誨人者，予過漸鮮，有奧助爾。」〔註25〕眞可謂是丈夫的良師益友。而賢明知理的妻子應成就丈夫的功名，如程師孟妻子賀氏，隨丈夫宦遊廣州時，即以成就丈夫清名爲志。鑑於「南海珠貝，百貨之府。廉吏至此，往往以家自累，失其趨操。」於是「飭家人水火不交于民」，程師孟獲得妻子支持，果眞爲官清正，「及其去，橐中蕭然，如迎日。」〔註26〕劉克莊妻林氏「從克莊行舟履夷然如平，虜騎大入，克莊當從帥督戰。以其患癰，未發。」林氏勸勉丈夫曰：「虜入，大恥。奈何以婢子後君事乎？」劉克莊「愧其言，即發。」〔註27〕張君琰妻費法謙，看到丈夫因婆婆春秋高，不願遠宦，毅然對張言：「行矣，妾在側，君奚憂。」張遠宦他地時，費氏「於是盡斥奩中之藏，具瀡隨滑甘，以時進饎。奉盥授帨，比平日加謹。雖有疾，強自持不殆。」就因費氏篤孝於姑，使丈夫無內顧之憂，得以致力於事業。〔註28〕除此之外，妻子還要能照料丈夫生活起居，如史氏因「不逮事舅姑」，奉事丈夫則「如事父，飲食以進必立侍，須撤饌乃去。」如此恭謹的事夫，以致「或者以爲過」。當丈夫病危時，她更不顧家人的勸阻，「焚香禱祈，願以身死代。」也許至誠感人，不久史氏「疾暴作、執香爐於地，扶掖就枕，已不知人。後六日，夫人病篤。」然丈夫病情卻忽然痊癒，只是史氏卻一病不起。〔註29〕妻子在丈夫生病時，更要細心看顧，如劉從遠妻子唐氏在丈夫生病時間，「躬親藥餌至連月不解衣，後時而飯，當暑而燎，以身祈禱。」〔註30〕

〔註25〕《丹淵集》卷四〇〈文安縣君劉氏墓誌銘〉，頁294、295。
〔註26〕《陶山集》卷一五〈長樂郡君賀氏墓誌銘〉，頁125。
〔註27〕何喬遠編撰《閩書》卷一四〇〈閩閣志〉，福建人民出版社，1994年一版，頁4150～4152。
〔註28〕陸游《渭南文集》卷二二〈費夫人墓誌銘〉，《陸放翁全集》，北京中國書店，1975年，頁200。
〔註29〕唐庚《唐先生文集》卷十〈史夫人行狀〉，《北京圖書館古籍珍本叢刊》，北京書目文獻出版，90冊，頁250。
〔註30〕曹勛《松隱集》卷三六〈永嘉郡太夫人唐氏墓銘〉，《四庫全書》，1129冊，頁546。

　　在筆記小說中亦反映妻子的角色是輔佐丈夫、成其功名。像在司馬光《涑水記聞》卷十載：張奎與張亢父親喜好黃白術，妻子宋氏「伺其夫出，取其書并燒煉之具，悉焚之。夫歸怒之。」宋氏回答說：「君有二子，不使就學。日見君燒煉而效之。他日何以興君之門？」張某感於宋氏的言論，果真不再沈迷於黃白之術。至於章惇雖惡名昭彰，然與妻子張氏情感深厚，張氏是位賢明的婦人，她深知丈夫有仇必報的個性，故在丈夫為相後，臨終之際，再三叮嚀他：「無修怨。」〔註31〕又王藻雖然只是一個微不足道的獄吏，卻有一位賢慧妻子。其妻見他「每日暮歸，必持金錢與妻，多至數十貫。」不禁懷疑金錢來路不當，於是設計瞭解實情，事實果不出妻子所料。於是妻子對王藻言：「君為推司久，日日持錢歸，我故疑鍛鍊成獄，姑以婢事試汝，安有是哉！自今以往，願勿以一錢來，不義之物，死後必招罪疚。」藻矍然大悟，汗出如洗，取筆題詩於壁曰：「枷栲追求只為金，轉增冤債幾何深？從今不復顧刀筆，放下歸來由翠林。」即罄所儲散施，辭役棄眾學道。〔註32〕這些事例，皆再三闡述夫妻相處時，妻子應確切扮演賢內助的角色。

　　此外，宋代夫妻相處除了強調夫妻之間應相敬如賓外，亦認為夫妻之間還應該彼此信守承若，故筆記小說中總是大肆撻伐忘恩、任意毀棄盟誓者，如張子能妻鄭氏「美而豔」，夫妻平日相處甚宜，鄭氏在臨終時與張訣別曰：「君必別娶，不復念我。」然張子能發誓不再娶，還信誓旦旦的說：「吾苟負約，當化為閹，仍不得善終。」可是三年之後，再娶鄧洵之女為妻，鄭氏鬼魂果真現身，痛責張負約，而張之下場，亦如其誓約所云。〔註33〕韓師厚聞妻子王氏守節自縊而亡，悲痛萬分，欲攜王氏骨灰南返，王氏雖應允韓某之請，但以「然從君而南，得常常善視我，庶慰冥漠；君如更娶妻，不復我顧，則不若不南之愈也。」韓師厚「感泣，誓不再娶。於是竊發冢，裹骨歸，至建康，備裡卜葬，每旬日輒往臨視。」不過數年後，韓再娶妻，「而於故妻墓稍益疏。」他也夢到王氏責備云：「我在彼甚安，君強攜我。今正違誓言。不忍獨寂寞，須屈君同此況味。」結果「韓愧怖得病，知不可免，不數日卒。」〔註34〕此外，衢州鄭某娶會稽陸氏為妻，夫妻感情甚篤，故鄭某曾於枕席間

〔註31〕　邵伯溫《河南邵氏聞見前錄》卷一五，《叢書集成新編》，83 冊，頁 929。
〔註32〕　《夷堅志補》卷一二〈保和真人〉，頁 1662。
〔註33〕　《夷堅甲志》卷二〈張夫人〉，頁 11。
〔註34〕　《夷堅丁志》卷九〈太原意娘〉，頁 608、609。

對陸氏說：「吾二人相歡至矣，如我不幸死，汝無復嫁，汝死，我亦如之。」二人結褵十年，夫妻育有二男女。一日鄭某忽然去世，臨終還要求陸氏必定要信守盟約，可是纔釋服，陸氏「盡攜其資適蘇州曾工曹。」毀約再嫁之後的陸氏果然夢到前夫責備她說：

> 遺棄我之田疇，移資財而別戶，不恤我之有子，不念我之有父。義不足以爲人之婦，慈不足以爲人之母。吾已訴諸上蒼，行理對于幽府。〔註35〕

夫妻不只在一方亡故後要遵守誓約，生前亦復如此。解洵因戰亂與故妻離散，於河朔再娶一女爲妻，該女得知解某思念故妻，亦賢慧明理備川陸之具與解南歸，並曰：「倘君夫人固存，自當改嫁，而分囊橐之半，萬一捐館，當爲偕老。」於是二人上路，然在荊楚時解洵獲贈四妾後，「浸與婦少練，怏怏行於詞色。」該婦一日藉酒責備洵曰：「汝不記昔年乞食趙魏時事乎？非我之力，以爲餓莩矣！一旦得志，便爾忘恩，大丈夫如此，獨不愧於心邪！」解洵憤而「連奮拳毆其腦」，該婦不爲所動，忽然「婦翻然起，燈燭陡暗，冷氣襲人有聲，四妾怖而仆。少焉燈復明，洵已橫尸地上，喪其首。」〔註36〕

參、夫妻之間情感的交流

也許宋代禮法規範過於強調夫妻相處應「相敬如賓」，或者將妻子角色定位於應輔佐丈夫，成其功名，丈夫角色則爲正位於外、揚名立世，以顯父母之名；還是認爲夫妻親密的感情純屬隱密的閨房內事，不足亦不可爲外人知曉，所以在宋代做丈夫的似乎很少有直接表達愛慕妻子的舉動或言辭。宋人文集之中，我們常可見到文人間相酬唱之作、或以父母、兄弟、姊妹、子女等家人爲對象的著作、甚至還出現大量以歌妓舞女爲對象的作品，但有關以妻子爲著作對象的作品幾乎以祭文、墓誌銘爲主，其他性質的著作，尤其表達對妻子愛慕、思念著作可說是少之又少。在宋人文集中除了范仲淹〈赴桐廬郡淮上遇風〉三首、〈出守桐廬道中十絕〉、歐陽修〈行次壽州寄內〉、〈斑

〔註35〕同上書，卷二〈陸氏負約〉，頁 15、16。事實上，在《夷堅志》中類似的記載俯拾皆是，如《夷堅甲志》卷三〈陳氏前夫〉載：陳氏丈夫石某於臨終前，執妻手與其訣別曰：「我與若相歡，非尋常夫妻比，汝善視吾子，必不嫁，以報我。」後在陳氏父母作主再嫁莆田吳璲。一年後，夢到石某罵曰：「汝待我若是，豈可以適它人？先取我子，次其汝。」至暮子天，踰旬陳氏病亡。

〔註36〕《夷堅志補》卷一四〈解洵娶婦〉，頁 1675、1676。

斑林間鳩寄內〉、梅堯臣〈往東流江口寄內〉、蘇轍〈奉使契丹〉二十八首中的〈春日寄內〉、呂東萊的〈示內〉及陸游的〈離家示妻子〉等寄內形式的著作，或是陳師道迫於貧窮而感嘆與妻子分離的著作外，幾乎極少見到以妻子爲對象的著作。當然欣賞這些作品時，也可發現宋代夫妻相處除了相敬如賓之「禮」外，其實還流露著濃厚含蓄的感情。如歐陽修在仁宗慶曆五年（1045年）任河北都轉運按察使時，在眞定時作〈斑斑林間鳩寄內〉寄給夫人薛氏，這首五言古詩長達八十六句，云：

> 斑斑林間鳩，穀穀命其匹。迨天之未雨，與汝勿相失。春原洗新霽，
> 綠葉暗朝日。鳴聲相呼和，應答如吹律。深棲柔桑暖，下啄高田實。
> 人皆笑汝拙，無巢以家室。易安由寡求，吾羨拙之佚。吾雖有室家，
> 出處曾不一。荊蠻昔竄逐，奔走若鞭扶。山川瘴霧深，江海波濤。跬
> 步子所同，淪棄甘共沒。投身去人眼，已廢誰復嫉。山花與野草，我
> 醉子鳴瑟。但知貧賤安，不覺歲月忽。還朝今幾年，官祿霑兒姪。身
> 榮責愈重，器小憂常溢。今年來鎮陽，留滯見春物。……我意不在春，
> 所憂空自咄。一官誠易了，報國何時畢。高堂母老矣，衰髮不滿櫛。
> 昨日寄書言，新陽發舊疾。藥食子雖勤，豈若我在膝。又云子亦病，
> 蓬首不加鬐。書來本慰我，使我煩憂鬱。思家春夢亂，妄意占凶吉。
> 卻思夷陵困，其樂何可述。前年辭諫署，朝議不容乞。孤忠一許國，
> 家室豈復卹。橫身當眾怒，見者旁可慄。近日讀除書，朝廷更輔弼。
> 君恩優大臣，進退禮有秩，小人妄希旨，議論爭操筆。又聞説朋黨，
> 次第推甲乙。……子意其謂何，吾謀今已必。子能甘藜藿，我易解簪
> 綬。嵩峰三十六，蒼翠爭聳出。安得攜子去，耕桑老蓬蓽。〔註37〕

這長篇五言古詩是歐陽修在仕途不順，遊宦在外時，懷念家中妻子薛氏之作。異於一般夫妻往返書信，詩中歐陽修除觸景傷情，藉著春天景物比喻夫妻二人款款情深外，更在詩中視妻子是可傾吐心事的知心朋友，剖析個人的政治處境與行事風格，希望薛氏能夠體諒與支持個人的心志，在必要時甚能放棄世俗功名，與其共同隱逸山林。

相對於丈夫的拘謹理性，在宋代，婦女的著作對象幾乎以丈夫爲著作中心。之所以會有如此的現象，可能在「婦無外事」的社會秩序理念下，傳統婦女生活空間只能侷促於家庭內，生活中心與生命所在全寄託在丈夫身上所

〔註37〕《歐陽文忠公文集》卷二〈斑斑林鳩寄內〉，頁58、59。

致。或是社會習俗對婦女「任情而行」較爲寬容，因此妻子可在著作中毫不保留宣洩個人對丈夫思念，或纏綿悱惻的愛意，乃至怨懟的情誼。而與男性著作性格形成明顯的對比。故宋代婦女著作中以抒發個人閨思、閨怨，思念丈夫、寄情於物的作品居多。如據元代伊世珍《瑯嬛記》載：

> （趙明誠）易安結褵未久，明誠即負笈遠遊，易安殊不忍別，覓錦帕，書〈一剪梅〉詞以送之。詞曰：「紅藕香殘玉簟秋，輕解羅裳，獨上蘭舟。雲中誰寄錦書來，雁字回時，月滿西樓，花自飄零水自流，一種相思，兩處閑愁。此情無計可消除，纔下眉頭，卻上心頭。」〔註38〕

藉著淒清的秋景含蓄點出李易安與趙明誠在新婚初別時依依不捨眞摯的愛情。在胡仔《苕溪漁隱叢話後集》卷四〇〈麗人雜記〉亦云：

> 江寧章文虎，其妻劉氏名彤，文美其字也，工詩詞，嘗有詞寄文虎云：「千里長安名利客，經離經散尋常，難禁三月好風光，滿階芳草綠，一片杏花春。記得年時臨上馬，看人眼淚汪汪。如今不忍更思量，恨無千日酒，空斷九回腸。」又云：「向日寄去詩曲，非敢爲工，蓋欲道衷腸萬一耳，何不掩惡，輒示他人。適足取笑文虎也，本不復作，然意有所感，不能自已，小草二章，章四句，奉寄。」其中之一即是〈寄外〉，其云：「碧紗窗外一聲蟬，牽斷愁腸懶晝眠。千里才郎歸未得，無言空撥玉爐煙。」

劉氏以簡潔四句詩句細膩傳神的道出獨守家園、思念丈夫的情懷。而朱達可的妻子因丈夫遠離家園，宦遊四海，竟一年未曾寫信回家問候家人，妻子一方面心懸丈夫安危，一方面深恐他移情別戀，內心痛苦不安可想而知。終於按耐不住心頭怨恨，這位個性火爆焦躁的妻子寄〈寄外〉詩一首給丈夫，言：

> 剔剪燭親封錦字書，擬憑歸雁寄天隅。經年未報干秦策，不識如今舌在無？

以怨懟、責備口吻傳達她對丈夫的不滿與思念。〔註39〕而易彥章爲官久不歸，妻子作〈一剪梅〉云：

〔註38〕 伊世珍《瑯環記》卷中，《學津討原》，江蘇廣陵古籍刻印社，1990 年一版，13 冊，頁 18。
〔註39〕 胡仔纂集《苕溪漁隱叢話前集》卷六〇〈麗人雜記〉，台北長安出版，1978 年初版，頁 417。

> 淚染修書寄彥章，貪作前廊忘卻回廊，功成名遂不還鄉。石作心腸，
> 鐵作心腸，紅日三竿懶畫妝，虛度韶光，瘦損容光，相思何日得成
> 雙，羞對鴛鴦，懶對鴛鴦。〔註40〕

肆、理想的夫妻型態

　　禮制規範下的夫妻關係總是強調「相敬如賓」，或是妻子視丈夫若嚴君。
這樣的夫妻之間互動方式，往往使得夫妻之間只有「敬」、「恩」，似乎缺乏愛
情的滋潤，更遑乎彼此心靈的溝通。不過事實上，宋代夫妻的相處並非全然
只有敬沒有愛，不少夫妻是鶼鰈情深，相知相愛。在筆記小說中即時常提到
「夫妻相處甚宜，二者相約無負」的情節，而眞實的世界亦是如此，如黃庭
堅深愛妻子孫氏，在她去世後，「作〈發願文〉，絕嗜欲，不御酒肉。至黔州
命下亦不少動。」〔註41〕在《冷齋夜話》則載李元膺在妻子亡故後，傷心追
悼不已，曾作詞云：

> 去年相逢深院宇，海棠下曾歌金縷，歌罷花如雨，翠羅衫上點點紅
> 無數。今歲重尋攜手處，空物是人非春，莫回首青門路，亂紅飛絮
> 相逐東風去。〔註42〕

想來他與妻子感情必定非常深厚，對亡妻眷念不已，在這闋詞完成不久後，
李元膺不久也悲傷而逝。在宋代對妻子如此款款多情，甚至「殉情」的丈夫
當然是寥寥可數。不過夫妻之間相知相惜，扶持於人生路途上的，亦不乏其
人。茲列舉少數代表夫妻於後：

一、夫唱婦隨 —— 張愈夫婦

　　益州人張愈「雋偉有大志，遊學四方，屢舉不第。」從此無意於仕宦，
過著淡泊的隱逸的生活，他嚮往山水之樂。「遇有興，雖數千里輒盡室往。遂
浮湘、沅，觀浙江，升羅浮，入九疑，買石載鶴以歸。」後杜門著書，未成
而逝。他的妻子蒲氏是位賢明的女子，瞭解丈夫的志趣，二人過著與世無爭
的隱逸生活。她在丈夫去世後，親自爲他作誄文，曰：

> 高視往古，哲士實殷，施及秦漢，餘烈氛氳。挺生英傑，卓爾逸群，
> 孰謂今世，亦有其人。其人伊何？白雲隱君。嘗曰丈夫，趨世不偶，

〔註40〕李有《古杭雜記》，《學海類編》，頁 5530。
〔註41〕孫升《孫公談圃》卷下，《叢書集成新編》，83 冊，頁 709。
〔註42〕釋惠洪《冷齋夜話》卷三〈李元膺喪妻長短句〉，《學津討原》，12 冊，頁 18。

仕非其志，祿不可苟，營營末途，非吾所守。吾生有涯，少實多艱，
窮亦自固，困亦不顛。不貴人爵，知命樂天，脫簪散髮，眠雲聽泉。
有峰千仞，有溪數曲，廣成遺趾，吳興高蹋。疏石通逕，依林架屋，
麋鹿同群，晝遊夜息。嶺月破雲，秋霖洒竹，清意何窮，真心自得，
放言遺慮，何榮何辱？孟春感疾，閉戶不出，豈期遽往，英標永隔。
抒詞哽噎，揮涕汍瀾，人誰無死，習乎材賢，已矣吾人，嗚呼哀哉！

　　〔註43〕

由誄文看來，顯示她不但恰如其份地扮演妻子的角色，全心支持丈夫的抉擇，
更是丈夫的知心之交。

二、蘇軾的婚姻生活

　　蘇軾在十九歲時娶眉州青神王方的女兒王弗為妻，〔註44〕當時王弗年僅
十七歲，至二十七歲時去世為止，她與蘇軾共度十年的夫妻生活。蘇軾在〈亡
妻王氏墓誌銘〉中描述王氏，「見軾讀書則終日不去，亦不知其能通也。其後
軾有所忘，君則能記之，問其他書則皆略知之，由是始知其敏而靜也。」因
此王弗通於書史，學識頗佳，加上個性拘謹，深思熟慮、善於剖析人情事理，
正好可彌補蘇軾生性大而化之的缺點。在她與蘇軾十年的婚姻生活中，適逢
蘇軾在外致力求取功名，她居家侍奉公婆、治家謹肅，使蘇軾無後顧之憂。
蘇軾任官後，則隨夫遊宦於鳳翔，她深知蘇軾個性瀟灑、不拘小節，每規勸
丈夫，「子去親遠，不可以不懼。」故「軾有所為於外，君未嘗不問知其詳。」
或「軾與客言於外，君立屏間聽之。退必反覆其言曰：『某人也言輒持兩端，
惟子意之所嚮。子何用與是人言。』有來求與軾親厚甚者，君曰：『恐不能久。
其與人銳，其去人必速。』」她專注於丈夫日常交往，適時提出建言，對於個
性曠達的丈夫著實助益不小。而日後事態的發展，也往往證明王弗果真有丈
夫所欠缺的先見之明，因此她是蘇軾不可欠缺的助手。〔註45〕此外王弗個性
清高，能夠適時委婉勸阻丈夫的莽行，如蘇軾在岐下擔任官職時，居住處的
柳樹下「雪方尺不積，雪晴，地墳起數寸。軾疑是古人藏丹藥處，欲發之，
亡妻崇德君曰：『使吾先姑在，必不發也。』軾愧而止。」〔註46〕不過恩愛夫

〔註43〕《宋史》卷四五八〈張愈傳〉，頁 13440、13441。
〔註44〕《東坡先生年譜》，《蘇東坡全集》，北京中國書店，1986 年一版，頁 12。
〔註45〕蘇軾《東坡前集》卷三九〈亡妻王氏墓誌銘〉，《蘇東坡全集》，頁 452。
〔註46〕蘇軾《東坡志林》卷三〈先夫人不許發藏〉，《叢書集成新編》，86 冊，頁 430。

妻生活卻在治平二年（1065 年）劃下休止符，那年王弗去世，年僅二十七歲，身後還留有一子。蘇軾遭受喪妻之痛，頓失精神的支柱，心情之哀痛可想而知。因此蘇軾才會在〈亡妻王氏墓誌銘〉沈痛地說：「君得從先夫人于九原，余不能，嗚呼哀哉！余永無所依怙，君雖沒，其有與爲婦，何傷乎，嗚呼哀哉！」雖然在熙寧元年（1068 年）蘇軾再娶王弗堂妹王閏之爲繼室。不過蘇軾對王弗應是無法忘懷的。在妻子去世十年之後，蘇軾在密州夢見王弗，他塡〈江卜（城）子〉詞，云：

> 十年生死兩茫茫，不思量，自難忘，千里孤墳，無處話淒涼，縱使
> 相逢應不識。塵滿面，鬢如霜。夜來幽夢忽還鄉，小軒窗，正梳妝，
> 相顧無言，唯有淚千行，料得年年腸斷處，明月夜，短松岡。〔註47〕

蘇軾的繼室王閏之的學養可能不及王弗，但她在二十一歲嫁給蘇軾後至元祐八年（1093 年）四十六歲病逝開封止，與蘇軾度過二十五年的夫妻生活。在這段期間，蘇軾宦海浮沈，居無定所，她雖沒有堂姊博學，然始終固守妻子本分，無怨無悔地全心支持蘇軾。她跟隨蘇軾貶謫至黃州，在這五年間她勤儉持家，相夫教子，與蘇軾過著患難夫妻的生活。當時蘇軾在黃即坡下種稻，王閏之學養雖不足，但自幼生長於農家，具有豐富的農業知識，對蘇軾助益不少。如蘇軾耕田五十畝，養有一牛，有一次牛隻得病，牛醫亦束手無策，但她一眼就看出牛發豆斑，他建議，以青蒿作粥治療牛隻，牛隻果然病癒。此事後來一直爲蘇軾所津津樂道。〔註48〕她去世後，蘇軾少了一位默默照顧他的妻子，生活倍感寂寞，在〈祭亡妻同安郡君文〉回憶王閏之：

> 婦職既修，母儀甚教，三子如一，愛出于天。從我南行，菽水欣然。
> 湯沐兩郡。喜不見顏。我曰歸哉，行返丘園。曾不少須，棄我而先。
> 孰迎我門，孰饋我田。以矣奈何，淚盡目乾，旅殯國門，我實少恩，
> 惟有同穴，尚踏此言。〔註49〕

三、梅堯臣與謝氏

梅堯臣一生愛戀妻子謝氏。他在二十六歲時娶謝氏爲妻，當時謝氏二十歲。謝氏出身於官宦家庭，父親謝濤，兄長謝絳皆爲當時知名之士。梅堯臣

〔註47〕蘇軾著，薛端生箋證《東坡詞編年箋證》卷一，西安三秦出版社，1998 年一版，頁 136。

〔註48〕葉寘《坦齋筆衡》，《說郭三種》卷一八，頁 324。

〔註49〕《東坡後集》卷一六〈祭亡妻同安郡君〉，《蘇東坡全集》，頁 635。

雖然才華洋溢、善於作詩。奈而仕途多蹇，一生並未中進士，最終只得依靠叔父梅詢的恩蔭，擔任個薪俸微薄的小官，生活可說是相當清苦，而謝氏雖出身於官宦家庭，卻「怡然處之，治其家有常法。其飲食器皿雖不及豐侈，而必精以旨。其衣無故新，而澣濯、逢紉，必潔以完。所至官舍雖庳陋，而庭宇灑掃必肅以嚴，其平居語言容止，必怡以和。」處置家中事物一切井然有序，不勞丈夫煩心。更重要謝氏也是梅堯臣的益友，對於丈夫交遊往往多所諍言。當堯臣「嘗與士大夫語，謝氏多從戶外屏聽之。間則盡能商搉其人才能賢否、及時事之得失，皆有條理。吾官吳興，或自外醉而歸，必問曰：『今日孰與飲而樂乎。』聞其賢者也，則悅。否則歎曰：『君所交皆一時賢雋，豈其屈己下之耶。』」〔註50〕就因謝氏安於貧困、知書明理、又可為丈夫的益友，夫妻二人感情甚篤。梅堯臣在景祐二年（1035 年）擔任建德縣任內時，大概也是他首次與妻子分隔兩地，他非常思念妻子，便寫了〈往東流江口寄內〉給謝氏，云：

> 艇子逐溪流，來至碧江頭。隨山之幾曲，一曲一增愁。巢蘆有翠鳥，
> 雄雌自相求。擘波投遠空，丹喙橫輕儵。呼鳴仍不已，共啄向蒼州。
> 而我無羽翼，安得與子遊？〔註51〕

詩中以蜷繾翠鳥表達個人對妻子的無限思戀。不過即使只是貧賤夫妻相互扶持的平凡生活竟也遭天忌，在梅堯臣四十三歲時，因湖州監稅任滿，他攜眷赴東京途中，謝氏病逝於高郵三溝的舟中。當時謝氏僅三十七歲，謝氏之死，對梅堯臣是一沈重的打擊。梅堯臣一生深愛謝氏，在她死後曾作〈悼亡三首〉，日後又陸續有〈淚〉、〈秋日州中有感〉、〈新冬傷逝呈李殿丞〉、〈正月十五夜出迴〉、〈懷悲〉、〈七夕有感〉、〈秋夜感懷〉、〈夢感〉、〈秋雁〉、〈椹潤書夢〉、〈靈樹鋪夕夢〉、〈憶吳松江晚泊〉、〈丙戌五月二十二日晝寢夢亡妻謝氏同在江上早行〉、〈夢睹〉、〈悲書〉、〈麥門多〉、〈內子吳中所植〉、〈梨花憶〉、〈戊子正月二十六日夜夢〉、〈寄麥門多於符公院〉及〈八月二十二日迴過三溝〉等詩句表達個人悲切的心情。茲將〈悼亡三首〉列於下：

> 結髮為夫妻，於今十七年，相看猶不足，何況是長捐。我鬢已多白，
> 此身寧久全，終當與同穴，未死淚漣漣。
>
> 每出身如夢，逢人強意多，歸來仍寂寞，欲語向誰何？窗冷孤螢入，

〔註50〕《歐陽文忠公文集》卷三六〈南陽縣君謝氏墓誌銘〉，頁267。
〔註51〕《梅堯臣集編年校注》卷五〈往東流江口寄內〉，頁86。

宵長一雁過，世間無最苦，精爽此銷磨。

從來有脩短，豈敢問蒼天，見盡人間婦，無如美且賢。譬如愚者壽，

何不假其年，忍此連城寶，沈埋向九泉。〔註52〕

梅堯臣以自然筆法，娓娓道來他內心喪妻的悲痛，愈顯其和謝氏感情的深厚。

四、司馬光與張氏

司馬光與妻子張氏亦是伉儷情深。張氏是張存的女兒，因張存與司馬光父親司馬池友誼深厚，進而結為兒女親家。張氏在十六歲時嫁給司馬光，六十歲去世，與司馬光共度四十五年美滿的婚姻生活。受家學薰陶，張氏溫柔婉約，兼具妻子各項美德，司馬光讚美她「自始嫁至於瞑目，未嘗見其有忿懟之色，矯妄之言。」〔註53〕又能在必要時化解丈夫的懊惱，司馬光在〈敘清和郡君〉一文中，回憶道：「始余為學官，笥中衣無幾，一夕盜入室，盡捲以去，時天向寒，衾無纊絮，客至，無衫以見之，余不能不歎嗟。君笑曰：『但願身安，財須復有。』余賢其言，為之釋然。」〔註54〕也許就是因二人鶼鰈情深，司馬光雖然無子，也不曾有過納妾的想法，在《畫墁錄》就載司馬光三十餘歲仍未有子息，夫人張氏賢慧不妒，欣然採納龐穎公及劉夫人的建議為司馬光納妾，結果「未几得之，凡歲幾朝，溫公未嘗盼睞。」龐、劉二人認為此乃張氏在家所致，於是以賞花為由，邀張氏前往，並命該妾，「靚粧就書院供茶」，不過司馬光依舊不解風情的趕走小妾。〔註55〕夫妻二人相互扶持四十餘年，故在張氏去世後，司馬光對其追思不已，「常忽忽不樂，時至獨樂園于讀書堂危坐終日。嘗作小詩隸書梁間云：『暫來還似客，歸去不成家』」。其回人簡有云：「草妨步則薙之，木礙冠則芟之，其他任其自然，相與同天地間，亦各欲逐其生耳。」〔註56〕

五、趙明誠與李清照

有時夫妻的相處因志趣相投，夫唱婦隨，成為令人豔羨不已的美滿婚姻。趙明誠與李清照的結合便是其中之典型。李清照，自號易安居士，濟南人。受家學陶養，她自幼即有才藻名，善屬文，工詩、詞，亦有名於時。著

〔註52〕同上書，卷一四〈悼亡三首〉，頁245、246。
〔註53〕《傳家集》卷七八〈敘清河郡君〉，頁719。
〔註54〕同上註，頁720。
〔註55〕張舜民《畫墁錄》卷一，《叢書集成新編》，86冊，頁592。
〔註56〕道山先生《道山清話》，《説郛三種》，頁1151。

作多不傳，惟詞尚存，她又能書，能畫，〔註57〕是位才華橫溢的女士。王灼就盛讚她「才力華贍，逼近前輩，在士大夫中已不多得。若本朝婦女，當推文采第一。」〔註58〕在十八歲時嫁給太學生趙明誠為妻，當時她父親李格非為禮部員外郎，趙的父親趙挺之是吏部侍郎，二人的結褵可謂是門當戶對的天作之合。新婚之初，夫妻志同道合，每月初一、十五夫妻二人便「質衣，取半千錢，步入相國寺，市碑文果實。歸，相對展玩咀嚼，自謂葛天氏之民也。」待趙明誠出仕，經濟情況有所改善，夫妻更沈醉於古今名人書畫，不能自已。嘗欲購徐熙牡丹圖，然對方求錢二十萬，遠超過夫婦經濟能力所能負擔，只得「留信宿，計無所出而還之，夫婦相向惋悵者數日。」至大觀元年（1107 年）三月趙挺之去世，死後為蔡京誣陷，家屬親戚在京城者皆銀鐺入獄。趙明誠不久雖獲釋，但官職被奪。於是大約自大觀元年（1107年）起趙明誠與李清照只好回到故里青州，「屏居鄉里十年」，在這段時間趙明誠雖無官職，然她得以與夫婿終日廝守，全力協助趙編著《金石錄》，可說是李清照婚姻生活最幸福美滿的時段。此時夫妻二人浸淫於金石學中，樂此不疲，當時是：

> 連守兩郡，竭其俸入，以事鉛槧。每獲一書，即同共勘校。整集籤題。得書、畫、彝、鼎，亦摩玩舒卷，指摘疵病，夜盡一燭為率。故能紙札精緻，字畫完整，冠諸收書家。余性偶強記，每飯罷，坐歸來堂，烹茶，指堆積書，史，言某事在某書、某卷、第幾葉、第幾行，以中否角勝負，為飲茶先後。中即舉杯大笑，至茶傾覆懷中，反不得飲而起，甘心老是鄉矣。故雖處憂患困窮，而志不屈。收書既成，歸來堂起書庫。……自來家傳周易、左氏傳，故兩家者流，文字最備。于是几案羅列，枕席枕藉，意會心謀，目往神授，樂在聲色狗馬之上。〔註59〕

夫妻二人志趣相投，致力於金石學的探究，生活是何等愜意。不過好景不常，趙明誠在恢復官職後，她們婚姻生活便起了微妙的變化，當然其中與二人無子息有著密切的關係，李清照是情感心思非常細膩之人，對於丈夫的疏離心中當然有所哀怨，然似乎無可奈何，只能寓情於著作中。在宣和三年（1121

〔註57〕王仲聞《李清照集校注》附錄《李清照事跡編年》，頁208。

〔註58〕王灼《碧雞漫志》卷二，《歷代筆記小說集成》，4 冊，頁156。

〔註59〕《李清照集校注》卷三〈金石錄後序〉，頁177、178。

年）秋天李清照遠從青州至萊州探望丈夫，卻受到丈夫冷漠的對待，李於是作〈感懷〉詩云：

> 寒窗敗几無書史，公路可憐合至此。青州從事孔方兄，終日紛紛喜生事。作詩謝絕聊閉門，燕寢凝香有佳思。靜中我乃得至交，烏有先生子虛子。〔註60〕

以寓其情。不過二人感情在趙明誠靖康元年（1126 年）守淄州時又有轉圜的餘地，根據繆荃孫之《雲自在龕隨筆》卷二記載：趙明誠在淄州認識邢有嘉，一日邢以白居易書《楞嚴經》相示，趙即「上馬疾驅，歸與細君（清照）共賞。時已二鼓下矣，酒渴甚，烹小龍團，相對展玩，狂喜不支。兩見燭跋，猶不欲寐，便下筆為之記。趙明誠。」當時二人以金石、書畫為藉，夫妻感情應該不錯。至建炎元年（1127 年）時局已大亂，明誠任江寧府事，清照南下，載書十五車，過淮、渡江，之建康。建炎三年（1129 年）明誠罷守江寧，移知湖州，同年八月病逝於建康。清照悲痛萬分，作祭文有「白日正中，歎龐翁之機捷。堅城自墮，憐杞婦之悲深」之句。後清照亦大病一場，然為完成丈夫心願，她強打精神，將「書二萬卷，金石刻二千卷，器皿、茵褥」等送至洪州，自己則攜帶所有古銅器赴越投進。並在紹興二十一年（1151 年）至紹興二十五年（1155 年）表上《金石錄》於朝。〔註61〕李清照與趙明誠夫妻二人因才華相當、志同道合，其中雖因子息問題而有些波折，但夫妻之間應是伉儷情深。尤其李對趙明誠的懷念並沒有隨著時間而磨滅。在紹興五年（1135 年）李清照已經五十三歲，經歷喪夫、國破家亡之痛，流離顛沛之苦，這時她暫時避難於浙江金華，面對的景物依舊，然摯愛丈夫已逝，心中不禁湧起萬端愁緒，其作〈武陵春〉云：

> 風住塵香花已盡，日晚倦梳頭。物是人非事事休，欲語淚先流。聞說雙溪春尚好，也擬泛輕舟。只恐雙溪蚱蜢舟，載不動許多愁。〔註62〕

詞義淒婉、勁直，使人直覺她對趙明誠一片深情。

伍、傾斜的夫妻相處 —— 懼內

禮法規範的夫妻相處模式應是「相敬如賓」、「夫義婦順」，也就是夫待妻

〔註60〕同上書，卷二〈感懷〉，頁 131、132。
〔註61〕同上書，附錄《李清照事跡編年》，頁 234～266。
〔註62〕同上書，卷一〈武陵春〉，頁 61。

如禮，妻視丈夫爲天，溫柔婉約、無怨無悔爲先生的賢內助。然而這樣理想的夫妻相處模式，有時也會有不合人意之處，妻子不但稱不上溫柔可人，且趾高氣昂無視丈夫的存在，而丈夫對妻子「囂張跋扈」的行徑，全然束手無策，只得唯命是從或逆來順受。像這樣「懼內」的情形，不只存在所謂禮法崩壞的魏晉南北朝、或胡風盛行、閫門禮法蕩然無存的唐代，在宋代也是時有所聞。不過「懼內」若與視妻「相敬如賓」或「有若嚴君」相較，實在有損大丈夫的氣概，以致「懼內」者，常成爲人們茶餘飯後嘲弄的對象。如《湘山野錄》載安鴻漸怕老婆，其云：

> 安鴻漸有滑稽清才，而復內懼。婦翁死，哭於柩，其孺人性素嚴。呼入總幕中詬之曰：「汝哭何因無淚。」漸曰：「以帕拭乾。」妻嚴誡曰：「來日早臨定須見淚。」漸曰：「唯」計既窘，來日以寬巾濕紙置於額，大叩其顙而慟。慟罷，其妻又呼入虧之。妻驚曰：「淚出於眼，何故額流。」漸對曰：「樸但聞自古云，水出高源。」〔註63〕

而王欽若因妻子妒悍，雖位爲一品高官，也不敢置姬妾。其「宅後作堂名三畏」，楊文公戲謔說「可改作四畏」，王問其故，楊曰：「兼畏夫人。」〔註64〕康凝也因畏妻，成爲同事的笑柄。陶穀在《清異錄》卷二〈黑鳳凰〉就記載：

> 禮部郎康凝畏妻甚有聲，妻有病，求烏鴉爲藥，而積雪未消，難以網捕。妻大怒，欲加捶楚，凝畏懼，涉泥出郊，用粒食引致之，僅獲一枚。同省劉尚賢戲之曰：「聖人以鳳凰來儀爲瑞，君獲此免禍，可謂黑鳳凰矣。」

此外，堯章因曾寄寓張仲遠家，知道張仲遠頗爲懼內，張之妻「知書性頗妒，賓客通問，必先窺來札」，於是作〈百宜嬌〉一詞消遣仲遠，張妻見之，「仲遠莫能辯，則受其指甲搯面，不能出外。」〔註65〕不過在宋代處境最悽慘的，應是「入翰苑、出塞垣」多才多藝、學識廣博的沈括。他晚年再娶張氏，極爲凶悍殘忍，「存中不能制，時被捶罵、梓鬚墮地，兒女號泣而拾之，鬚上有血肉者，又相與號慟，張終不恕。」紹聖年間張氏忽然病沒，人人皆欣喜沈括終於脫離苦海，可是也許張氏「妒暴非碌碌者，雖死魂魄猶有憑藉。」沈

〔註63〕釋文瑩《湘山野錄》卷中，《歷代筆記小説集成》，24冊，頁495。

〔註64〕丁傳靖《宋人軼事彙編》卷五，台灣商務印書館，1982年台二版，頁197。

〔註65〕同上書，卷一六，頁819、820。

括竟在張亡後，「恍惚不安，船過揚子江遂欲墮水，左右挽持之，得免，未幾不祿。」〔註66〕有的懼內則是因爲妻子貌美，丈夫奉承妻子百依百順、惟恐不及。如彭汝礪爲官剛明正直、深爲朝野所推重，但也以懼內聞名。他在熙寧中爲江西運判時、妻子甯氏亡故，就有意納宋氏爲妻，奈何有服在身，只好做罷。然而十二年後，他竟如願以償，娶得美婦歸。「宋氏有姿色，彭委順不暇。或曰：『宋氏中間曾歸一朝官，而彭不知。』紹聖中，彭典九江，將逝。命索筆，人以爲必有偈頌，乃曰：『宿室冤家，五年夫婦，從今而往，不打這鼓。』投筆而逝。」〔註67〕

「懼內」的理由紛沓，然而不論基於何種理由，「懼內」總是不被社會道德輿論所接受。如豪邁的蘇東坡不拘小節，本來就喜歡戲謔他人，他認爲丈夫乃堂堂男子，竟然會懼內實是非常荒謬可笑的事，故他在黃州時，由友人口中得知龍丘先生陳慥「好賓客，喜畜聲妓，然其妻柳氏絕凶妒」後，就在〈寄吳德仁兼簡陳季常〉一中取笑陳季常怕老婆，其中「龍丘居士亦可憐，談空說有夜不眠；忽聞河東獅子吼，柱杖落手心茫然」之語，即以佛家語獅子吼比喻柳氏凶悍無比。此外，也許柳氏善妒聲聞於外，故黃庭堅與陳季常往返書信中也提到：「公暮年來，想漸求清靜之方，姬媵無新進矣。柳夫人比何所念以致疾邪？」又一帖云：「承諭老境情味，法當如此所苦，既不妨游觀山川，自可損藥石，調護起居飲食而已，河東夫人亦能哀憐老大，一任放不解事邪！」〔註68〕不幸地，經此渲染陳季常成爲懼內的人物代表，從此「季常癖」就成爲懼內的代稱。此外，孫公賁風流瀟灑、自命不凡，可是偏偏有懼內傾向。蘇東坡早已耳聞孫公賁懼內，有一天孫公賁請求蘇東坡在他扇面上題字，蘇東坡當然不會放棄戲謔他的機會，就在扇面題七言絕句一首，云：

> 坡翁當年笑溫嶠，握刀歲晚戰劉郎。不須戚戚如馮衍，但與時時說
> 李陽。〔註69〕

詩中共引用溫嶠、劉備、馮衍、王宜甫等四位懼內的歷史名人，來取笑孫公賁怕老婆。

〔註66〕《萍洲可談》卷三，《歷代筆記小說集成》，11 冊，頁 360。
〔註67〕《畫墁錄》卷一，《叢書及成新編》，86 冊，頁 593。
〔註68〕洪邁《容齋三筆》卷三〈陳季常〉，鄭州中州古籍，1993 年一版，頁 4。
〔註69〕趙令時《侯鯖錄》，《說郛三種》，頁 536。

陸、夫妻失和

男女經由婚禮成為夫妻、組織家庭後，理想的情形本應夫妻同甘苦、齊生死，夫唱婦隨、和樂相處。然而世事複雜，非禮法道德全然能規範，歷代怨偶從「相敬如冰」，到視同末路、甚至對簿公堂慨然分手，或夫妻兵戎相見者，演變成弒妻殺夫的情形時有所聞。宋代社會當然也不例外。因此有夫妻因彼此不和而仳離者，如《東軒筆錄》卷七云：

> 王荊公之次子名雱，為太常寺太祝，素有心疾，娶同郡龐氏女為妻，逾年生一子，雱以貌不類己，百計殺之，竟以悸死。又與其妻日日相鬥鬨，荊公知其子失心，念其婦無罪，欲離異之，則恐其誤被惡聲，遂與擇婿而嫁之。

即使皇室亦有夫妻不和而離異的，如神宗弟岐王趙顥與妻馮氏素不睦，帝令其分居。據《涑水記聞》卷一四載：

> 岐王夫人馮侍中拯之曾孫也，失愛於王，屏居後閣者數年。元豐二年春，岐王宮遺火，尋撲滅。夫人聞有火，遣二婢往視之、王見之，詰其所以來。……王乳母素憎夫人，與王二嬖人共譖之，曰：「火殆夫人所為也。」……王杖二婢，而且哭于太后曰：「新婦所為如是，臣不可與同處。」……上素知其不睦，必為左右所陷。……太后固召夫人入禁中，……夫人泣拜謝罪，乃曰：「縱火則無之，然妾小家女，福薄，誠不足以當岐王伉儷，幸赦其死，乞削髮出外為尼。」太后曰：「聞汝詛罵岐王有諸？」對曰：「妾乘忿或有之。」上乃罪乳母及二嬖人。命中使送夫人於瑤華宮。不披戴，舊俸月錢五十緡，更增倍之，厚加資送。

不過宋代社會輿論視離婚為醜事已在醞釀之中，即使妻子悍妒不已，士大夫懼怕輿論的制裁，往往隱忍未發，不敢輕易與妻子仳離。因此司馬光才會大聲疾呼云：

> 夫婦以義和，義絕則離之。今士大夫有出妻者，眾則非之，以為無行，故士大夫難之。按禮有七出，顧所以出之用何事耳。若妻寔犯禮而出之，乃義也。昔孔氏三世出其妻，其餘賢士以義出妻者，眾矣。奚虧於行哉。

若認為妻，「驕縱悍戾、訓屬禁約而終不從」，以致「乖離六親，敗亂其家。」

則不可不出之。〔註70〕強調因義理出妻的合法性、正當性。可是士大夫若有非理休妻之舉,則一定為道德輿論所不恥,甚至有官員因此被罷職免官,如孝宗淳熙十一年(1184 年)校書郎奚商衡被罷,其原因就是:「商衡身居清選,行若市人,出妻賣友,士論嗤鄙,故有是命。」〔註71〕甚者,更認為離婚會招致陰譴,所以《清明集》〈妻以夫家貧而仳離〉判文中才會說:「丘教授壽祿不永,萬里客死,豈非此等事有累其陰賭驚歟?」又《夷堅志》也提到趙希哲中舉後,貪圖富家女豐厚的嫁妝,非理出妻。結果本來命中注定可官居侍從,因非理休妻,不但「今望前程亦難矣」,不久亦亡故,壽僅四十餘。〔註72〕

柒、試探夫妻失和的原因

影響宋代夫妻互動關係,除了雙方父母對兒女婚事的橫加干涉外。事實上還有其他相關的因素。然因夫妻相處本來就屬「家務事」,有許多不可為外人道的難言之隱,若要一一釐清是有所困難,恐有掛一漏萬之憾,不過爬梳文獻史料,影響宋代夫妻感情因素、大致可歸納為夫妻年德、面貌、才情與經濟等因素。

一、經濟因素

隨著宋代社會的多元化、商業的蓬勃、城市的繁榮,婦女商業化的情形日益深化,這些都強烈地衝擊傳統夫妻關係。如兩浙地區經濟較繁榮,一切以金錢利益為上,妻子公然紅杏出牆,不以為恥,因此莊綽云:

> 兩浙婦人皆事服飾口腹,而恥為營生,故小民之家,不能供其費者,
> 皆縱其私通,謂之貼夫,公然出入,不以為怪。如近寺居人,其所
> 貼者皆僧行也,多至有四五焉。〔註73〕

沒有一位做丈夫者甘心戴綠帽子,坐視妻子與他人通姦而不顧。不過人窮志短,緣於經濟拮据遂貪圖金錢,丈夫對妻子不貞的行為只得忍氣吞聲,如《夷堅支甲志》卷一〈五郎君〉條載:

> 河中市人劉庠,娶鄭氏女,以色稱。庠不能治生,貧悴落魄,唯日
> 從其侶飲酒。鄭饑寒寂寞,日夕咨怨,忽病肌熱,昏冥不知人,後

〔註70〕《家範》卷七〈夫〉,頁 466。
〔註71〕《宋會要輯稿》一〇一冊,〈職官七二之八〉,頁 3978。
〔註72〕《夷堅三志壬》卷二〈趙希哲司法〉,頁 1482、1483。
〔註73〕《雞肋編》卷中,頁 733。

雖少愈，但獨處一室，默坐不語，遇庠輒切齒折辱。庠鬱鬱不聊，
委而遠去。鄭掩關潔身，而常常若與人私語，家眾穴隙潛窺，無所
睹。久之，庠歸舍，入房見金帛錢綺盈室，問所從得。鄭曰：「數月
以來，每至更深，必有一少年來，自稱五郎君，與我寢處，諸物皆
其所與，不敢隱也。」庠意雖忿忿，然久困於窮，冀以小康，亦不
之責。

其中劉庠因生活困苦，冀求金錢財富，改善家境，只好容忍妻子的不貞。當
然也有丈夫貪圖厚利與妻子離異的，如前文之趙希哲早已娶董宗安之女為
妻，但在中舉後，竟利欲薰心，「妄以他事離其妻，再娶富室周氏，大獲裝奩。」
〔註74〕而汪季英娶陳定國之女，汪「顧其資送不腆，心殊弗愜。已又誕女，
愈嫌之。」汪到郡學求學，妻子病危，「遣僕屢促其歸」，還再三拖延，「暨抵
家，既棺殮矣。」可以說是為了錢財，可以說是為了錢財全然枉顧夫妻之義
的例子。〔註75〕

　　有時夫妻失和乃至分離，並非全然為了物質的享受，最悲慘的是人民因
天災人禍被迫典賣妻子，如《長編》卷一一四〈仁宗景祐元年〉（1034年）曰：
比因饑謹，民有雇鬻妻子，及遺棄幼稚，而為人收養者，並聽從便。又治平
二年（1062年）八月辛卯，司馬光上疏曰：

日有黑子江淮之水或溢或涸，去夏霖雨，涉秋不止。京畿東南十有
餘州，廬舍沈於深淵，浮苴棲于木末。老弱游離，捐瘠道路，妻兒
之價，賤于犬豕。〔註76〕

又蘇軾在〈論綱梢欠折利害狀〉亦云：

又臣到任未幾，而所斷糧綱欠折所干繫人，徒流不可勝數。衣糧蠲
於折會，舡車盡於折賣，質妻鬻子，飢瘦伶俜，聚為乞丐，散為盜
賊。竊計京師及緣河諸郡，例皆如是。〔註77〕

都提到人民因生活困苦無以維生，被迫典妻、賣妻。事實上，這些官員所奏
並非危言聳聽，在宋代人民因天災人禍、繁苛的稅役，被迫典妻、鬻妻應是
很普遍的，如《能改齋漫錄》卷一一〈國香〉條中，黃庭堅就曾描述鄰女國

〔註74〕《夷堅三志壬》卷二〈趙希哲司法〉，頁1482。
〔註75〕《夷堅三志辛》卷五〈汪季英不義〉，頁1422。
〔註76〕《長編》卷二〇六〈英宗治平二年八月辛卯〉，頁2070。
〔註77〕蘇軾《奏議集》卷一二〈論綱梢欠折利害狀〉，《蘇東坡全集》，頁547、548。

香儀態「幽閑端美」，然紅顏薄命，所嫁非匹，嫁給下里貧民爲妻，黃庭堅爲此歔欷感嘆不已，因而作〈水仙花〉詩云：

> 淤泥解出白蓮藕，糞壤能開黃玉花。可惜國香天不管，隨緣流落小
> 民家。

而命運多乖的她，厄運並未就此終止，最後竟因「荊南歲荒」，被丈夫賣至荊渚田家爲侍妾。而根據《河南邵氏聞見前錄》卷一一載：王安石夫人曾爲他買一侍妾，王安石得知該女子原爲軍將之妻，只因丈夫「運米失舟，家資盡沒，猶不足。」不得以只好賣妻以償。王安石對其遭遇深表同情，於是「呼其夫，令爲夫婦如初，盡以錢賜之。」不過多數婦女應無法同此女子般幸運。

到了南宋時，吳、越一帶因商業經濟繁榮，典故妻子風氣更勝於北宋，有的典妻確實是基於生計艱難，然亦有並非緣於飢餒凍餓，只因丈夫貪圖錢財之利，即無視夫妻之義，典賣妻子爲他人妾。如賈似道的母親胡氏，本是錢塘鳳口里人，乃一有夫之婦。一日「賈涉（賈似道之父）至鳳口，見而悅之，戲曰：『汝能從我乎？』婦曰：『有夫安得自由，待其歸，君自爲言。』夫歸，欣然賣與。」〔註78〕

故可看出禮法雖然反覆強調，男女結爲夫妻，應本「壹與之齊，終身不改。」不過受限父系宗法體制，夫妻之間相處理論總是「夫尊妻卑」的型態較爲強勢，因此當家計困難時，妻子就成爲犧牲的對象，往往被丈夫所典賣。不過在宋代輿論基本上，也允許妻因夫貧而要求離異，如在《朱子語類》卷一〇六就載：

> 建陽簿權縣。有婦人，夫無以爲贍，父母欲取以歸。事到官，簿斷
> 聽離。致道深以爲不然，謂：「夫婦之義，豈可以貧而相棄？官司又
> 豈可遂從其請？」曰：「這般事都就一邊看不得。若是夫不才，不能
> 育其妻，妻無以自給，又奈何？這似不可拘以大意，只怕妻之欲離
> 其夫，別有曲折，不可不根究。」

即使視禮法爲天理的朱熹，亦採取彈性的原則，許可妻子在必要時，可以夫貧爲離婚的理由，其他的士人道德標準當更具彈性。因此也有少數婦女因夫家貧困，而夫妻起齟齬，終至離異的，如《玉照新志》卷二載：

> 鄭紳者，京師人，少日，以賓贊事政府，坐累被逐，貧窶之甚，妻

〔註78〕田汝成《西湖遊覽志餘》卷五〈佞倖盤荒〉，台北世界書局，1963年初版，頁94。

棄去適他人，一女流落宦寺家。

又由《談藪》云：「曹詠侍郎妻碩人厲氏，餘姚大族女，始嫁四明曹秀才，與夫不相得，仳離。」的敘述看來，似乎是因夫妻失和、無法相處，才會走上離婚一途。離婚後、厲氏改適秦檜的心腹曹詠為妻，享盡榮華富貴。然在曹詠亡故後，厲氏因子孫不肖、生活孤苦無依，只好仰賴親戚接濟為生。不過由文中敘述道：一日厲氏「出訪親舊，過故夫曹秀才家，門庭整潔，花木蓊茂。」厲氏目睹此景，感慨萬千，對侍婢曰：『我當時能自安于此，豈有今日。』因泣下數行。」〔註79〕的情形看來，厲氏與前夫離異，改嫁當時炙手可熱的曹詠為妻，顯然是厲氏無法安於平淡，嫌棄曹秀才家境貧窮，才會和丈夫離異。亦有因夫家貧窮，由妻兄提出離婚的要求，在《名公書判清明集》〈妻以夫家貧而仳離〉即載：

> 丘教授未第之前，以女弟適黃桂，既生五女矣，一旦丘教授偶中高科，門戶改變，黃桂不善營運，家道凋零，丘教授遽奪女弟，令寫離書。

因此妻子能安於貧困與丈夫偕老終生，每成為佳話。如《雋永錄》〈巴家富詩〉云：

> 李黨學卿大女適巴長卿，巴氏貧甚，李亦安之。嘗戲作詩云：「誰道巴家窘，巴家十倍都，池中羅水馬，庭下列蝸牛，燕麥粉無數，榆錢散不收，夜來深驟富，新月掛銀鉤。」〔註80〕

李氏賢明有才學，以雋永幽默詩句化解物質匱乏，安於恬淡貧困的生活，在當時實屬難得。

二、內　寵

隨著宋代經濟發達，婦女物化情形日益嚴重，許多下層婦女淪為妾、婢，或為娼、為妓，成為聲色的工具。當然在宋之前妾、妓早已存在，不過宋代以前，她們主要服務對象限於少數權貴。可是隨著宋代社會結構轉變、商業的繁榮，妾、妓不再是少數人的專利。在宋代官僚權貴固然可蓄妾、挾妓極盡聲色之娛或自命風流。甚至有的因內寵過多，而有顧此失彼之慮，在《東軒筆錄》卷七中，就描述宋子京晚年知成都時，內寵極多，「後庭曳綺羅者甚眾，嘗宴於錦江。偶微寒，命取半臂，諸婢各執一枚，凡十餘枚俱至，子京

〔註79〕龐元英《談藪》，《說郛三種》，頁544。
〔註80〕《雋永錄》〈巴家富詩〉，《說郛三種》，頁519。

視之。茫然恐有厚薄之嫌，竟不敢服，忍冷而歸。」有的還因沈迷於女色以致得病，如劉敞在永興時，因「惑官妓，得驚蟄病。」〔註81〕有的即使身染重病，依然頑冥不改，好色如故。如丁諷以「好色致疾，既廢無賴。亦求妙年殊質以厭其心。客出不能送，令一婢子送至門曰：『謝訪。』以故賓客之至者，乃數倍於未病時。」〔註82〕更甚者是明明妻子悍妒，不許丈夫蓄妾，本身又懼內，卻流連聲色，不可自拔。但因懼內，也只能背著妻子蓄外宅婦，如汪藻就是這樣的例子，他：

> 納名娼周氏，而妻不能容。汪置諸郡圃，時與之會。其妻瞷其往，即逕造其所而詬之。汪預戒十數卒布於道，俟其妻來，即連聲大唱喏，其聲如雷，汪聞喏聲，即由他道去。〔註83〕

而一些富豪之家更是挾藉財富、坐擁姬妾，如《墨客揮犀》載：

> 石曼卿居蔡河下曲，鄰有一豪家，日聞歌鐘之聲，其家僮僕數十人，常往來曼卿之門。曼卿呼一僕，問豪爲何人，對曰：「姓李氏，主人方二十歲，並無昆弟，家妾曳羅綺者數十人。」〔註84〕

而事實上，宋士大夫沈溺於聲色，無視禮法道德的存在，甚爲奪取美妾，常不擇手段，其行徑極爲可鄙，周煇在《清波雜志》卷三就嚴厲批判士大夫無恥的行徑，其云：

> 士大夫欲永保富貴，動有禁忌，尤諱言死，獨溺于聲色，一切無所顧避。聞人家姬妾有慧麗者，伺其主翁屬纊之際，已設計賄牙儈，俟其放出以售之，雖俗有熱孝之嫌，不卹也。

在宋代才貌兼具的婢、妾雖爲眾人覬覦的目標，但她們地位卑微，身處社會邊緣，家世又多地寒人薄，多數經由掠奪或典賣得來，不似嫡妻明媒正娶，又有娘家的奧援。故就出身或在主人家中地位而言，她們絕對無法與嫡妻相提並論。就禮法言，妾的身份也是低於妻，《儀禮》卷一一〈喪服傳〉曰：「妾事女君與事舅姑同」，稱妻爲女君，其不得與丈夫齊體。故妾在主人家中地位極爲低落，又缺乏人身安全保障，有著強烈的客體性。更令人心酸的是她們與主人之間少有親情存在，婢、妾通常被視爲聲色或生兒育女的工具，如《齊

〔註81〕《能改齋漫錄》卷一一〈記時·劉原父惑官妓得病〉，台北木鐸書局，頁322。
〔註82〕《宋人軼事彙編》卷九，頁392。
〔註83〕《東南紀聞》卷一，《叢書集成新編》，87冊，頁458。
〔註84〕彭乘《墨客揮犀》卷八，《叢書集成新編》，86冊，頁525。

東野語》卷一六〈潘陳同母〉云：

> 陳了翁之父尚書，與潘良貴榮義之父情好甚密。潘一日謂陳曰：「吾
> 二人官職年齒、種種相似。獨有一事不如公，甚以爲恨。」陳問之，
> 潘曰：「公有三子，我乃無之。」陳曰：「吾有一婢，已生子矣。當
> 以奉借。它日生子即見還。」既而遣至，即了翁母也。未幾，生良
> 貴。後其母遂往來兩家焉。一母生二名儒，亦前所未有。

無疑視妾只是一個生產兒子的工具。有時也視妾等同於財物，以妾爲相酬贈
的對象，如《揮麈錄餘話》云：

> 陳彥育序，丹陽士子，從後湖蘇養直學詩，造其三昧。向伯恭爲浙
> 漕，訪養直于隱居，彥育適在坐，一見喜之，邀與共途，益以契合，
> 遂以其愛姬寇氏嫁之。〔註85〕

此外，妾是缺乏人身的保障，往往還會因不明原因，慘死在主人手下，在《茗
溪漁隱叢話前集》卷六〇〈麗人雜記〉云：杜太中，殘忍無情，雖妻有過，必
公杖之，人稱杜大蟲，他對待愛妾也極凶暴，據載：

> 有愛妾才色俱美，大中牋表，皆此妾所爲。一日，大中方寢，妾至，
> 見几間有紙筆頗佳，因書一闋寄〈臨江仙〉，有「彩鳳隨鴉」之語，
> 大中覺而視之，云：「鴉且打鳳。」於是掌其面，至項折而斃。

可見妾缺乏人身安全的保障，其處境之惡劣有時是超乎世人想像。

根據宋代的禮法，妾在家族的地位是無法與正妻相提並論。不過若是嫡
妻軟弱，妾便可恃寵而驕、欺凌正妻，如宋仁宗時陳執中治家不謹，寵妾張
氏悍逸不制，逾越禮制，凌駕正室妻子，甚至笞殺女奴迎兒。〔註86〕而潭州
老婦本是嫡妻，不過無子，而妾有子，妾「母以子貴」，竟逾越禮制逐主母於
外，強佔所有的家貲。老婦雖多次訴於官府，然無法伸張冤屈，因而憤恚發
狂。最後幸好遇到王罕，他明察秋毫，老婦才能索回資產。〔註87〕但是如此
凶悍的妾在宋代應屬特例，多數的受禮法制約，很少做出逾越身份地位的舉
止，她們行事謹慎小心、以博取主人的歡心，如《夷堅乙志》卷一六〈姚氏
妾〉條所載，姚宏之妾不但美姿色，又「善女工庖廚」，「慧黠謹飾，能承迎
人」，故「自主母以下皆愛之。」而韓琦的母親胡氏應是宋代最幸運的妾，她

〔註85〕王明清《揮麈錄餘話》卷二，《叢書集成新編》，83 冊，頁 320。
〔註86〕《宋史》卷二八五〈陳執中傳〉、頁 9604。
〔註87〕《涑水紀聞》卷一三，《叢書集成新編》，頁 493。

因「地薄人寒」，淪爲韓國華之妾，幸好丈夫委「以主家事」，因此她在家中應有相當權責，不過她仍「上奉仁壽（嫡妻），下睦宗姻，內外無間言。」故嫡妻「仁壽愛而禮之。」〔註88〕更重要地，他生了足以令族人揚眉吐氣的兒子，日後她也母以子貴，受封爲郡太夫人，不過能如胡氏如此際遇的妾，在宋代可能是絕無僅有的特例。事實上，可能是基於警惕爲人妻者不可過於悍妒，筆記小說中的妾總是以命運悲慘者居多，她們若運氣不佳，往往會因遇人不淑而慘遭凌虐，或死於非命。通常婢妾最大的人身傷害來自主母，有時正妻緣於嫉妒，虐待妾婢的行徑確實令人髮指。但不可否認，妾或婢通常是丈夫事業有成或飛黃騰達之後購得，因此她們多比人老珠黃的妻子年輕貌美，尤其經過特殊技藝訓練之妾，〔註89〕更是才藝雙全，善於逢迎主人。雖在禮法規範下，妾很少能撼動嫡妻在家中的地位，但她們確實會影響夫妻之間的感情。在宋代許多夫妻情感起勃谿，都與丈夫沈迷於內寵或流連於外婦，有著密切的關係。

在宋代父系社會體制中，無庸置疑地，多數婦女皆以嫁人爲人生最終且唯一的依歸，擁有美滿的婚姻生活，能與丈夫白頭偕老，是婦女一生夢寐以求的願望。受限於「男女之別」、「女正位於內」的禮制規範，她們將生活、生命重心全寄託在丈夫或子女身上。因此對丈夫有著強烈的佔有欲，在此心態下，婢、妾成爲她們終生幸福的最大障礙，更何況多數的妾都比正妻年輕貌美，即使妻子明瞭在禮法上妾無法與其相提並論，但作妻子基於防患未然，當然無法忍受丈夫另結新歡。如在《高齋漫錄》中，就描述歐陽修妻子薛氏不容丈夫有女侍：

> 歐公作王文正墓碑，其子仲儀諫議，送金酒盤酸十副，注子二把，作潤筆費。歐公辭不受，戲云：「正欠捧者耳。」仲儀即遣人如京師，用千緡買二侍女并獻。公納器物而卻侍女，答云：「前言戲之耳。」蓋仲儀不初知薛夫人嚴而不容，故也。〔註90〕

有的妻子無法正面制止丈夫納妾買婢，只好略施小計將美妾轉贈他人，就同

〔註88〕韓琦《安陽集》卷四六〈太夫人胡氏墓誌銘〉，頁496。

〔註89〕在京都附近婦女商業化情形頗盛，如廖瑩中《江行雜錄》載：「京都中下之戶不重生男，每生女，則愛護如捧璧擎珠，甫長成，則隨其資質，教以藝業，用備士大夫採拾娛侍，名目不一。有所謂身邊人、本事人、供過人、針線人、堂前人、雜劇人、拆洗人、琴童、棋童，廚娘，等級截乎不紊。」

〔註90〕曾慥《高齋漫錄》，《叢書集成新編》，87冊，頁508。

《夷堅三志辛》卷七〈舒椎貨妾〉條所載，舒某甚爲寵愛新買之妾，妻子不免心生嫉妒，「思所以去之未能」，適孫紹遠除提舉福建常平，路經建康，舒以故舊留飲之，席間孫極力稱讚妾「歌舞之善」，舒氏妻便順勢言：「郎中幸顧昐此妾，能滿飲一巨觥，當綴以爲贈。」舒某無法制止妻子，而孫紹遠又「既飲竟」，舒某只好將愛妾轉送之。有些妻子則強迫丈夫必須忍痛出妾，如在《道山清話》云：

> 晏文獻爲京兆，辟張先爲通判，新納侍兒，公甚屬意，先字子野，能爲詩詞，公雅重之。每張來，令侍兒出侑觴，往往歌子野所爲之詞。其後王夫人寖不容，公即出之。〔註91〕

不過最令人感到膽顫心驚的是，當妻子無法制止丈夫納妾之行徑，反而將滿腹心頭怨恨發洩在無辜的婢、妾身上，她們多數以肉體的痛苦來折磨婢、妾，以發洩個人的心中怨恨，於是婢妾往往成爲妻子、丈夫角力下的受害者，如周必大妻性妒，「有媵妾，公盼之。夫人麾之庭，公過之，當暑，媵以渴告，公以熱水酌之。」其妻見到此番景象，折損周說：「好箇相公，爲婢取水。」周亦不甘示弱曰：「獨不見建義井者乎。」〔註92〕像這樣的折磨還算是較人道，有的嫡妻虐妾婢之舉，簡直是慘絕人寰，超乎世人的想像，如台州司法葉薦之妻對妾殘暴狠毒，她：

> 天性殘妒，婢妾稍似人者，必痛撻之，或至於死，葉莫能制。嘗以誠告之曰：「吾年且六十，豈復求聲色之奉，但老而無子，只欲買一妾爲嗣續計，可乎？」妻曰：「更以數年爲期，恐吾自有子。」至期，不得已勉徇其請。然常生嫉恨，……其妻化爲虎，食妾，心腹皆盡，僅餘頭足。〔註93〕

嫡妻如此的凌虐妾婢在宋代似乎是時有所聞，在筆記小說類似的例子比比皆是，如蘄春太守某妻子晁氏性酷妒，待妾異常狠毒，妾「嘗有忤意者，既加痛箠，復用鐵鉗箝出舌，以剪刀斷之。妾刮席忍痛，不能語言飲食，踰月始死。」〔註94〕又有撫州司法朱撝有愛妾朱昐昐，妻趙氏「悍屬不能容，箠楚無度，竟致於死」〔註95〕皆是。只是在父系體制下，往往視丈夫買婢納妾爲

〔註91〕《道山清話》，《叢書集成新編》，84 冊，頁 608。
〔註92〕《宋人軼事彙編》卷一七〈周必大〉，頁 831、832
〔註93〕《夷堅志補》卷六〈葉司法妻〉，頁 1608
〔註94〕《夷堅支甲》卷四〈蘄守妻妾〉，頁 742。
〔註95〕《夷堅三志己》卷五〈朱妾昐昐〉，頁 1341。

風流韻事一樁，故當發生嫡妻殘虐婢、妾時，幾乎沒有社會輿論會責備丈夫納妾買婢才是悲劇之始作俑者，反而多指責妻子嫉妒之心才是罪惡之淵藪。

只是有時郎心如鐵，當丈夫移情別戀、無視妻子存在時，處於弱勢的妻子往往無力挽回破碎的婚姻，這時妻子的處境極為難堪，她們固然可體現婦德，秉守柔順、不妒的道德規範，對丈夫移情別戀、乃至暴力相向逆來順受，以維持有名無實的婚姻型態，或期盼有一天丈夫能回心轉意。猶如兗州民婦賀織女，丈夫負擔興販往來州郡之間，賀氏丈夫每次出外經商，常常數年方歸，回到家中，也是數日即出，未曾以一錢為養家治生之用，反將所得錢財，則「別于他處供給小妻」，賀氏雖然知道丈夫有外婦，依然逆來順受，「每夫還，但以欣然承事，飯食漱濯必盡其力，未嘗微露風采言及小妻及甘以衣食。」不過賀氏如此委曲求全，丈夫不但絲毫無半點悔意，反而「自以有所慚負，則必非理毆罵之。」〔註96〕又呂蒙正的父親呂龜圖因「多內寵，與妻劉氏不睦，并蒙正出之」，至母子生活「頗淪躓窘乏」。〔註97〕《東軒筆錄》卷一三則曰：向敏中女婿皇甫泌也是「少年縱逸多外寵，往往涉旬不歸。」甚至妻子病篤彌留之際，仍不改本性，以致妻子含恨而終。有的丈夫的見妻子「悍妒」，無法容忍蓄妾，乾脆攜妾遠適他方，置妻子不顧，如《夷堅支丁》卷八〈范斗南妾〉條云范斗南：

> 買一妾，寵之。而內子游氏不容，乃詐語之曰：「明年我將赴官，道塗行旅之費，貧無以給。今浦城趙氏遣僕持書來，欲月以錢三十千邀我作館客，不可失也。」於是挈妾行。

在黃榦《勉齋先生黃文肅公文集》卷四○〈京宣義訴曾嵒叟娶妻歸葬〉也載，周氏於開禧二年（1206年）十一月嫁京宣義為繼室，「次年八月取歸隆興府，經及兩月，周氏以京宣義溺於嬖妾，遂逃歸曾家。」後京宣義攜妾至池陽任官，棄周氏於曾家而不顧。

然而丈夫移情別戀，有時也不一定是妻子年華老去，人老珠黃，再也無法吸引丈夫的眷顧。實是拜商業發達之賜，婦女逐漸被物化，社會充滿情色誘惑所致，丈夫是很容易受到外來誘惑而見異思遷，甚至就算妻子「才質雙盛」、端淑嫻美，丈夫也會因喜新厭舊而變心。像金陵才子鍾輻娶樊若水女為妻，該女才質雙盛，開始新婚燕爾。但鍾輻高中進士甲科第二之後，「方得意，

〔註96〕李元綱《厚德錄》，《百川學海》，頁451、452。
〔註97〕《宋史》卷二六五〈呂蒙正〉，頁9416。

狂放不還。攜一女僕曰青箱，所在疏縱。」早將妻子拋卻於腦外，一夕痛飲而寢，青箱侍之。當日夢到妻子樊氏出一詩，頗有怨責，曰：

　　楚水平如線，雙雙白鳥飛。金陵幾多地，一去不言歸。

鍾輻夢中懷愧，亦戲答一詩，云：

　　還吳東下過蒲城，樓上清風酒半醒，想得到家春已暮，海棠千樹欲凋零。

夢醒後，鍾某覺得心中怏怏，但他還是回家探望妻子，不過樊氏早在數月前亡故。〔註98〕也有如永興富家子「悅娼女柳，約為夫婦，而父母強為子娶。乃謀之市卜，教以厭蠱，期妻必死，可娶娼，則厚酬之，既而妻果病，垂死。」〔註99〕則是因迷戀妓女，定要置妻子於死地方肯罷休。

　　當然在宋代妻子在丈夫移情別戀時，亦非全然扮演弱者的角色，有的妻子為了維護自己的婚姻，不甘丈夫變心，她們採取較為激烈手段，來維護婚姻的完整，例如鄧富民妻子，因無法忍受丈夫寵愛美妾，「遂自經而死」，〔註100〕堅決以死明志，絕不妥協。而撫州監酒范寺丞妻子則更是極端，她貌美而妒，丈夫「寵憚之」，至「同官每休暇招妓燕集皆不得預」，在偶然一次機會，同事李供奉素聞范妻好妒，故「戲取妓鞋密置范臥具中，須臾務吏攜衾褥歸，妻展衾得鞋，色沮喪，詰所從來，吏言不知。於是泣怨良久，拊心而呼。曰：『天乎！有是邪？』」不等丈夫解釋，她竟自經而亡。〔註101〕在尚未確定丈夫是否有外遇情形下，竟然自經而死，可說對丈夫擁有強烈的佔有欲。有的妻子則是不甘被丈夫冷落，採取「愛之欲其生，恨之欲其死。」玉石俱焚的策略，不惜揭發丈夫隱私，與丈夫對簿公堂，如夏竦和妻子楊氏，竦才術過人，妻子楊氏則「工筆札，有鉤距」，二人實才華相當，然而隨著夏竦日益顯貴、多內寵。夫妻感情便出現裂痕，楊氏感情強烈、愛恨分明，不甘遭受冷落，於是「與弟媌疏竦陰事，竊出訟之。」加上「竦母與楊母相詬詈，偕訴開封府」。夫妻雙方鬧的不可開交，結果兩敗俱傷，楊氏與夏離異外，夏竦「下御史臺置劾，左遷職方員外郎、知黃州。」〔註102〕此外《墨客揮犀》卷八亦載：

　　仁廟朝皇族中太尉夫人一日入內再拜告帝曰：「臣妾有夫不幸為婢妾

〔註98〕釋文瑩《湘山野錄》卷中，《歷代筆記小說集成》，24冊，頁510。
〔註99〕韓元吉《桐陰舊話》，《叢書集成新編》，84冊，頁37。
〔註100〕《夷堅支景志》卷二〈鄧富民妻〉，頁890。
〔註101〕方回《虛谷閒抄》，《說郛三種》，頁1525。
〔註102〕《宋史》卷二八三〈夏竦傳〉，頁9571。

> 所惑。」帝怒，流婢于於里，夫人亦得罪，居于瑤華宮，太尉罰奉而
> 不得朝。

也是夫妻同蒙其害。在《夷堅丙志》卷一四〈王八郎〉條中，則是妻子獲悉
丈夫外遇、變心時，運用智慧、透過法律程序，爭取個人權益的例子：

> 唐州比陽富人王八郎，歲至江淮爲大賈，因與一倡綢繆，每歸家必
> 憎惡其妻，銳欲逐之。妻，智人也，生四女，已嫁三人，幼者甫數
> 歲，度未可去，則巽辭達曰：「與爾爲婦二十餘歲，女嫁，有孫矣，
> 今逐我安歸？」王生又出行，遂攜倡來，寓近巷客館。妻在家稍質
> 賣器物，悉所有藏篋中，屋內空空如窶人。王復歸見之，愈怒曰：「吾
> 與汝不可復合，今日當決之。」妻始奮然曰：「果如是，非告於官不
> 可。」即執夫袂，走詣縣，縣聽仳離而中分其貲產。王欲取幼女，
> 妻訴曰：「夫無狀，棄婦嬖倡，此女若隨之，必流落矣。」縣宰義之，
> 遂得女而出居於別村。

結果她不但獲得兒女的監護權，還與丈夫中分家貲。

三、年　齒

　　爲了婚姻的幸福，宋代認爲婚配時，男女雙方必須「年齒相當」。若夫妻
年齡相隔懸殊，通常對夫妻之間的感情會有不良的影響，或是導致妻子出軌。
如鄂岳居民張客年五十，「而少妻不登其半，美而且蕩，李健壯，每與私通。」
〔註103〕而福州懷安縣津浦坊民鄭四，已六十餘歲，而妻年方其半，竟然與鄰
家子通奸，視夫如陌路。〔註104〕

四、面　貌

　　夫妻貴才物相當，宋人視郎才女貌的婚姻爲天作之合，似乎較重視女方
容貌，男方則是以才華爲主。但有時男方若有才無貌，也會影響夫妻雙方的
感情，甚至婚姻破裂。的在《師友談記》載章元弼娶表妹陳氏，陳氏面貌端
麗，元弼貌卻寢陋，不過元弼嗜學不倦，「初眉山集有雕本，元弼得之，夜觀，
忘寐。陳氏有言，遂去，元弼出之。」〔註105〕又《高齋詩話》載：

> 祖無擇晚娶徐氏，有姿色。議親之時，無擇爲館職。徐氏必欲諧相

〔註103〕《夷堅志補》卷五〈張客浮漚〉，頁1590。
〔註104〕《夷堅支癸》卷四〈鄭四妻子〉，頁1252。
〔註105〕李薦《師友談記》，《百川學海》，頁440。

其人。而無擇貌寢,恐不得當。同舍馮當世丰姿秀美,乃諭媒妁俟
馮出局,揚鞭躍馬經過徐居。曰:「此祖學士也。」徐竊窺甚喜,成
婚始悟其非,竟以反目離婚。〔註106〕

祖無擇面貌醜陋,不得已略施以奸計以娶美婦,不過最後還是夫妻仳離。若
是丈夫的貌寢性樸,而妻子又是貴爲金枝玉葉的公主,本來就嬌生慣養,自
恃位高。夫妻之間勃谿更是無法可免,甚至演變成仳離的局面。據《涑水記
聞》所載,宋仁宗女兒兗國公主與李瑋婚姻便是這樣的情形:

(李)瑋貌陋性樸,上以章懿太后故,命之尙(兗國)公主。自始
出降。常以庸奴視之,乳母韓氏等,復離間。(内臣)梁懷吉等給事
公主閣内,公主愛之。公主嘗與懷吉等間飲,楊氏窺之,公主怒,
毆傷楊氏。由是外人諠譁,咸有異議。朝廷遂貶逐懷吉等于外州。
公主恚懟,或欲自經,或欲赴井,或縱火,或焚他舍,以邀上意,
必令招懷吉等還,上不得已,亦爲召之,然主意終惡瑋,至是不復
肯入中門,居于廳事,晝夜不眠,或欲自盡,或欲突走出外,狀若
癲狂。……如是瑋兄璋上言:「家門薄祚,弟瑋愚駒,不足以承天恩,
乞賜指揮。」上許之,離絕。〔註107〕

甚有妻子因厭惡丈夫面貌醜陋,憤而行兇者。如「登州婦人惡其夫寢陋,夜以
刀斷之,傷而不死。」結果被判「合成謀殺傷,減二等論。」〔註108〕因此在宋
代丈夫面貌甚寢,而妻子能隨緣從一而終應是難得,所以《漫笑錄》才會記載:

毗陵有成郎中,宣和中爲省官,貌不揚而多髭,再娶之夕,岳母
陋之曰:「我女如菩薩,乃嫁一麻胡。」命成作舉蒙,詩成,乃操
筆大書云:「一床兩好世間無,好女如何得好夫,高捲珠簾明點燭,
試教菩薩看麻胡。」其女亦安分隨緣,和鳴偕老,兒女成行,各
以壽終。〔註109〕

五、才情不和

在宋代夫妻志趣相同,互相酬唱,每成爲令人羨慕的神仙眷侶。相反地,

〔註106〕厲鶚《宋詩紀事》卷一八〈祖擇無〉,台北鼎文書局,1971年初版,頁933、
　　　　934。
〔註107〕《涑水記聞》卷八,頁86。
〔註108〕《宋史》卷三二七〈王安石傳〉,頁10544。
〔註109〕徐慥《漫笑錄》,《說郛三種》,頁1577。

夫妻志趣不合、若妻子又才高性烈，夫妻往往容易起勃谿，甚至貌合神離，而致仳離的地步。如《夷堅丙志》卷一四〈張五姑〉條載，張宗淑夫婦生前因才情不和已是怨偶，甚至丈夫死後夫妻依然吵鬧不休，據載：

> （張五姑）自幼明慧知書，既笄，嫁襄陽人董二十八秀才。董懦而無立，淑性高亢，庸奴其夫，鬱鬱不滿，至於病瘵。……董死於漢江。明年，淑從其母田夫人至南陽，飲酒笑嬉，了不悲戚。宿痾亦浸瘥，方自欣慶，一旦，無故嘔血，斗餘不止，心疑懼，使呼□□□□□□語曰：「和中不可再嫁，嫁當殺汝。」……淑識其聲為故夫，叱曰：「我平生為汝累，今死矣，尚復縈繞我。使我再歸它人，何預汝事？」

朱淑真與丈夫的結合也因志趣不合，變成怨偶。朱淑真號幽棲居士，是宋代著名的詞人和詩人。她活動年代大約在高宗紹興至孝宗淳熙年間，是繼李清照之後著名的才女。她生長於官宦書香門第，父親兄嫂均解翰墨，從小受到文學藝術的陶冶，擅詩詞、工書畫、曉音律，可說是一位多才多藝的大家閨秀。〔註110〕然而她卻不能如李清照般得到一位志趣相投、才情相稱的伴侶，所以她的婚姻生活充滿坎坷不幸，以致她的詩詞充滿對婚姻的怨懟。以往普遍認為朱淑真詩詞之所以充滿哀怨與流露對婚姻的不滿，乃因她「早歲不幸，父母失審，不能擇伉儷，乃嫁為市井民妻。」〔註111〕即她嫁給一位才情無法和其相配的粗鄙小民，而不是士人，才會一生抑鬱不樂，詩詞充滿怨懟之詞。不過這種觀點是有待商榷，在朱淑真的詩詞中有〈會魏夫人席上〉、〈宴謝夫人堂〉、〈次韻見贈兼簡吳夫人〉、〈會魏夫人席上命小鬟妙舞曲終求詩于予以飛雪滿群山為韻作五絕〉等交遊詩，即顯示朱淑真的身份應該是位物質生活優渥的官夫人，亦即她的丈夫應是位官宦，否則在〈春日書懷〉不會說：

> 從宦東西不自由，親幃千里淚常流。已無鴻雁傳家信，更被杜鵑追客愁。〔註112〕

但由其詩句充滿憂愁哀樂、有許多自傷所遇非人的作品看來，她的丈夫雖是官宦，卻是學問淺薄，不善詩詞的俗吏。朱淑真是位自負、心思細膩、情感

〔註110〕黃嫣梨《朱淑真研究》〈第一章朱淑真的事蹟〉，上海三聯書局，1992年一版，頁26

〔註111〕魏仲恭《朱淑真詩集序》，《斷腸詩詞集》，頁1。

〔註112〕《朱淑真研究》，頁29、30。《斷腸詩詞集》後集卷四，頁113。

強烈、愛恨分明，勇於挑戰禮法規範的女子，她所嚮往的理想婚姻生活是如〈探梅〉一詩所敘：「溫溫天氣似春和，試探寒梅已滿坡，笑折一枝插雲鬢，問人間瀟灑似誰麼。」的閑雅風趣，盼望丈夫是與其相互酬唱的知心伴侶，沒想到卻嫁給一位汲汲於仕途的俗官庸吏，無法與她心靈相通、相互酬唱，甚至還蓄妾，冷落她，這使她對婚姻生活的憧憬完全破滅，在飽受精神的折磨之餘。她寓情於詩詞，在〈舟行即事七首〉其一即云：

> 帆高風順疾如飛，天闊波平遠又低。山色水光隨地改，共誰裁剪入
> 新詩。

又其第五首云：

> 對景如何可遣懷，與誰江上共詩裁？日長景好題難盡，每自臨風愧
> 乏才。

更是感嘆丈夫欠缺才思，無法與她相互酬唱。也許就是與丈夫興趣相悖，而朱淑眞又自命風流蘊藉，二者關係便漸行漸遠，加上朱淑眞似乎是不受世俗禮法約束，在對婚姻生活失望之餘，不免將滿懷怨氣寄情於詩詞，甚至作詩痛罵丈夫的才情低劣，與自己可謂南轅北轍、相差甚遠。在〈愁懷〉云：

> 鴻鸞駕鴛作一池，須知羽翼不相宜。東君不與花爲主，何似休生連
> 理枝。

自比爲璀璨耀眼的鴛鴦，丈夫則是蠢拙的鴻鷺，又在〈圓子〉一詩云：

> 輕圓絕勝雞頭肉，滑膩偏宜蟹眼湯。縱有風流無處說，已輸湯餅試
> 何郎。

痛訴丈夫的不才。就因與丈夫無法契合，勇於追求個人感情的朱淑眞可能另結新歡或與少女時期的戀人續緣。〔註113〕這位外遇的對象據朱淑眞〈湖上小集〉所云：

> 門前春水碧于天，座上詩人逸似仙，白璧一雙無沾缺，吹簫歸去又
> 無緣。

與醜陋丈夫有著天壤之別，他是位才貌兼備的翩翩美男子，只是這段婚外情可能無疾而終，且後來朱淑眞因婚外情被夫家識破，被夫所休，歸寧母家。只是朱淑眞雖然勇於衝破禮法的樊離，追求理想的戀情。然而其行徑必定不能爲社會道德輿論所認同，即使摯愛的父母家人也都無法諒解她，最後他只好選擇死亡一途。在魏仲恭《斷腸集》序描述：「其死也，不能葬骨於地下，

〔註113〕《西湖遊覽志餘》卷一六〈香奩豔語〉，頁312、313。

如青塚之可吊,並其詩爲父母一火焚之。」可知她可能因婚外情而死於非命,且死後淒涼。

六、不　貞

根據《易經》〈咸卦〉:「咸、亨、利貞,取女吉。」〈恒掛〉六五篆曰:「恆,其德貞,婦人吉。」可推測在先秦時代,「貞」已成爲婦女重要的德行。日後隨著父權宗法體制及一夫一妻制的建立,對於婦女貞節的要求也就日趨嚴峻,從不失身於丈夫以外的男性,演變成「男女之別」,嚴禁婦女與其他男子往來。爲了防微杜漸,甚至規定「叔嫂不通問」。因此做妻子若有淫佚行爲,絕對是不可饒恕的過錯。因她不但對丈夫不貞,更嚴重的是,可能「亂類」、「亂族」,影響夫家血脈的純正。故禮法上,妻子若有淫佚之行,便是犯了七出之罪,即使歷經服舅姑之喪、先貧後富、或無外家可歸,亦需出之;在法律上,爲正人倫、厚風俗也是嚴格禁止已婚婦人與人通奸,如《唐律疏議》〈雜律‧奸徒一年半〉云:

> 諸奸者,徒一年半,有夫者徒二年。疏議曰:「諸奸者,男女各徒一
> 年半,有夫者徒二年。」

宋代除承襲唐律的規定外,在《慶元條法事類》卷八〇〈雜門‧諸色犯姦〉規定:「諸妻犯姦從夫捕,諸違法成婚其妻未離,正而犯姦者夫及夫同籍之人,因執捕而殺傷姦人並聽,依捕格法」。又《慶元條法事類》引鬥訟敕又言:「諸妻犯奸,其夫因而殺之者,免爲不睦。」除首次允許丈夫有捕捉姦妻的權責外,還明文規定丈夫殺死與人通姦的妻子,較平常夫妻互犯致死,刑責更輕。因此宋代的妻子需恪守嚴格的一夫一妻制,除了丈夫,不可隨意與其他男子身體接觸,否則就可能觸犯淫佚之罪。相對而言,丈夫就沒有這方面的顧忌,只要不與有夫之婦發生不正常的性關係,不過份放縱情慾,他們可納妾、買婢、養外宅婦或召妓,基本上社會道德輿論是認可的,所以丈夫絕無所謂不貞或外遇的問題。只有婦女才有這方面的困擾,通常宋代的輿論是無法原諒妻子淫蕩的行爲,就算妻子與人通姦,沒有受到法律的制裁,也無法避免道德輿論的譴責,或死後冥間的審判,如《夷堅丙志》卷二〈聶從志〉條中,提到聶從志是位良醫,曾醫治邑丞妻子李氏之病,李氏「美而淫,慕聶之貌。」一日謊稱疾病邀聶至宅醫病,對他說:「我幾入鬼錄,賴君復生。顧世間物無足以報德,願以此身供枕席之奉。」聶辭謝,迨夜,李又至聶家,強拉其手曰:「君必從我。」聶仍不從,一日聶入冥間「見獄吏捽一婦人,持刀剖其腹,

擢其腸而滌之。」一見該婦正是李氏。至於聶某則因「見好色而不動心，可謂善士。其人壽止六十，以此陰德，遂延一紀，仍世世賜子孫一人官。」

　　因社會道德規範苛責妻子片面的貞操，妻子有外遇當然是不可饒恕的錯誤，除非丈夫因貧苦潦倒，貪圖對方的錢財，方可以忍受妻子不貞的行為，多數的丈夫絕對不願戴上綠帽子。不過有時丈夫是可原諒妻子的不軌，但絕不會饒過姦夫，如《夷堅志三補》載濮州臨濮縣徐村農民鮑六，「貧甚，為富家傭耕。」不過「妻年少，雖在窮閻，頗有容色」，該婦因貪財及飲饌，竟然紅杏出牆，同時與二人有著不倫曖昧關係，丈夫得知此事，再三詰問妻子，判定引誘妻子者必為妖魅，於是請里中善行法者平妖，果真一為楊樹精，一為狐精。〔註114〕而臨安王彥太妻「方氏妙年美色」，王某至南海做生意，「歷歲弗反，音書斷絕。」為少年所惑，而失身，王歸後，方氏垂泣謝罪曰：「妾有彌天之罪，君當即斬我以謝諸親。」王某得知實情，殺了該「山精木魅」之後，「王夫婦相待如初。」〔註115〕

　　不過多數的丈夫是無法忍受妻子不貞，如《清平山堂話本》卷一〈簡帖和尚〉中的皇甫松誤會妻子與寺僧有曖昧關係時，不禁怒火中燒，不問是非曲直，還「左手指右手舉，一個漏風掌打將去。」將妻子打得「叫得一聲，掩著面哭將入去。」還不肯罷休，將十三歲的侍兒叫過來，「取下一條條子，把妮子縛了兩隻手，掉過屋梁去，直下打一抽，吊將妮子起去，拿起箭簳子竹來……去妮子腿上便摔，摔得妮子殺豬也似叫，又問又打。」非要問出姦夫姓名、查個水落石出不可，因屬子虛莫有之事，皇甫松當然問不出所以然來，然他難耐心中憤恨，早已喪失衡量是非曲直的理智，最後他還是在錢大尹面前，「不願同妻子歸去，情願當官休了。」將妻子休離。有時遇到妻子不貞，若是丈夫懦弱，又不甘心妻子不貞，是會走上絕路的，如鄭四妻子與丈夫年齒差距過大，與鄰居少年有染，竟以無子嗣為由，要求丈夫收其為義子，共同生活。鄭四當然知道妻子居心叵測，然「度終不可輟，且慮其狠悍肆虐，勉從之。」同居之後，妻子則「公為姦通，視夫如路人。」鄭四「不能堪，又畏鄰里恥笑，自縊以死。」〔註116〕當然在妻子與人通姦的場合，似乎也有作丈夫的難忍怨氣，憤而將妻子殺了，如《夷堅三志已》卷五〈邢監酒刃妻〉

〔註114〕《夷堅志三補》〈楊樹精〉，頁1804。
〔註115〕《夷堅支乙》卷一〈王彥太家〉，頁796、797。
〔註116〕《夷堅支癸》卷四〈鄭四妻子〉，頁1252。

條，載眞州六合縣令女嫁給邢監爲妻。一日藉著酒意忽然對妻曰：

> 吾聞汝於父親身後與小吏淫通。今我作酒官，出入縣門，使人羞見吏士。妻怒，持刀自誓曰：「我無此事，是誰撰造謗言，盍明以告我，誼不與之俱存。」邢云：「不消爾殺人，我自斬爾。」妻愈怒，授以刀且叱云：「何不便下手？」邢已昏醉，即刃之，束手就斃。

事後郡守趙善理雖想要以「病心風殺卻妻室」，爲其開罪，不過邢堅決「元不病心風」，因而被判死刑。在范正敏《遯齋閒覽》〈劉喜焚妻〉則載：

> 德州軍士劉喜有氣節，嘗出，經年，妻與一富人子私通。夫歸與妻曰：「汝之前事我盡知之，吾不能默默受辱于人，又不忍間兩情之好，汝能令富人子以百金餉我，我則使汝詐爲得病而死者，載以凶器而送諸野，汝夜則潛往奔之，如是庶可以滅口。」妻以爲然，因進百金，拖以病逝。夫乃納妻于棺，膠以大釘，遂縱火焚之。

劉喜殺妻之後，至郡將處自首，結果張不疑竟「奇其節，而釋其罪。」〔註117〕可見在宋代丈夫殺死不貞的妻子，在刑責判定上有很大的歧異性。

　　由上妻子不貞的記載，可發現在宋代丈夫對妻子不貞時的反應不一，雖然有堅決與妻離異，或憤而殺妻者，不過許多丈夫還是可以原諒妻子的不軌，事後「夫婦又能和好如初」。反而似乎更多爲人妻者一旦有了外遇，往往陷於情慾無法自拔，她們輕者拋棄丈夫，如大庾縣吏黃節的妻子，「素與人淫通」，竟趁著丈夫外出時，「挈三歲兒奔之，與具逃。」〔註118〕營兵周祐妻與同營李平姦，「視祐如路人，祐病，不侍粥藥，病困，氣猶未絕，即委之而去。」並「告夫死無以自存，乞改嫁。」待姦情事發，守官程平國見該婦並無回心轉意，即將她斬首。〔註119〕有的則不顧一切狠心謀殺丈夫，如彭乘《續墨客揮犀》卷六〈姦人殺其夫〉載：

> 張呆卿丞相知潤州日，有婦人夫出外數日不歸，忽有人報菜園井中有死人。婦人驚往視之，號哭曰：「吾夫也。」遂以聞官，公令屬官集鄰里就井驗是其夫與非，眾皆以井深不可辨，請出屍驗之。公曰：「眾皆不能辨，婦人獨何以知其爲夫。」收付所司鞫問，果姦人殺其夫，婦人與聞其謀。

〔註117〕范正敏《遯齋閒覽》，《說郛三種》，頁552。
〔註118〕《夷堅丁志》卷七〈大庾疑訟〉，頁598。
〔註119〕《夷堅志補》卷二〈鼎州兵妻〉，頁1564。

石公弼任漣水丞時，亦有妻子與奸夫謀殺丈夫的，據載：

> 供奉高公備綱舟行淮，以溺告。公弼曰：「數日無風，安有是？」使
> 尉核其所載，錢失百萬。呼舟人物色之，乃公備與寓客妻通，殺其
> 夫，畏事覺，所至竊官錢略其下，故詭爲此說。〔註120〕

又《搜神秘覽》也載：王瑛之妻「已私謁鄰比，卻講終身之好，候夫歸將致
毒謀瑛。」幸王某在四川已獲費先生指點：「教往莫往，教洗莫洗，一旦穀搗
得三斗米，是明即活，遇暗則死。」才逃過殺身之禍。〔註121〕宋無名氏撰《鬼
董》卷二中所述陳監倉之女更是狠毒無比，她：

> 美而慧，富子劉生欲娶之，劉父母以陳竇而挾官，恐侵其資，不許，
> 陳女不能自存，嫁同巷民黃生，黃母以罪繫，家罄於吏，炊弗，屬
> 使淑質衣於市。過劉氏肆，劉子見之喜，呼入飲之，還其衣，予之
> 千錢。他日復來，又益予之，寢挑謔及亂。淑歸視夫如讎。夫疑焉，
> 偵而知其數過劉也，僞弗聞者，使淑厚要於劉，獲既審其實，然後
> 詰淑曰：「我雖極貧，義不食污。當執汝詣郡。婦姦，法不得用陰免
> 也，淑恨怒，飲夫醉，殺而析其骸，……淑坐殺夫支解、入不道，
> 以凌遲論刑有日矣。

皆是妻子陷於情慾或貪圖物質享受，與人通姦，進而謀殺親夫。此外，通常
在姦情事發後，女性通常較男性執著於所擇，如〈鼎州兵妻〉姦情爲長官所
知後，仍言：「渠已相背負，復歸無益，不願也。」結果被斬首。而《刎頸鴛
鴦》張二官妻因姦情敗露，面臨生死關頭時，她則「延頸待盡」，絲毫無所懼。
反觀姦夫則是貪生怕死，他「赤條條驚下床來，匍匐，口稱死罪！死罪！情
願將家私并女奉報，哀憐小弟母老妻嬌，子幼女弱。」〔註122〕簡直窩囊至極。
至於爲何婦女會有如此的反應，可能有待進一步心裡的分析。

捌、結　論

《易經》卷九〈序卦〉云：

> 有天地然後有萬物，有萬物然後有男女，有男女然後有夫婦，有夫
> 婦然後有父子，有父子然後有君臣，有君臣然後有上下，有君臣然

〔註120〕《宋史》卷三四八〈石公弼〉，頁11030。
〔註121〕《搜神秘覽》，《說郛三種》，頁571。
〔註122〕《刎頸鴛鴦》，《清平山堂話本》卷三，頁88。

後禮備有所錯。夫婦之道不可以不久也。

《禮記》卷二〇〈昏義〉亦云：

> 敬愼重正，而後親之，禮之大體，而所以成男女之別，而立夫婦之
> 義也，男女有別而後夫婦有義，夫婦有義而後夫子有親，父子有親
> 而後君臣有正。故曰：「婚禮者，禮之本也。」

因此婚姻之禮可以說是禮樂教化的根本，人倫之始。藉由夫妻之和，從「夫義婦順」爲起始點，進而能做到「女正位乎內，男正位乎外。」及「父父、子子、兄兄、弟弟」家庭人際和諧的境界。而《禮記》卷二〇〈昏義〉也說婚姻的目的，在「合二姓之好，上以事宗廟，而下以繼後世也。」男女經由婚禮成爲夫妻之目的，本來就是希望夫妻能「壹與之齊，終身不改。」生則同甘共苦，死則同穴，共同爲了家族的延續與繁榮而努力。不過夫妻二人的婚姻生活不單是男女雙方感情的交融，還牽涉到複雜的人際相處，繁瑣的日常生活家計等。有關夫妻之間的相處之道，就中國傳統的家庭結構與倫理思想而言，夫妻若能秉守禮教，理性以待，當然是最圓滿不過，只是「情」與「禮」難免有衝突的時候，如何化解二者的糾葛就看夫妻二人的智慧。以宋代而言，聖賢之禮法規範與社會人群實際生活情形當然有所落差，夫妻反目成仇、兵戎相見、或迫於現實而不能白頭偕老者不在少數。然由墓誌銘或文獻看來，似乎多數士大夫夫妻相處對於情、禮的掌握似乎多能遵守禮法規範，因此夫妻相處多能「相敬如賓」或呈現「琴瑟和鳴」的狀態。

第五章　爲人母之道——生育與母子親情

壹、前　言

　　《禮記》〈昏義〉云：「昏禮者將合二姓之好，上以事宗廟，而下以繼後世也。」〔註1〕闡明結婚之目的，對夫家而言，是希望新婦能生育子息，傳宗接代，延續家族及維持家業的繁榮不墜。對新婦而言，生兒育女，尤其是生育男孩，不但可鞏固個人在夫家的地位、改善與公婆的人際關係，更可「養兒防老」確保年老之後生活無虞。婚後生兒育女對任何一位已婚婦女而言，是人生必經的歷程，也是日後「養生送死」最大的保障。無疑地，宋代婦女亦無法置身此法則之外。生育子女是她們婚後首要天職，然生育過程之艱辛與危險，非親身體驗者所能體會，更何況婦女婚後，爲了成爲一位稱職的賢妻良母，除了要做丈夫的賢內助外，尚需終日周旋於繁瑣的家務、侍奉公婆、呵護教導子女等事務中，工作之辛勞可想而知。而如此的生活重擔，至少會一直維持至兒女成家立業，有子媳可協助家務，才能稍做喘息。因此這段生育與撫育子女的漫長歲月，將會是婦女一生最艱辛的時期。此時，兒女與母親朝夕相處，當然最能體會母親工作的辛勞與犧牲，故母親與兒女之間往往較父子之間更能建立親密的依附關係。不過，在父系宗法體制下，對兒子、女兒之期望本來就有明顯之差異，雖然兒女同爲親生骨肉，母親對待女兒或兒子的態度仍存有明顯的差異。多數的母親（尤其寡母）是會將個人的未來希望寄託於兒女身上，尤其是藉著兒子實踐個人期望，而身爲人子，受儒家

〔註1〕　《禮記》卷二〇〈昏義〉，《四部叢刊初編》，頁185。

—159—

孝道觀念的薰陶，或基於孺慕之情，多數亦能致力實踐母親的願望，以報答母親含辛茹苦的養育之恩。至於女兒侷限於「婦無外事」及「女必有所歸」、「外本家、內夫家」等禮法約束，母親對她最大的期望似乎僅停留在能「嫁爲士人妻」就心滿意足，然此並不意味母女之間的感情比母子生疏，只是在父系體制下，就禮法言，兒子的地位遠甚於女兒重要，母親會有這樣的情感反應，可說是再自然不過的。此種「重男輕女」的情形也反映在文獻記載，除非緣於以孝爲先的道德考量，才會對母女親情有所著墨，多數史料文獻是較少論及母親與女兒之間的親密關係。

貳、祈 子

婚後婦女生子與否，攸關其個人終生幸福，及其在夫家家族地位的穩固與否。宋代婦女無不渴望婚後能生個聰明的兒子。故自婚禮開始就很重視「祈子」的相關習俗，如在婚禮中就有撒穀豆以厭青陽煞，以免損及家中老人或無子。〔註2〕結婚之後，婦女還會參與一些具有濃厚「祈子」意味的節日或習俗，如在開封、臨安二地，秋社日當天，「人家婦女皆歸外家，晚歸即外公、姨舅皆以新葫蘆、棗兒爲遺，以祈子。」〔註3〕在襄陽一地，每當正月二十一日穿天節時，婦女皆殷切求子嗣，其情形是：

> 郡中移會漢水之濱，傾城自萬山泛彩舟而下，婦女於灘中求小白石
> 有孔可穿者，以色絲貫之，懸插於首，以爲得子之祥。〔註4〕

此外《東京夢華錄》卷五〈育子〉記載：嬰兒滿月洗兒時，丟錢、棗於浴盆內，「盆內有棗子直立者，婦人爭取食之，以爲生男之徵。」則是婦女參加在誕兒禮與洗三禮儀式中的求子儀式。

若是夫婦婚後久無子嗣，也會求禱於神明，在宋代送子的神祇，除了傳統皇室所祭祀的高媒神外，還盛行奉拜張仙、九子母、紫姑神。玉仙聖母（即碧霞元君）等，如在《錢氏私誌》載：

> 賢穆乳母永嘉董夫人一日入禁中，慈（欽）聖問云：「主以未得子爲
> 念，爲甚不去玉仙聖母處求嗣？」董奏曰：「都尉不信此事，須是官

〔註2〕《東京夢華錄注》卷五〈娶婦〉載：婚禮時「有陰陽人執斗，內盛穀豆錢果草節，咒祝望門而撒，小兒輩爭食之，爲之撒穀豆。俗云厭青羊等殺神也。」，頁144。

〔註3〕《東京夢華錄注》卷八〈秋社〉，頁214。

〔註4〕《雞肋編》卷上，頁722。

家娘娘處分。」後數日，光玉入禁中，上笑曰：「董婆來娘娘處說都
尉來。」光玉惶恐謝罪。欽聖云：「別沒事，只是娘娘要教主去玉仙
求嗣。」董奏云：「都尉不信。」光玉奏云：「既得聖旨，安敢不信。」
遂擇日與賢穆同詣玉仙，……歸而有娠。〔註5〕

則是記載仁宗女賢穆公主與夫婿錢景臻因久無子嗣，至碧霞元君廟祈求子
息。在宋代祈求子息的方法無所不有，因求子彌切，有「以未有子，每歲生
朝爲千道齋，以祈嗣續。」〔註6〕或如詹林以妻無子，夫婦二人常「焚夜香禱
北斗求嗣」，經十餘年不間斷。〔註7〕也有「召道士設醮禱于天地」或祈求僧
侶者。〔註8〕甚有如李覯的母親爲求一子，她是「凡有可禱，無不至。」可說
無所不求，無所不拜。直至「祥符元年，夢二道士奕棋戶外，往觀之。其一
人者，取局之一子授焉，遂娠。」才停止。〔註9〕此外，在宋代夫婦苦無子嗣，
也盛行至寺廟祈求子息，如臨安一地的婦人常至淨慈寺阿涇毗尊者前，「炷香
默禱，以手摩其腹。」以求子息。〔註10〕在《夷堅甲志》卷一四〈董氏禱羅
漢〉條也敘述董某三十餘歲仍未有子嗣，遂與妻子從番陽詣廬山圓通寺以茶
供羅漢，且應允佈施羅帽五百頂以求子息，時「董躬攜瓶淪茶，至第一百二
十四尊者，茶方點罷，盞已空。」董氏祈禱云：「豈尊者有意應緣乎？當以眞
珠莊嚴一帽以獻。」後來，董某的小妾果然懷有身孕，並在十二個月之後生
產一子，且此子似乎與佛門特別有緣份，「纔逾月間，聞人誦經聲，雖正啼哭，
必止。」就因爲婦女至寺廟祈子風氣盛行，至有如嘉興精嚴寺之僧侶，利用
婦女求子殷切的弱點，竟於廟中行不軌之舉，令人髮指，據載：

造一殿，中塑大佛，詭言婦人無子者，祈禱于此，獨寢一宵，即有
子。殿門令其家人自封鎖，蓋僧於房中穴地道，直透佛腹，穿頂而
出，夜與婦人合。婦人驚問，則云我是佛，州人之婦多陷其術，次
日不敢言。有仕族妻亦往求嗣，中夜僧忽造前，既不能免，即齧其
鼻。……郡將流其僧，廢其寺。〔註11〕

〔註5〕錢世昭《錢氏私誌》，《學海類編》，台北文源書局，1964年初版，頁1575。
〔註6〕郭彖《睽車志》卷一，《叢書集成新編》，82冊，頁504。
〔註7〕《夷堅三志乙》卷四〈寧氏求子〉，頁1334。
〔註8〕《夷堅志補》卷一一〈姑蘇顚僧〉，頁1645。
〔註9〕《直講李先生文集》卷一〈疑仙賦〉，頁25。
〔註10〕李有《古杭雜記》，《學海類編》，頁5531。
〔註11〕趙葵《行營雜錄》，《叢書集成新編》，87冊，頁19。

以致許多無辜婦女慘遭不肖僧侶的毒手。較爲理性的夫婦，在去除夫婦年命相剋、風水等迷信因素時，可能也會以藥物解決無子嗣的困擾，如「男服七子散，女服蕩胞湯、紫石英門冬丸，及坐導藥。」〔註 12〕若是嘗試所有祈子法皆失敗時。受「不孝有三，無後爲大」的觀念影響，依然不能輕言放棄，這時賢慧的妻子往往以夫家後嗣爲重，主動爲丈夫尋覓適當的妾，以延續夫家後嗣。如司馬光三十餘歲仍未有子息，爲求後嗣，夫人張氏欣然採納龐籍和劉夫人的建議爲溫公置妾。〔註 13〕袁韶的父母皆年近五十，仍無子息，袁韶的母親「資遣之往臨安置妾。」〔註 14〕而馮京的父親壯年仍無子嗣，「將如京師，其妻授以白金數物，曰：『君未有子，可以此爲買妾之資。』」〔註 15〕不過並非所有的妻子皆如此賢慧，有時就算本身無法生育，爲了鞏固自身在家中的地位，亦不容許丈夫蓄妾買婢，即使丈夫執意而行，若妾婢懷孕也會如程泳的繼室一般，在爲前夫李貫之妻時「酷妒特甚，三婢懷妊，皆手殺之。」〔註 16〕或如衡陽令周妻般，「二婢有孕」，她「多用杖觸其腹，欲其不全，二婢竟以鞭捶墮胎死。」〔註 17〕慘遭主母的毒手。

參、辛苦的懷孕生產過程

一、懷孕期間仍要操持繁重的家務

在宋代正常的情形，婦女初婚年齡大約是在十七至二十歲左右，婦女在婚後有將近二十五至三十年的生育期，在無避孕措施可施的狀況下，正常的婦女應可生產爲數頗多的子女，然而有關宋代婦女生育子女的確切數目字則難以統計，除了少數婦女墓誌銘註明墓主所生子女數外，如〈上谷郡君家傳〉提到侯氏共生六子；〈長安縣太君盧氏墓誌銘〉說盧氏育有三男四女；〔註 18〕〈太常博士楊君夫人金華縣君墓誌銘〉云楊翺妻吳氏則生子十人；〔註 19〕余

〔註 12〕陳自明撰，許潤三等注釋《校注婦人良方》卷九〈求嗣門・求子服藥須知第九〉，江西人民出版社，1983 年一版，頁 212。

〔註 13〕張舜民《畫墁錄》，《叢書集成新編》，86 冊，頁 592。

〔註 14〕《宋史》卷四一五〈袁韶傳〉，北京中華書局，1985 年一版，頁 12452。

〔註 15〕羅大經《鶴林玉露》卷一〇，《叢書集成新編》，87 冊，頁 141。

〔註 16〕《睽車志》卷四，頁 34。

〔註 17〕張齊賢《洛陽搢紳舊聞記》卷二，《叢書集成新編》，86 冊，頁 314。

〔註 18〕《歐陽文忠公文集》卷六一〈長安縣太君盧氏墓誌銘〉，頁 463。

〔註 19〕《王臨川文集》卷九九〈太常博士楊君夫人金華縣君吳氏墓誌銘〉，頁 627。

楚的繼室生二子；〔註 20〕曾鞏之母二四歲出嫁至三五歲去世，十一年期間共
生三子一女；〔註 21〕楊伯起繼室荚氏生子三人；〔註 22〕鄒迪母楊氏結婚至四
五歲逝世止共生一男一女。〔註 23〕李安簡公元配生子男六人，繼室管氏則生
二男二女；〔註 24〕多數的婦女墓誌銘所記載子女數目往往爲數眾多，甚至還
有高達三十五人者。〔註 25〕亦有如趙允成的夫人康氏自二十歲出嫁到二十七
歲寡居止，在結婚七年期間竟生下十男八女。〔註 26〕墓誌銘所記載子女數目
過多，可能是雙胞胎比例甚高所致，如剡城有民妻有生二十一子者，其中竟
然有七次是雙胞胎。〔註 27〕但以宋代醫學產科知識，雙胞胎或多胞胎，導致
難產甚至死產的機會頗大，故因一產多子以致子女數目眾多的機率應該微乎
其微，想來會造成子女數目如此龐大，應是包含妾所生子，或是將多任妻子
所生之子皆包括在內。雖然要確實還原當時婦女的生育圖像，礙於文獻不足
而無法完整的呈現，不過近人推測宋代婦女婚後生育子女數目頗多，應該在
六人以上。〔註 28〕在正常情況下，幾乎婦女每隔三年甚至二年就能再生產一
胎，生育是頗爲頻繁。故可確定在宋代，婦女在生育期間，要生育撫養「爲
數眾多」的子女是不爭的事實，這樣頻繁的生產頻率足以對婦女身心健康構
成一大威脅。再加上她們在生產懷孕期、撫育子女過程中，仍須擔任主中餽、
服侍公婆、輔佐丈夫等繁瑣的事務。故宋代婦女在當母親這一段期間，爲了

〔註 20〕 同上書，卷九九〈建陽陳夫人墓誌銘〉，頁 629。
〔註 21〕 同上書，卷一○○〈曾公夫人吳氏墓誌銘〉，頁 633。
〔註 22〕 胡寅《斐然集》卷二六〈荚氏墓誌銘〉，北京中華書局，1993 年一版，頁 583。
〔註 23〕 《直講李先生文集》卷三○〈鄒夫人墓銘〉，頁 227。
〔註 24〕 《晦庵先生朱文公文集》卷九二〈榮國夫人管氏墓誌銘〉，頁 1617。
〔註 25〕 《范太史集》卷四七〈保寧軍節度觀察留後東陽郡公妻仁壽郡夫人李氏墓誌
銘〉，頁 506。
〔註 26〕 鄭獬《鄖溪集》卷二二〈霍國夫人康氏墓誌銘〉，《叢書集成續編》，101 冊，
上海書店出版社，頁 489、490。
〔註 27〕 陳師道《後山談叢》卷二，《叢書集成新編》，86 冊，頁 501。
〔註 28〕 Patricia Buckley Ebrey 在 " The Inner Quarter " 9 Motherhood 提到宋代婦女平
均生產子女數目是 6.1 人，University of California Press，1993，p.172。陶晉
生在〈北宋的士族婦女〉一文，則認爲「婦女生育了一大群兒女。平均每人
生育六·四人。」載鮑家麟主編《中國婦女史論集四集》，台北稻鄉出版社，
1995 年初版，頁 176。而程民生先生以兩宋十部文集爲抽樣，得到宋代每戶
子女扣除夭折未成年之淨繁殖率是 5.54 人，載〈宋代家庭人口數量初探〉，國
立台灣大學歷史學系主編《轉變與定型：宋代社會文化史學術研討會論文
集》，2000 年出版，頁 367、368。

克盡婦職，扮演模範的人妻、人媳、人母的角色，多數婦女應是心力交瘁，有時是眞可用「蠟燭兩頭燒」來形容。如胡寅《斐然集》卷二六〈莢氏墓誌銘〉，提到莢氏在二十一歲時嫁到楊家，爲楊伯起的繼室。楊家向來以孝悌聞於鄉里，公公楊鼎是「孝行聞於鄉里，推家財與兄弟，自力而居室，與德義者遊，好賓客，樂振施。」婆婆亦「篤於姻親，收恤困乏，內外館無虛日。」莢氏以子媳的身份必須克盡本分，做到：

> 祀饋賓客之奉，親服烹飪，舅姑甘食則甚喜，饌寡則懼不遑處。嘗
> 爲姑製衣，燈膏小污，通夕不能寐。姑初不之責也，而夫人終身以
> 是爲懷。舅疽疾，伯起吮疽，夫人煮粥藥，不解衣者數月。姑老有
> 瘡血疾，凡扶持櫛沐，洒廁窬，一出夫人手，冽寒炎暑不少解。伯
> 起末疾，夫人事之視舅姑。……喪舅姑及夫，送終周緻，執喪哀戚。
> 夫族妹二人，孤遺，爲擇婿遣嫁之。姑族女二人，孤遺，取而養成
> 之，各得所歸。伯起前配黎氏，生子曰說，曰誼，夫人顧復如己出。……
> 說、誼就外傅，則又躬視其師之服膳，誼它日聲著鄉黨庠序間。夫
> 人生三子，訓幼從師，被扑逃歸。夫人極遣之，曰：「少焉姑息，長
> 必敗家。」謙力田。詠修舉子業，早死。一女，嫁進士彭大受。

根據行文，莢氏要主持繁瑣日常家務外，還要服侍老耄多病的公婆，照料身染重疾的丈夫，已足使她身心疲憊。更何況她尚得撫育前妻所生二子，呵護提攜親生的三名子女。等到公婆、丈夫皆去世後，她成爲名符其實的一家之主，固然可獨當一面，然爲維持家庭生計，其致力經營家務、維持家道的繁榮、還要發揮敦睦親族的精神，除負責收養親族遺孤外，仍不忘教育子女，督促男子讀書中舉、獲取功名，安排女子嫁進士爲妻，使楊氏一族由殷富之家晉升爲士大夫階層。以一個婦道人家能有此斐然的成就，除凸顯莢氏精明能幹、善於治家外，更意涵著莢氏在做母親的這段期間，於榮耀成就的背後實隱藏著無數的艱辛，她所擔負的責任與「正位於外」的男主人相較，可說有過之無不及。而在袁爕《絜齋集》卷二一〈安人趙氏壙誌〉，形容袁任妻子趙氏也是一典型賢妻良母，她雖出身皇族、娘家又富裕，然她待人處事無、接上輔下，毫無驕縱之氣。因丈夫「委以家事，一無所預。」加上袁家雖爲四明名族，然此時家道中落，環境清寒，她辛苦持家：

> 奉承舅姑，載祗載肅，相夫子柔而正，夙夜警戒，有古賢婦風，蘋
> 藻吉蠲、米鹽靡密、織組補紉之事，皆身親之，殆有甚於寒女。

接下來又要撫育二子一女，持家艱辛可想而知。而陳耆卿在《篔窗集》卷八〈祭先妣文〉紀念母親姚氏文中，描述因父親醉心於書籍，「口不道家有無」，似乎對家中生計漠不關心，家庭生活重擔全由母親姚氏扛負，姚氏除撫育子女外，還要維持家庭起碼的生活水準，她「左手嬰孩，右手績織，下至米鹽靡密之事，亦牽頓忘食。」生活可說是艱辛無比，故在宋代經濟不甚富裕的士大夫階層，多數的妻子在做母親時期，因丈夫事業尚未飛黃騰達，家中經濟較為困窘，不要說無力僱請下人協助家務操作，甚至還要負擔部分的家計。而照顧幼兒、持家治家、身懷六甲往往同時進行，她們的生活步調只能以忙、累來形容。

　　至於家境清貧的尋常百姓在做母親期間當然就更辛苦了，她們沒有人手可協助家務。且為了補貼家用不足，繳納賦稅，除了操作日常家務外，還要參與家庭經濟生產活動。在「男耕女織」分工原則下，許多婦女從事縫紉、刺繡、蠶桑絲綢等產業。植桑養蠶至織成品，需經歷浴蠶、下蠶、餵蠶、一眠、二眠、三眠、分箔、採桑、大起、捉績、上簇、炙箔、下簇、擇繭、窖繭，繰絲、蠶蛾、祝謝、絡絲、經、緯、織、攀花及剪帛等繁瑣的程序。〔註29〕由開化寺北宋壁畫中可看見一婦女赤腳、裸露上身在立織機前工作，想來「女織」體力勞累的程度並不下於「男耕」。此外在農事繁忙之時，她們也要協助從插秧、灌溉乃至收成等農事，如在《夷堅支癸志》卷九〈東塔寺莊風災〉條提到婦女參與插秧：

> 鄱陽城下東塔寺，與城北芝山禪院，皆有田在崇德鄉。疇壤相接，
> 耕農散居。慶元三年五月一日，農人男女盡詣田插秧。

《夷堅三志辛》卷七〈城子塘水獸〉條則說：「萬春鄉農民朱七，乾道辛卯旱歲，同妻往近村城子塘引水灌田。」在陸游《入蜀記》卷一亦云：因運河水氾濫，高於近村地至數尺，「兩岸皆車出積水，婦人、兒童竭作，亦或用牛。」而其中有婦人「足踏水車，手猶績麻不置。」此外，拜宋代經濟商業繁榮之賜，有時婦女也從事商業買賣之行為，如舒岳祥在《閬風集》卷三〈自歸耕篆畦見村婦有摘茶車水賣魚汲水行餉寄衣舂米種麥泣布賣菜者做十婦詞〉，就提到婦女所從事工作種類頗多，實遠遠超越了傳統「女織」的範圍。據云：

> 前壟摘茶婦，頃筐帶露收，艱辛知有課，歌笑似無愁，照水眉誰畫，
> 簪花面不羞，人生重容貌，那得不梳頭。

〔註29〕樓璹《耕織圖詩》，《叢書集成新編》，47 冊，頁 322。

田頭車水婦，挽水要流通，烏帽掀炎日，清裙鼓晚風，翻翻循故步，
踏踏似盧空，聽取勞歌意，生身莫嫁農。

江上提於婦，朝朝入市闈，守船留稚子，換酒醉良人，不著凌波襪，
常垂濺水裙，渾家同泛客，笑殺別離津。

溪頭汲水婦，力小憩中途，奉佛澄齋缽，供姑潔飯盂，煮蔬甘勝肉，
洗布白于酥，釀黍修時祀，家籌不用沽。

欲識農家樂，聽予行餳詞，兩家從結髮，一飯亦齊眉，世上恩多薄，
田間禮莫違，不須言富貴，頭白鎮相隨。……

閨中寄衣婦，夫婿在遼陽，夜靜翦刀響，天寒鍼線長，……

田中舂米婦，隔宿辦朝糧，舉臼紅顏汗，投舂玉腕揚，雞窺篩下米，
犬舐簸前糠，未奉翁姑食，炊塵不敢嘗。

種麥誰家婦，青裙皂角冠，從夫無燥濕，自小習艱難，窨淺愁鴉竊，
株成畏馬殘，夜來新得雪，濁盞慰初寒。

婦啼如此苦，吏奪一何豪，尺布不得著，長年空自勞，剝衣聊贖命，
覆體不生毛，念欲全家去，乾坤何處逃。

賣菜深村婦，休嗟所獲微，蕪菁勝乳滑，菜菔似羔肥，裹腰錢去，
街頭買肉歸，種蔬勝種稻，得米不憂饑。

在陸游《入蜀記》亦提到：在黃牛廟時，「村人來賣茶茱者甚眾，其中有婦人，皆以青斑布帕首。」〔註30〕又說江瀆北廟村莊婦女，除擔負汲水工作外，「大抵峽中負物率著背，又多婦人，不獨水也，有婦人負酒賣，亦如負水狀，呼買之，長跪以獻。」〔註31〕說明一般民婦除了操勞家務外，可能還要從事農事，或參與市集商業等經濟活動，以增加家庭收入，她們繁重的工作與士大夫階層婦女相較，可說是有過之無不及。〔註32〕然而她們在繁重的工作壓力下，依舊是要無止境的懷孕生子、撫育子女，不得片刻的休息。故在宋代，除了少數家境優渥，處於社會階層最頂層的婦女外，不論出身任何階層的婦

〔註30〕陸游《入蜀記》卷六，《知不足齋叢書》，台北中文出版社，1980年初版，頁630。
〔註31〕同上書，頁632。
〔註32〕實際上宋代婦女參與工作的機會很多，可參閱游惠遠《宋代民婦之家族角色與地位研究》第五章〈民婦之職業與生計〉，台北新文豐出版社，1989年初版。

女，在擔任母親期間，無可避免都將是一生最辛苦的時期。

二、艱辛的懷孕過程

由上可知，在宋代一位已婚婦女，在長達近二十五年至三十年的懷孕產子期間，無疑地是她一生工作是最繁忙的時期。這段時間她們不斷的生育、撫育子女，還要恪盡婦職，可說充分發揮母親韌性的堅強與偉大。此時她們最大的困擾，除了令人身心疲憊、無止境的家庭瑣事外，最令她們惶恐不安的，應該還是不斷的懷孕生子。懷孕生子對婦女而言是無所頓逃的天職，尤其如果生個兒子，不但可提升與鞏固婦女在家中或家族的地位，也可使夫家血脈得以延續不絕，家道可興盛不衰，對祖宗才算有個交代。故懷孕產子對向來強調「多子多孫多福氣」的中國家族言，可說是喜事一椿。然而對婦女而言，懷孕生子在一片喜氣洋洋的表面下，卻潛藏著未知的危機，其中孕婦要忍受的，不只是十個月艱辛的懷胎過程，和其所帶來劇烈的身體的不適與生理之變化。最令孕婦恐懼不安的，還是必需面臨九死一生的分娩危險。以當時婦科的醫學知識言，確實是遠比前代進步，產科也成為醫學的專科，不但綜合性方書中婦產科內容受到重視，還有專門的醫生及專門的婦產科專書問世，如北宋楊康候醫者著有《十產論》一卷、南宋朱端章著有《衛生家寶產科方》八卷、醫學教授郭稽中輯纂《產育保慶集》二十一篇、齊仲甫的《女科百問》、及陳自明的《婦人大全良方》，〔註33〕都是一時之著。因產科醫學的進步，強調以藥物調理孕產，如逐月養胎論、安胎確實增加婦女懷孕過程的安全，但翻閱其內容、實仍沿襲前代巫醫不分的色彩，包含不少禱於鬼神的儀式。如南宋產科權威名著《校注婦人良方》在卷一六的內容，就有許多禱於鬼神的記載，如用產圖標示借地之法、以供臨產之時擇一吉位、安排產婦床帳並埋藏胞衣、各種產婦日常生活禁忌、推婦人行年法、體玄子借地法、禁草法、禁水法及催生靈符的使用等內容，〔註34〕皆帶有濃厚的神秘色彩，這些巫術及產育禁忌，都說明當時婦科醫學知識仍有許多限制。在無法解決產婦生產過程時可能面臨的困難與不測，只好訴諸幽冥界之鬼神。生產之不

〔註33〕 魏子孝、聶莉芳《中醫中藥史》第七章〈宋（北宋、南宋、金）元（公元九六○年～一三六八年）〉，台北文津出版社，1994 年初版，頁 221。

〔註34〕 劉靜貞在〈從損子壞胎的報應傳說看宋代婦女的生育問題〉一文，提到宋代婦科醫學知識的侷限性與巫醫不分之特色，載《大陸雜誌》90 卷 1 期，1995年 1 月，頁 31。

測，這點即使南宋產科權威陳自明亦認爲：「婦人百病莫甚於生產。」而一般
觀念亦咸視「婦人疾莫大於產蓐，倉猝爲庸醫所殺者多矣。」〔註35〕就不足
爲奇，故懷孕生產對於宋代婦女而言，不只是歷經「有苦難言」辛苦的懷胎
十月，還必須惶恐不安的面對生育過程時的風險和不確定性。而事實上，由
婦女墓誌銘中有許多墓主死於二十多歲至三十五、六歲時，雖然墓誌銘對墓
主死因語焉不詳，不過此時正值婦女產育能力高峰時期，不免令人聯想她們
是否是死於難產。當然礙於史料的不足，要進一步證實是有其困難的。不過
在筆記小說中記載許多婦女因懷孕致死或難產喪命的例子，有的幸運地遇到
名醫，而逃過生產劫難，如：

> 朱新仲祖居桐城時，親識間一婦人妊娠將產，七日而子不下，藥餌符
> 水，無所不用，待死而已。名醫李幾道偶在朱公舍，朱邀視之。李曰：
> 「此百藥無可施，惟有鍼法，然吾藝未至此，不敢措手也。」遂還。
> 而幾道之師龐安常適過門，遂同謁朱。……（龐安常）纔見孕者，即
> 連呼曰：「不死。」令家人以湯溫其腰腹間，安常以手上下拊摩之。
> 孕者覺腸胃微痛，呻吟間生一男子，母子皆無恙。……安常曰：「兒
> 已出胞，而一手誤執母腸胃，不復能脫，故雖投藥而無益。適吾隔腹
> 捫兒手所在，鍼其虎口，兒既痛，即縮手，所以遽生。」〔註36〕

又《夷堅志補》卷一八〈屠光遠〉條，也是描述呂生妻二次難產，皆因名醫
屠光遠才得以存活，可是一旦屠光遠逝世，就無人能挽救她生命。據載：

> 縣酒官呂生妻臨蓐，五日弗產。或曰：「非屠醉不可。」呂亟召之，
> 至則醉矣。徑入室，隔衣略捫撫即出曰：「且扶坐，少頃免身矣。」
> 俄聞嬰啼聲，謂屠不曾施技，偶值其生爾，無足奇者。屠語呂曰：「吾
> 細視兒左手虎口，必有小竅。」視之果然。問其故，曰：「此非佳兒
> 也，必有宿冤，欲取君夫人命，故在胎執母腸不放，無由得生。吾
> 用龐安常法鍼之，故得脫。」呂拜謝，兒亦尋死。又二歲，妻孕如
> 前，仍以前法治之。既愈，乃告之曰：「事已至再，夫人從此當清居
> 獨處，倘不知悔，他日不幸，復值此，將奈何？吾或不在，必非他
> 人可治。吾自料年運亦垂盡，不久於世。夫人宜爲性命計，勿忘吾
> 言。」明年，屠果辛。又一年，呂妻竟因產喪命。

〔註35〕葉夢得《石林避暑錄話》卷二，《宋元人說部叢書》，頁214。
〔註36〕《夷堅甲志》卷十〈龐安常鍼〉，頁83。

有時在無計可施的情況下，婦女只好求助宗教的慰藉來減輕生產時的危險性，《夷堅甲志》卷二〈齊宜哥救母〉條，即描述孝子齊宜哥拯救母親生產之厄難：

> 江陰齊三妻歐氏，產乳多艱，幾於死，乃得免。一子宜哥年六歲，警悟解事，不忍母因苦，咨於老人，問何術可脫此厄。老人云：「唯道家《九天生神章》釋教《佛頂心陀羅尼》為上。」即求二經，從一史道者學持誦。三日，悉能暗憶。於是每以清旦各誦十過，焚香仰天，輸寫誠懇，凡越兩歲。紹熙元年，歐有孕，更無疾腦。至十月，將就蓐，宜哥焚誦之次，見神人十輩立侍于旁，異光照室，少焉生。

也有許多婦女祈求觀音菩薩的庇護，如《夷堅支癸》卷十〈安國寺觀音〉條載饒州安國寺有觀音塑像一龕，是當地的信仰中心，當許洄妻孫氏懷孕臨產時：

> 乳醫守視，自夜半至平旦，乃泰然如常。又兩月，復擬就蓐，將產之際，危痛萬狀。孫默禱觀音，乞垂哀議。令其子持淨油一盞，點照像前。家素貧，不能廣施願力。所居邇丈室，長老了祥，日夕聞其呻吟之聲，深為不忍。因其油至，命童行減宿燈而然所施者。自為焚香，啟白曰：「許洄妻孫氏，感孕以來，閱十三箇月，未得免身。彼家四壁空空，二膳不足，燈油危矣，而出於誠心，望菩薩慈悲，賜其子母團圓平善。」

在《夷堅支乙》卷八〈陳二妻〉條亦言：金華縣孝順鎮農民陳二在妻子分娩前，至太平寺，「請僧於佛前許《孔雀明王經》一部，以祈陰護。」有時婦女因特殊體質，即使名醫也是回天乏術。如毛公弼之女平日即苦於嘔吐症，後經龐安常治療雖有好轉，然公弼無視安常「但此女子能不嫁，則此病不作，若有娠而嘔作，不可為矣。」的警告，「以其女歸沙溪張氏」，一年後懷孕，果真因嘔疾而亡。〔註37〕也有婦女流產而亡的，如「宗室瓊王仲儡之子士周，娶王晉卿都尉孫女，少年時墮胎死。」〔註38〕或如京師省吏侯都事小妾「懷孕，未及產而死。」〔註39〕至於在分娩過程而亡的婦女更是不在少數，如《樂

〔註37〕曾敏行《獨醒雜志》卷四，《歷代筆記小說》，19冊，頁422。
〔註38〕《夷堅乙志》卷三〈王夫人齋僧〉，頁206。
〔註39〕《夷堅志補》卷二一〈鬼太保〉，頁1745。

善錄》卷一載：

> 石揆妻厭多產，嘗兩殺初生兒，後數歲，有孕，一產四子，苦痛不
> 可堪忍，良久，母子俱斃。

而衡陽令周妻三個女兒，因母親妒殺二婢，其後「三女俱因產而死。」〔註40〕蜀婦人常氏，夫亡之後，更嫁程遠爲妻者，因曾虐殺馬氏妾，「乾道二年二月，就蓐三日，而子不下。」並夢到馬氏妾「持杖鞭其肢」，不久生一女，旋即死亡，不久常氏亦亡。〔註41〕又眼醫魏生之女，嫁與周四爲妻者，則因難產而殞。〔註42〕趙不刊的妾憐憐者，則是「以產子死於官舍。」〔註43〕蔣通判之女則因難產，終於妙相寺。〔註44〕柳儀曹之妻也以產厄死於官舍中。〔註45〕晁端所心儀的美婦竟是因生產而死的亡魂。〔註46〕此外，在《齊東野語》卷一八〈近世名醫〉條中，提到醫者邢氏曾警告朱丞相勝非媳婦，「不宜孕，孕必死。」一年後，朱婦得一男，正當全家沈醉於抱孫之喜時，該婦未彌月即因產疾而殞。則是婦人因特殊體質，以致產子而亡。有時婦人雖然平安無事，但卻產下駭人的畸形物或怪胎。如桐林灣客邸主人妻王氏，「臨產生大蛇五六於草上」；鹽商劉一妻生子則「頭甚大，苗髮長五寸許，兩肉角隆起，滿口十餘牙，白而銛利」；而張大奇之妻竟產下一雞、一猴；〔註47〕張克公尙書夫人劉氏所生三子，「皆不育，其狀甚異。」且有二人是畸形兒，其一無舌，一陰囊有腎十枚；〔註48〕胡廿二之妻所生子，竟「臀後出一牛尾，長幾尺許，繚繞掉動，左背牛毛皆滿。」〔註49〕也有生下連體嬰的，在方鳳《物異考》云：

> 衛士胡丁年，其妻吳氏生一男一女，其胸相連，其餘體各異。乃析
> 之，則皆死。後又產二男亦相連，至四歲獻於朝。〔註50〕

楊彥齡《楊公筆錄》亦云：

〔註40〕 《洛陽搢紳舊聞記》卷二〈衡陽縣令周妻報應〉，《叢書集成新編》，86 冊，頁 314。
〔註41〕 《夷堅乙志》卷一五〈馬妾冤〉，頁 311。
〔註42〕 《夷堅三志己》卷二〈天慶黃錄〉，頁 1319。
〔註43〕 《夷堅三志己》卷五〈趙不刊妾〉，頁 1342。
〔註44〕 《夷堅甲志》卷五〈蔣通判女〉，頁 40。
〔註45〕 《夷堅丙志》卷一六，〈會稽儀曹癖〉，頁 502。
〔註46〕 《夷堅丁志》卷一五〈晁端揆〉，頁 665。
〔註47〕 《夷堅支乙》卷六〈建康三孕〉，頁 836。
〔註48〕 《夷堅丁志》卷一三〈張尙書兒〉，頁 650。
〔註49〕 《夷堅支癸》卷七〈胡廿二男〉，頁 1276。
〔註50〕 方鳳《物異考》，《叢書集成新編》，82 冊，頁 548。

> 元豐八年秋，余爲滏陽縣令，城中廟中有一死兒在濠上。余親往驗
> 之，兩頭四首四足，共一腹，眉目皆端正。〔註51〕

婦女有時也會產下死胎，如邵伯溫《河南邵氏聞見前錄》卷一八記載祖母李
夫人生產雙胞胎，一爲死胎，其云：

> 伯溫曾祖母張夫人，遇祖母李夫人甚嚴，李夫人不能堪，一夕欲自
> 盡，夢神人令以玉箸食羹一杯，告曰：「無自盡，當生佳兒。」夫人
> 信之。後夫人病瘦，醫者既投藥，又夢寢堂門之右，木爪二株，右
> 者已枯。因爲大父言，大父遽取藥令覆之。及期，生康節公，同墮
> 一死胎，女也。

這些敘述有的因涉及因果報應和勸世警惕的意義，在內容上不免顯得荒誕不
經與渲染，眞實性頗令人存疑。但其記載有關婦女生產時總總離奇狀況，和
所面臨不可預知的危險性，確實是超越當時醫學知識水準所能理解的範圍，
因此不要說是無知的婦女，即使飽讀詩書的士人也只好將它歸咎於怪力亂
神。如此情形以訛傳訛、擴大渲染，當然會加深婦女在懷孕生產過程中的焦
慮與惶恐不安。再加上世俗觀念咸認「婦懷胎死者，沈淪幽趣，永無出期。」
〔註52〕視產厄之婦女屬「橫死」，死後會墮入血池地獄，更增加一些婦女以恐
懼警戒的心情來看待懷孕產子。然而在懷孕生子被視爲婦女天職的時代，在
宋代只要是結婚的婦女，就無法躲避懷孕生產之職責，不論她們內心如何惶
恐不安，都必須勇敢或盲目的面對。除了寄託於宗教神奇力量的撫藉，便是
遵循醫書的指示。宋代婦科醫術對於她們的幫助，主要著重於藥物的護理調
養與胎教的重要，因此所有的婦產科醫書皆再三囑咐孕婦自懷孕開始，就要
謹愼小心，保持愉快的心情，以孕育出賢良端正的子女。如在《衛生家寶產
科備要》卷二〈孫眞人養胎論〉提到欲「生子皆良、長壽、忠、孝、仁、義、
聰惠無疾」之子，孕婦必須重視胎教，在懷孕三月起胎兒已成形，孕婦需：

> 欲得觀犀、象、猛獸、珠玉、寶物，欲得見賢人、君子、盛德大師；
> 觀禮樂、鐘鼓、俎豆、軍旅，陳設焚燒名香，口誦詩書，古今箴誡，
> 居處簡靜，割不正不食，席不正不坐，彈琴瑟，調心神，和情性，
> 節嗜慾，庶使清靜。〔註53〕

〔註51〕《楊公筆錄》，《歷代筆記小說》，21 冊，頁 18。
〔註52〕《夷堅志補》卷一八〈屠光遠〉，頁 1716。
〔註53〕朱端章輯《衛生家寶產科備要》卷二〈孫眞人養胎論〉，《歷代中醫珍本集成》

這與現代醫學強調產婦應重視胎教實有異曲同工之妙。不過受限於醫學知識，當時醫書在內容上有時也充滿迷信與荒謬的認知，故婦女懷孕期間有許多禁忌與迷信，如他們認為妊娠三月時，「未有定儀，見物而化，欲生男者操弓矢，欲生女者弄珠璣。」〔註54〕可藉由外在力量轉化胎兒的性別。此外，從懷孕至生產止，為避免生產困難或產下畸形兒，也有「飲食居處」的禁忌，其中有：

> 妊娠食羊肝，令子多厄。妊娠食山羊肉，令子多病。妊娠食驢馬肉，
> 延月。妊娠食騾肉，產難。妊娠食兔肉、犬肉，令子無音聲并缺唇。
> 妊娠食雞子及乾鯉魚，令子多瘡。妊娠食雞肉、糯米，令子多寸白
> 蟲。妊娠食椹并鴨子，令子倒出、心寒。妊娠食雀肉并豆醬，令子
> 滿面多䵟黷、黑子。妊娠食雀肉、飲酒，令子心經情亂，不畏羞恥。
> 妊娠食鱉，令子項短。妊娠食冰漿，絕胎。妊娠勿向非常地大小便，
> 必半產殺人。〔註55〕

可說充滿形象之附會。而又為了避免損及胎兒及流產，醫書還將「產前所忌藥物，盧醫周鼎，集以為歌。」其內容為：

> 蚖斑水蛭地膽蟲，烏頭附子配天雄；躑躅野葛螻蛄類，烏啄側子及
> 虻蟲；牛黃水銀并巴豆，大戟蛇退共蜈蚣；牛膝藜蘆加薏苡，金石
> 錫粉對雌雄；牙朴芒硝牡丹桂，蜥蝪飛生更䗪蟲；代赭蚱蟬胡粉麝，
> 芫花薇銜草三稜；槐子牽牛并皂角，桃子螬蠐和茅根；檳根砂與乾
> 漆，亭長溲疏茵草中；瞿麥茹蟹爪甲，蝟皮鬼箭赤頭紅；馬刀石蠶
> 衣魚等，半夏天南通草同；乾薑蒜雞及鴨子，驢馬兔肉不須供；切
> 忌婦人產前用，此歌宜記在心胸。〔註56〕

其中不乏可致人於死的毒劑，如水銀、蜈蚣等毒物，或可促進子宮收縮的薏苡，當然會妨礙孕婦健康，甚導致至流產或死亡。不過是否所有藥物皆可墮胎，則仍有待進一步的醫學證明。

即使在醫學進步的現代，懷孕婦女都可能在懷孕生產過程發生不測，如流產、胎死腹中、母子亡佚等意外事件，宋代婦女在懷孕過程，當然也可能

　　　《婦科類》，萬人出版社，頁13。

〔註54〕同上書，頁16。

〔註55〕同上書，頁13、14。

〔註56〕《衛生家寶產科備要》卷五〈產科雜方〉，頁62、63。

遇到類似的情形，嚴重者甚至被迫終止懷孕或墮胎。然受「天地大德曰生」觀念的影響，多數人認爲胎兒「既已成形亦一人命，載生載命，而以毒藥殘其生，其慘過於剖剔孕婦也。」〔註57〕許多醫生是反對婦女墮胎或終止懷孕，如朱佐就說：

> 婦人女子性最執戀，又多暗損，不知事體，或畏產育之多，私求毒
> 藥欲爲逐去之舉。不思此等自有定數，設逐而墮去，則故幸也。逐
> 而不動，未免憂懼日增，或至泣涕戚額，朝暮以死自危。夫和氣至
> 祥，垂氣致異，臨產之時，豈復有美。〔註58〕

嚴厲批評婦女墮胎的行爲，甚至無絲毫同情心的認爲產婦之所以會流產或難產，完全是孕婦懷孕過程惶恐疑懼所致，其云婦人：

> 惑先入之言，泥卜巫之說，或因夢想而有疑，或因見聞而致危疑之
> 念。食習不忘則心氣失所主矣，夫心主血，血不調則神傷，神傷則
> 臨產之時豈復寧謐。〔註59〕

但是並非所有醫生的觀點皆如此不近人情，有的醫者在「婦人有臨產艱難，或生育不已」或「若氣血虛弱，無以滋養，其胎終不能成也。」〔註60〕等有條件的情形下，會使用方劑使婦人「斷產」，但這些藥劑多爲水銀、虻蟲等嚴峻毒物，需謹慎使用，不可任意嘗試，否則遺害不淺，甚會出人命。如陳自朋在《校注婦人良方》就提供二帖方劑，其一「油煎水銀，一日方息，空心服棗大一丸，永斷其孕，且不損人。」一爲「四物湯，每服五錢，加芸苔子（油菜子）二撮，于經行後，空心溫服。」也有墮胎藥方，以「大曲五升，酒精一斗，煮二沸，去渣，分五服。隔宿勿食，且再服，其胎如糜，母無所苦。」〔註61〕不過宋代婦女除了醫書所記載斷產或墮胎的方劑，她們在苦於多子，不欲多子之時，或是基於不可告人的道德因素，似乎有更多婦女未經醫師的許可，而是「私求毒藥欲爲逐去」。如《鬼董》卷二就提到魚某之妻「能貨藥，常爲姪尼、蕩女輩殺子，故蓄毒甚多。」《樂善錄》卷四云：「峨嵋山

〔註57〕陳堅《太上感應靈篇圖說一卷》，《叢書集成續編》，上海書店出版社，97冊，頁423。

〔註58〕朱佐《類編朱氏集驗醫方》，卷十〈婦人門·催生論〉，《宛委別藏》，台北臺灣商務印書館，1981年，頁295。

〔註59〕同上註。

〔註60〕《校注婦人良方》卷一三〈妊娠胎動不安當下方論第三〉，頁263。

〔註61〕《校注婦人良方》卷一三〈斷產方論第六〉，頁266、267。

士子授徒于里人某氏之館，某氏有妾既生子可傳矣，隆興癸末復孕，厭其多而害之。」因此婦女可能有自行流通的墮胎方法。只是這樣做，很可能會因藥物使用不當而傷及自身性命。此時她們的行徑，就爲道德輿論或宗教教義所不容，成爲被撻伐譴責之對象。如李昌齡在《樂善錄》卷四云：

> 婦人有姓王者，厭生產，屢壞胎，又以其藥爲效，傳之于人。後有孕，復毒以藥，不能下，痛苦萬狀，謂爲死矣，迫而視之，則又活、如此凡七日，竟不能產而卒。

又該書卷九也敘述：

> 穎娘子多男女，自毒其胎者屢矣，乾道戊子又孕，毒以藥，血遂洞下，伏枕者六年，苦痛可謂切至，及死之日，明見十數小兒前後挽撮，語聲琅然，傍之人亦皆聞知，良久遂卒。

這些方劑內容爲何已不可得知，可能是醫書未載的特殊墮胎秘方，或是醫書之方劑，但由王氏「以其藥有效」，她不但親身體用，且廣傳於其他婦人，不論其牟利與否，顯示宋代婦女私下間可能有一特殊管道，來解決個人生育的問題。而另一例子穎娘實則是因子女眾多在不得已的情形下，才會斷然採取墮胎手段。因多子多孫對貧窮人家不但不是福氣，而且還會成爲經濟難以承受的重擔，也許在經濟考量下，她不得不採取墮胎之措施，不過較令人吃驚的是，（若不是李昌齡的渲染誇大），她墮胎次數竟然能達十次以上，如此神奇之藥效，是否意謂著這種可能廣於流傳婦女之間的墮胎方劑成效頗佳。但不論如何，在以道德自詡的衛道人士看來，畢竟墮胎所下之血肉乃是有生命之個體，故墮胎方劑的使用雖然顯示婦女在某些特殊情形，可能有部分生育與否的決定權。〔註62〕不過這樣的行爲是無法見容於社會道德輿論，畢竟此有違「上天有好生之德」與「生育子女乃婦人天職」，故瑣談或筆記所載墮胎婦女皆不得善終。

三、臨 盆

歷經艱辛的懷胎十月，戰戰兢兢的通過種種考驗，終於到了最關鍵，也是最危險的分娩時刻。「婦人免乳大故，十死一生。」〔註63〕說明婦女生產

〔註62〕劉靜貞《不舉子——宋人的生育問題》第二章〈產育之「難」〉提到宋代婦女墮胎方法：「在官方士大夫與一般社會所認可的正統醫學外，宋代的婦女們自有一條女性之間的次文化交流管道。」台北稻鄉出版社，1998年初版，頁79。

〔註63〕班固《後漢書》卷九七上〈外戚傳上〉，台北宏業書局，1984年再版，頁999。

的危險性與不測。若產婦「故產二三胎者，臟腑未衰，血氣未減，疾病易治。若產育過多，復自乳子，血氣已傷，尤難治。」〔註64〕則敘述分娩不會隨著生產次數增加，而降低其危險性。反而是隨著產婦胎次的增加，而危險性遞增，故對婦女言無論初產婦或經產婦，分娩無疑皆是鬼門關走一遭，故分娩乃人命關天之事，萬萬輕忽不得。在宋代婦女即將生產時，產婦之家皆需戒慎小心，入月後產婦要「安神定慮，時常步履，不可多睡飽食，過飲酒醴雜藥」外，〔註65〕否則就會如富貴之家的產婦，「過於安逸，以致氣滯而胎不轉動，或爲交合，使精血聚于胞中。」會因缺乏運動，造成難產。〔註66〕此外，產婦之家也要事先備妥「產婦合要備急湯藥」以爲不時之需。又因視婦女生產爲污穢不潔，至少自漢代以來婦女不允許在家生產，〔註67〕雖然唐宋以來習俗漸改，婦女已可在自家生產，但仍沿襲前代血污觀念，故婦女在分娩之前，一定要事先準備產閣和藏胞衣的地方。產閣與藏胞衣的地點，必須「依方位所利鋪設」，產房則要「清虛」、「遮塞孔隙，無令賊風遊氣可得而入」，「窗壁仰泥之類，並須一一經心照管」，以免發生意外事故，且要準備催生靈符，「依產圖方位，擇深靜房室，入月一日即貼借地法于房內北壁，薰令香潔。」〔註68〕在人事安排上，要事先物色產婆，產婆人選攸關產婦生產順利與否，爲了穩定及安撫產婦的情緒，要選擇「溫善安詳慣熟之人」當產婆，得之，「則令與產婦游處情熟，入月則令守月。」又因產婆「收生，風俗多有不同」，故「閑時宜先令詳說次第，或有未便，款曲與之商量，不可一切任之。」〔註69〕以減輕孕婦生產時的恐懼與不安。此外還要安排抱腰助產的婦女，最好使用家中原有使喚之婢女，若聘用外人定要詳加審問，以免不測。〔註70〕孕婦入月後可服用丹參膏、甘草散、千金圓、（又名

〔註64〕《校注婦人良方》卷一六〈坐月門・產寶方周序〉，頁305。
〔註65〕《校注婦人良方》卷一六〈坐月門・將護孕婦論第二〉，頁305。
〔註66〕同上書〈產難門・產難論第一〉，頁319。
〔註67〕視生產之血爲污穢不潔，恐其觸怒天地鬼煞之觀念在漢代就已存，因此婦女不可在家產子。故王充《論衡》卷二三〈四諱篇〉言：「諱婦人乳子，以爲不吉。將舉吉事，入山林，遠行度川澤者，皆不與之交通。乳子之家忌惡之，丘墓盧道畔，踰月乃入，惡之甚也。」台灣中華書局，1976年臺三版，頁10。
〔註68〕郭稽中《產育寶慶集》卷下，《歷代中醫珍本集成》，頁17，及《衛生家寶產科備要》卷六〈入月〉，頁68。
〔註69〕《衛生家寶產科備要》卷六〈入月〉，頁68。
〔註70〕同上書，卷六〈入月〉，頁66。

保生圓）、大黃圓及滑胎令易產方等滑胎藥物，以助生產順利。〔註71〕依照社會習俗，產婦的外家還必須：

> 以銀盆或鋑或彩畫盆，盛粟稈一束，上以錦繡或生色帕複蓋之。上插花朵及通草帖羅五男二女花花樣，用盤合裝送饅頭，謂之分痛。并作眠羊，臥鹿羊生果實，取其眠臥之義。并牙兒衣物襯籍等，謂之催生。〔註72〕

送至女兒的夫家，希望孕婦在生產過程中能快生少痛，減經分娩之痛苦。

等待產婦腹痛，即將臨盆之際，在入月之時即準備周延，因此只要按部就班依照行程處理，除非遇到橫產、倒產、偏產、礙產、坐產、盤腸產等不可測的難產，〔註73〕產婦應當可順利生產。故絕不可「慌忙及亂報」以致「產婦憂怕，氣血錯亂，生理不和而起百疾。」〔註74〕而是：

> 凡欲生產，切不得喧鬧，產婦房門，常須關閉。選一年高性和善產婆，又選穩審恭謹家人一兩人扶持。切不用揮霍，至令產婦憂恐。又忌閑雜外人、喪、孝、穢濁之人瞻視。若不謹之，定是難產，兼傷小兒。若腹中痛來，但令扶行，或行不得，且立，候行得更行，或痛作陣，眼中如火生，此是兒回轉。即進琥珀散一服，直至行不得即扶上蓐草，務要產婦惜力。或心中熱悶，取白蜜一匙，新汲水調之，或未解，即喫生雞子一枚。〔註75〕

若產婦只是陣痛，尚未達到真正臨盆之際，產婦爲保持最佳體能狀態，宜食軟飯、粥、蜜漿等易於消化的食物，以免生產時「無力困乏」。若「經時不產」則進通靈散一服。然後在產醫指導下，在最適當時間坐草分娩。婦女分娩之後，還要謹慎處理污血與胞衣，所有「產訖棄潑穢污不淨之水，並隨藏衣之方所向，不拘遠近棄之，切忌，向閉肚之方也。」〔註76〕以免污及神靈鬼煞，危及產婦安全。

產婦在分娩之後尚未完全脫離危險期，此時仍須細心看護，稍有疏忽產

〔註71〕 同上書卷二，頁24、25。《婦人大全良方》卷一六〈坐月門‧滑胎例〉則有滑胎橘殼散、神寢丸、榆白皮散、保氣散、保產無憂散等利於滑胎順產之藥物。

〔註72〕 《東京夢華錄注》卷五〈育子〉，頁152。

〔註73〕 《校注婦人良方》卷一七〈產難門‧楊子建十產論第二〉，頁321、322。

〔註74〕 同上書，卷六，頁66。

〔註75〕 《衛生家寶產科備要》，卷三〈論欲產并產後〉，頁29、30。

〔註76〕 同上書，卷一〈產圖〉，頁1。

婦就可能會因感染而死亡。事實上，在宋代也有一些婦女在生產之後，因調理失當，而身染重病，甚至逝世的。如管氏「以免乳得疾危甚。」丈夫爲此還憂心不已。〔註77〕蘇舜欽妻子鄭氏在懷孕其間，就因急於奔喪至「馬駭墜地者三，傷左股。起即強自支，不肯少休。」加上分娩時，家中上下可能忙於公公喪葬事宜，無暇顧及她，結果她因產後調理失當，「疾起所傷，七日而逝。」〔註78〕歐陽修第一任妻子胥氏也是生產一子後，在一個月之內去世。〔註79〕至於鹽官馬中行之婢在生產之後，因居心險惡主母「雜糠穀爲粥，乘熱以食婢。」則因飲食失當，「竟以血癖而殂」。〔註80〕而鹿生之妻的遭遇更令人同情，她「娩娠方三日」，亟需調養身體，然狠心丈夫因「利月俸」，加上妻子外家住在遠方，無視妻子產後虛弱，竟「逼令上道」，結果妻子不堪苦楚，遂死於杉溪驛舍。〔註81〕周南長女則因生產順利，「不知婦人娠，九生十死，急起，抱新乳兒爲戲樂，行又不能得。庶媼俱失任護，風乘傷湊神腑，疾且動且止。……十一月冬，至夕也，已而忽變劇，損矣！」〔註82〕也是產後調護失當而亡。總之，婦女分娩後尚未脫離危險期，爲減少出血、發生血崩與細菌的感染，或是過度勞累導致產婦的死亡，產後之護理調養是輕忽不得的，當時醫書主張產婦在分娩之後要注意：

> 飲熱童便一盞，閉目少坐，上床椅高，立膝仰臥，不時喚醒，及以
> 醋塗鼻，或用醋炭及燒漆器，更以首從心幹至臍下，使惡露不滯，
> 如此三日，以防血暈血逆。酒雖行血，亦不可多，恐引血入四肢。
> 目光昏暈，宜頻食白粥少許。

且還需攝取營養豐富、容易消化的食物，以防止因飢餓引起身體的不適。此外產婦也要保持愉悅的心情，在百日內避免「梳頭洗足」，以免罹患「手足腰酸痛等症。」〔註83〕若身體沒有明顯的不適，則可服用黑神散、四物湯、四順理中丸、七寶散調和身體，如因乳永將行而發熱、頭痛者可服玉露散，至

〔註77〕《晦庵先生朱文公文集》卷九二〈榮國夫人管氏墓誌銘〉，頁1617。
〔註78〕《蘇學士集》卷一四〈亡妻鄭氏墓誌銘〉，頁91。
〔註79〕.《歐陽文忠公文集》卷六二〈胥夫人墓誌銘〉，頁469。
〔註80〕《睽車志》卷三，頁508。
〔註81〕沈括《夢溪筆談校証》卷二四〈雜誌〉，台北世界書局，1978年三版，頁772。
〔註82〕周南《山房集》卷五〈長女壙銘〉，《涵芬樓秘笈》，臺灣商務印書館，1967年臺一版，頁16。
〔註83〕《校注婦人良方》卷一八〈產後門〉，頁331。

於胃口不佳，則服四順理中丸，血崩則服清魂散。〔註84〕若是產婦產蓐其間血暈病危，可用「古墨爲藥，因取一枚投烈火，研末，酒服即愈。」〔註85〕或是服用清魂散。〔註86〕可見宋代對產婦分娩後的調養護理也是極爲講究。

肆、新生兒的護理

　　嬰兒誕生後，首要工作是確保嬰兒的存活。宋代承襲前人的醫學經驗，對於新生兒的護理頗爲周密。在嬰兒脫離母體之後，主張要「先浴而後斷臍」，斷臍時可口切也可刀斷，對於斷臍的長短也有嚴格的規定。斷臍之後，裹臍時要「要椎治白練令柔軟，方四寸，新綿厚半寸，與帛等合之，調其緩急。」爲使新生兒吐出胸中惡汁，則「取甘草如中指節，炙碎，以水二合，煮取一合，以纏綿點兒口中，可得一蜆殼止。」或在小兒初生「一臘之內，用好肥黃蓮數塊，槌碎，每少許厚，以綿包裹，如妳頭狀，湯內浸成黃汁，時復沾撼一二點，在小兒口內。」〔註87〕以除惡汁。有關照顧嬰兒的理論，主張嬰兒不可「常在幃帳之內，重衣溫暖。」而是：

> 小兒始生，肌膚未成，不可暖衣，暖衣則令筋骨緩弱，宜時見風日，若都不見風日，則令肌膚脆軟，便易損傷，皆當以故絮著衣，莫用新綿也。天和暖無風之時，令母將抱日中嬉戲，數見風日，則血凝氣剛，肌肉硬密，堪耐風寒，不致疾病。〔註88〕

或是「不得以油膩首襧裹及抱兒」，嬰幼兒忌食「生冷、油膩、甜物之類。」〔註89〕也都頗合乎現代醫學的常識。爲確保嬰兒身心健康，中上人家在聘請乳母時務必謹慎，選擇的乳母「必擇良家婦人稍溫謹者」，〔註90〕性情要「謹於喜怒」外，還要身強體壯，不可有「胡臭、瘻廔、氣嗽、瘑疥、癡隆、白禿、瘑瘍、瀋脣、耳聾、齆鼻、癲癇。」等身心疾病。〔註91〕爲了哺育出健康的幼兒，對乳母日常食物的攝取亦有所規範，她們「忌食諸豆及醬，熱麵、

〔註84〕同上書，頁332。
〔註85〕丁傳靖《宋人軼事彙編》卷四，臺灣商務印書館，1982年臺二版，頁114。
〔註86〕《校注婦人良方》卷一八〈產後門‧產後調理法第二〉，頁332。
〔註87〕《衛生家寶產科備要》卷八，頁117～119。
〔註88〕同上書，卷八，頁111。
〔註89〕同上書，卷八，頁114。
〔註90〕《書儀》卷四〈居家雜儀〉，頁250。
〔註91〕《衛生家寶產科備要》，卷八，頁115。

韭、蒜、蘿蔔。」可食「宿煮羊肉、鹿肉、野雞、雁、鴨、鯽魚、蔥、薤、
蔓菁、萵苣、菠薐、青麥、菩蓬、冬瓜等。」〔註92〕這些都說明當時對嬰兒
的護理知識是有一定的水準。

　　在宋代母親對子女的照顧往往呵護愛念，無所不至。從嬰幼兒至成人一
刻也不得鬆懈，在嬰兒時「飲乳於親之懷者三年」，稍微長大成幼童時，「拊
之則察其肥脊而欣憂，畜之則候其飢飽而飲食。」長大成人後「則惟恐其氣
體之不壯，育之則惟恐其德行之不敏。」甚「憂其壯未有室也，既有室，慮
其子孫未能眾多也。」甚至妻子是否好合，兄弟能否溫和。〔註93〕皆在父母
操心之列，可說父母難爲。而其中撫育提攜嬰幼兒之工作，幾乎全由母親一
人擔當，如袁燮的妻子邊氏平日家事繁重，「飲食、衣服、烹飪，補紉，常躬
其勞」，但撫育子女無微不至。邊氏她：

> 男女八人，自乳其七，飢飽寒燠，節適謹甚，無頃刻不繫於心，無
> 毫釐不至之處。自言：「吾之心寄于兒之身，兒小不安，終日抱持，
> 未嘗置之衽席，委之他人也，察之微，護之謹，故咸遂以長，而無
> 夭折之患。」〔註94〕

在一些社會寫實圖畫更傳達母親悉心照顧子女的訊息，如北宋王居正的〈紡
車圖〉，透露貧窮百姓育子的情景：一位衣衫襤褸的婦女與一老婦正辛勤紡
紗，其中年輕的婦女一邊紡紗，手中還忙著哺乳撫慰嬰兒，而另一較大的孩
童則在一旁嬉戲。另一幅（李嵩之骷髏幻戲圖）則是描繪母親帶著幼子看骷
髏戲，其中一婦人正忙著哺乳小孩，一婦人則帶著小孩觀賞。在〈貨郎圖〉
一圖，描繪幼兒爭先恐後想要貨攤物品，其中前往採購的婦人懷中則在哺育
幼兒。至於家境優渥的中上人家，除了母親悉心提攜外，往往聘請「溫良躬
謹」、身體強健的乳母照顧子女。當然也有如楊萬里的母親羅氏一般，因認爲
「饑人之子以哺吾子，是誠何心哉？」故生育四子三女，「悉自乳。」不過即
使父母如此悉心的呵護，受限於醫學知識與環境衛生，當時孩童的死亡率極
高，如宋咸父母在生他之前，就「前失數子」。〔註95〕田孺人生二子四女，一

〔註92〕同上註。
〔註93〕謝枋得《謝疊山集》卷二〈寧庵記〉，《叢書集成新編》，74 冊，頁 730。
〔註94〕《絜齋集》卷二一〈夫人邊氏壙誌〉，頁 257。
〔註95〕《直講李先生文集》卷三〇〈宋故將仕郎守太子中舍致仕宋公及夫人壽昌縣君
　　　　江氏墓碣銘〉，頁 231。

子二女早卒；〔註96〕程顥、頤父親生有六子四女，其中四子應昌、天錫、韓奴、蠻奴皆幼亡，二女早夭，而母親上谷郡君侯氏所生男子六人，所存只有程顥、程頤二人；〔註97〕蘇洵三女二子早亡；而程顥五子四女中有三子三女早亡或夭折，其中程澶娘就是死於痘疾；〔註98〕韓琦在〈姪孫四殤墓誌〉一文中，云：「是四小孫，皆姿狀美秀，慧而可愛。或僅能行立，或免抱持。天何降災，遂具不育」；〔註99〕韓政在〈一姪六殤子墓記〉也云：「余之第四子謝和尚，第五子賀老，第六子金老弟，第七子頑叟及余弟償房二子皆在襁褓不育」；〔註100〕說明家族兒童夭折率極高。梅堯臣的女兒稱稱不到一歲便夭折，兒子十十也是幼年早亡；〔註101〕歐陽修有子男八人，其中「四人皆未名而卒」，「女三人皆爲及嫁而卒」；〔註102〕他第一任妻子胥氏所生子在五歲左右亦亡；〔註103〕曾鞏女兒慶老三歲夭折，興老二歲而亡；〔註104〕李覯母鄭氏生覯前曾失二子；〔註105〕李覯之女也是早夭；〔註106〕黃朝佐妻許氏「嘗生一女失之；」〔註107〕縣酒官呂生妻產子，兒尋死；〔註108〕劉克莊女兒只有二女，幼早夭，不久長者淑人亦得癲疾而逝。〔註109〕即使是擁有最佳醫療設備及完善嬰幼兒照顧體系的皇室，如宋太祖四子六女中，二子三女早亡；太宗九子七女，一子一女早亡；眞宗六子二女，四子一女早亡；仁宗三子十三女中竟然只有四個女兒長大成人；英宗四子四女中，一子一女早亡；神宗生十四子十女，有八子六女早亡；哲宗一子始生三月而夭，四女二早亡；徽宗生三十一子三十四女，六子十四女早逝；孝宗二女一九歲而亡，一生五月而夭；光

〔註96〕《西臺集》卷一四〈田孺人墓誌銘〉，頁404。

〔註97〕《河南程氏文集》卷一二〈上谷郡君家傳〉，頁654。

〔註98〕《河南程氏文集》卷四〈澶娘墓誌銘〉，頁501。

〔註99〕《安陽集》卷四六〈姪孫四殤墓誌〉，頁506。

〔註100〕李國禔《安陽金石錄》卷七〈一姪六殤子墓記〉，《石刻史料新編》第二輯，台北新文豐出版公司，頁504。

〔註101〕《梅堯臣集編年校注》卷一八〈小女稱稱壙銘〉，頁447。

〔註102〕《欒城集》卷二五〈歐陽文忠公夫人薛氏墓誌銘〉，頁257。

〔註103〕《歐陽文忠公文集》卷六二〈胥氏夫人墓誌銘〉，頁469。

〔註104〕《元豐類稿》卷四六〈二女墓誌銘〉，頁298。

〔註105〕《直講李先生文集》卷三一〈先夫人墓誌〉，頁236。

〔註106〕同上書，卷三六〈哭女二首〉，頁260、261。

〔註107〕《晦庵先生朱文公文集》卷九二〈夫人許氏墓碣銘〉，頁1627。

〔註108〕《夷堅志補》卷一八〈屠光遠〉，頁1716。

〔註109〕《後村先生大全集》卷一五九〈外孫淑人〉，頁1400。

宗三女也是早亡；寧宗女則六月而夭。〔註110〕嬰幼兒的夭折率可說高的驚人，因此也就不難想像，生活水準較差，和無法得到妥善醫療照顧的尋常百姓，他們嬰幼兒夭折率應當更高了。

伍、養育及教育兒女

　　依照宋代的觀念，認為父母除了盡心輔育子女，提攜其長大成人外，最重要是自兒童起就應教導其生活禮儀、處世態度，成人之後方能不辱父母。故多數士大夫家庭極為重視兒女家庭教育，家範、家訓之類的作品如雨後春筍般紛紛出現，如《書儀》卷四〈居家家儀〉就詳述子女自幼及長的家庭教育，其云：

> 子能食，飼之，教以右手。子能言，教之自名及唱喏、萬福、安置，稍有知，則教之以恭敬尊長，有不識尊卑長幼者則嚴訶禁之。六歲教之數與方名，男子始習書字，女子始習女工之小者。……十歲男子出就外傅，居宿於外，讀《詩》、《禮》，傅為之講解，使知仁義理智信，自是以往，可以讀《孟》、《荀》、《揚子》，博觀群書。凡所讀必擇其精要者而誦之，其異端非聖賢之書，傅宜禁之，勿使妄觀，以惑亂其志。觀書皆通，始可學文辭。

而在宋代確實有些士大夫也以家法嚴謹、善於教子名聞一時，如范仲淹、韓億等人，都以善於教子著稱於時。〔註111〕不過家法、家範等作品都是由父親所編著，再加上《三字經》云：「養不教，父之過。」似乎顯示父親才是教導子女最重要的人物，母親只能扮演沈默次要的角色。事實上，在宋代有許多母親因丈夫從宦於外或專心於仕進，主持家務與教育子女的事宜皆由妻子全權負責，再加上儒家倫理思想對母權的尊重，故母親教導子女的威權性與影響力往往不下於父親。只是在「嚴父慈母」刻板印象，或婦女「無外事，有善不出閨門」的理想社會秩序下，母親教子的角色每被忽略。然爬梳史料文獻，可發現在宋代不少母親在教養子女方面扮演著積極進取的角色，她們遵循中國傳統對母愛的詮釋，除呵護孩子的日常生活，撫育他們長大成人外，

〔註110〕資料來源《宋史》卷二四四～二四八〈宗室傳〉、〈公主傳〉，頁8676～8790。

〔註111〕有關宋代士大夫教養子弟及家庭門風及親子關係可參閱王師德毅〈家庭倫理與親子關係〉一文，載《宋代社會與法律—《名公書判清明集》討論》，台北東大圖書公司，2001年初版，頁11～23。

最重要的還是她們能克制個人私情，教育子女成爲社會的典範。當時多數的母親無不希望子女，尤其兒子能致力於學問、獲取功名，如此不但光宗耀祖，也使自己一生辛勤能得到回饋。尤其不少婦女因本身略識詩書，特別重視兒子的教育並擔任兒女的啓蒙教師。如王拱臣之母親李氏「授諸子孝經、古詩、方田之數，逮其就學，皆未勞而習之。」〔註112〕呂氏守寡後，「市書環室，親授經義，日月漸劇，卒至于有成。」〔註113〕張升卿妻子錢氏善於文史、筆札書記之事，「其教子也，手繕經籍而授大義，漸劇誘導，至於成人。」〔註114〕程節妻沈氏「教子孫多學問，常貢國學外台，訓諸女皆有法，各能通經之書。」〔註115〕魏氏在丈夫去世後「親以詩、論語、孝經教兩子。」故「兩子就外學時數歲耳，則已能誦此三經矣。」〔註116〕如袁變之母親協助丈夫教子，她對袁變等「始學則教之書，手寫口授，句讀音訓必審，長則期以遠業，朝夕誨勵。」〔註117〕總之受「重文輕武」、「萬般皆下品唯有讀書高」觀念的影響，在宋代，幾乎所有母親除注重兒子品行端重與否外，無不費盡心思，希望兒子往仕途發展，如司馬光《涑水記聞》卷一○提到：張密與張亢母親宋氏善於教子，她重視兒子言行禮儀，張奎「少嗜酒，嘗有酒失，母怒欲笞之。」奎遂終身不復飲。此外深懼二子耳濡目染，日後同丈夫一般只是從事燒煉之術，一事無成，毅然焚燬丈夫所有黃白術相關的書籍。而且宋氏不吝金帛、「市書至數千卷，親教督二子使讀書。」並嚴格篩選兒子的交往對象，「客至，輒于窗間聽之，客與其子論文學政事，則爲之設酒餚。或閒談諧謔，則不設也。」受母親激勵，日後二人果進士登科，位至高官。又朱熹《五朝名臣言行錄》卷四〈丞相萊園寇忠愍公〉云：寇準「少時不修小節，頗愛飛鷹走狗。」母親個性嚴毅，不勝其怒，「舉秤投之，中足流血。」經此打擊，寇準改過向善「折節從學」，而成爲一代名相。

當然有的母親更重視兒子德行之培養，如呂希哲德行端正，就是母親申國夫人教子有方，據《三朝名臣言行錄》卷八云：呂希哲母親申國夫人，性嚴有法，教導希哲事事循蹈規矩，云：

〔註112〕《景文集》卷六○〈隴西郡君李氏墓誌銘〉，頁583。
〔註113〕《華陽集》卷五三〈壽安縣太君呂氏墓誌銘〉，頁391。
〔註114〕《蘇魏公文集》卷六二〈彭城縣君錢氏墓誌銘〉，頁953。
〔註115〕《江西出土墓志選編》第二編〈寶文閣待制程節妻沈氏墓誌銘〉，頁80。
〔註116〕《王臨川文集》卷九九〈仙居縣太君魏氏墓誌銘〉，頁631。
〔註117〕《絜齋集》卷二一〈太夫人戴氏壙記〉，頁290。

甫十歲，祈寒盛暑侍立終日，不命之坐不敢坐也。日必冠帶以見長
者，雖天甚熱，在父母、長者之側，不得去巾襪、縛、衣服。唯謹
行步，出入無得入茶肆酒肆，市井里巷之語，鄭衛知音未嘗一經於
耳。不正之書，非禮之色，未嘗一接於目。

而以家法嚴謹著稱於時的陳省華，夫人馮氏更是嚴屬督導兒子，其三子陳堯
叟、堯佐、堯咨分別爲進士、狀元及第，其中堯咨善射，百發百中，其守荊
南回家省親，「母夫人馮氏問汝典郡，有何異政。」堯咨回答曰：「荊南當衝
要，日有宴集，堯咨每以弓矢爲樂，坐客罔不歎服。」馮氏聽了不禁大怒云：
「汝父教汝以忠孝輔國家，今汝不務行仁化，而專一夫之技，豈汝先人之志
邪，杖之，碎其金魚。」〔註118〕又歐陽修母親鄭氏常訓誨兒子，「夫養不必豐，
要於孝。利雖不得博於物，要其心之厚於仁。」〔註119〕楊誠齋（楊萬理）的
妻子羅氏以身作則，生活儉樸，教導兒子需有體貼善待下人之心，她以七十
高齡「每寒月，黎明即起，詣廚躬作粥一釜，遍享奴婢，然後使之服役。」
其兒子反對她「天寒，何自苦如此。」生性仁慈寬惠的羅氏聞此言非常生氣，
訓子道：「奴婢亦人子也，清晨寒冷，須使其腹中略有火氣，乃堪服役耳。」
並怒說：「我自樂此，不知寒也，汝爲此言，必不能如吾也。」〔註120〕受母親
的教誨影響，其子「東山帥五羊，以俸錢七千緡代下戶輸租」而本身居住地
卻「采椽土階如田舍翁，三世無增飾。」此外，程頤的母親侯氏對程顥、程
頤一生行誼影響深遠，她雖生育子息六人，然只有程顥、程頤存活，故對二
人日常生活的呵護可說「愛慈可謂至以」。但她絕不溺愛孩子，對於「教之之
道，不少假也。」程頤在〈上谷郡君家傳〉懷念母親侯氏的教養之道，云：

纔數歲，行而或踣，家人走前扶抱，恐其驚啼，夫人未嘗不訶責曰：
「汝若安徐，寧至踣乎？」飲食常置之坐側，嘗食絮羹，皆叱止之，
曰：「幼求稱欲，長當如何？」雖使令輩，不得以惡言罵之。

使得兄第二人做到「平生於飲食衣服無所擇，不能惡言罵人。」至兄弟二人
稍長，侯氏又「常使從善師友游；雖居貧，或欲延客，則喜而爲之具。」〔註
121〕又，蘇洵妻子程氏也是位偉大的母親，她心志高潔，爲使丈夫能無後顧

〔註118〕王闢之《澠水燕談錄》卷九〈雜錄〉，《宋元人說部叢書》，頁742。

〔註119〕《歐陽文忠公文集》卷二五〈瀧岡阡表〉，頁206。

〔註120〕《鶴林玉露》卷四，頁124。

〔註121〕《河南程氏文集》卷一二〈上谷郡君家傳〉，頁654。

之憂致力於學，「罄出服玩鬻之以治生，不數年遂爲富家。」毅然擔負一家的生計，持家之餘，她還很重視子女的教育，由於自身「喜讀書皆識其大義」，加上蘇洵長年在外，軾、轍幼年時，皆由程氏親自教之，對蘇軾兄弟一生志向、行誼有著深刻的影響。在蘇軾十歲時，程氏「嘗讀東漢史至范滂傳，慨然太息。」蘇軾在一旁說：「軾若爲滂，夫人亦許之否乎？」程氏正色回答云：「汝能爲滂，吾顧不能爲滂母耶？」因此程氏固然同宋代婦女一樣希望兒子能求得功名，不過她異於世俗婦女，並不是一昧督促兒子汲汲於功名，反而常訓誡軾、轍二人「汝讀書勿效曹耦，止欲以書自名而已。每稱引古人名節以勵之，曰：『汝果能死直道，吾無戚焉已！』」在她調教下，蘇軾、蘇轍不但同年登進士，且又同年登賢良方正科，可謂榮耀備至。不過更重要是，她秉持教子以「德」，而非留財與子的原則，故她「視其家財既有餘，迺嘆曰：『是豈所謂福哉，不已且愚吾子孫。』因求族姻之孤貧者，悉爲嫁娶振業之，鄉人有急者時亦賙焉，比其沒，家無依年之儲。」〔註122〕至於生於膏梁富貴之家的皇親貴族，做母親的也是非常重視教子，如太宗女荊國大長公主教諸子以德，訓誡其「忠義自守，無恃吾以速悔尤。」或「汝父遺令：柩中無藏金玉，時衣數襲而已，吾歿後當亦如是。」〔註123〕當然也有的婦女一生辛苦，盼望夫婿能金榜題名，然在期望丈夫能獲得功名的希望落空後，則會將希望轉移在子女身上，希望由兒子完成其心志。就如程氏當丈夫「累上春官不售」時，她只好自我安慰曰：「積豐而報嗇，不在身必在子。」於是「高價收書，厚禮聘師。」更加督促兒子力爭上游，期望兒子能完成她的心願，而皇天不負苦心人，其子果眞擢中乙科。〔註124〕

陸、子女對母親的回報

一、兒子與母親的互動

由於許多子女在成長過程都目睹母親爲了家庭、子女無私的奉獻，對母親的辛勤操勞留下不可抹滅的印象，做兒子在感恩圖報或親情孝思的驅使下、無不全力實踐母志。像這樣的情形，在依附關係親密的寡母孤子特別明

〔註122〕《傳家集》卷七八〈程夫人墓誌銘〉，頁 718、719。及蘇轍《欒城後集》卷二二〈亡兄子瞻端明墓誌銘〉，頁 648。
〔註123〕《宋史》卷二四八〈公主傳〉，頁 8775。
〔註124〕《後村先生大全集》卷一六一〈程孺人墓誌銘〉，頁 1426。

顯。如《東萊文集》卷七〈金華戚如圭母周氏墓誌銘〉提到婺州士人戚楊去世後，家境清貧，妻子周氏擔負生活家計，撫養四子一女，因戚楊僅在身後，遺留田產數十畝，生計不裕，周氏辛苦持家，不敢廢職，墓誌銘載：

> 夫人攻苦食淡，身處其勞，而俟諸子於學，米鹽薪芻之問不至其耳。
> 方未就外傅，《孝經》、《論語》率夫人口授。稍長，每反面，必問其
> 所與遊，善士也，則笑語異他日，否則神色輒不怡，故多以謹恪聞。
> 蠶事起，自課甚苦，諸子晨省，夫人已僕僕筥箔間。夜分誦習，怠
> 且寢，壁後絡織猶未絕也。絲入有經，口眾，不足於衣，則又縷絮
> 緝絕，以佐其闕。天暑，汗浹背，不休。諸子更勸夫人少紓其勤。
> 夫人曰：「吾職也，吾敢廢職而嬉？」

為了子女的前途，可說艱辛萬分。兒子當然瞭解驅使母親犧牲奉獻的動力，為感懷母德，他們也多能自立向學，求取功名，以慰母親辛勞，而後來戚楊之子果真光宗耀祖，「長子以進士入官」，一年後「次子亦遊太學」，女兒也嫁給進士為妻，完成周氏多年的心願。除了完成母親心願，回報母親提攜撫育之恩，多數的子女都會致力孝養母親，如韓琦的嫂寡，「惟正彥一子，孜孜訓導，遂以成立。」正彥則事母極孝，韓琦描述他侍奉母親飲食起居可謂無微不至：

> 起居之際，朝夕在傍；侍膳則進其可食者，而去其不可食者；以至
> 衣之厚薄，必使宜其涼燠。平居左右瞻仰顏色，若稍失調適則遑遽，
> 按閱方書，裁量藥劑，惟恐其意之不及也。俟嫂瘥復，己方少安。
> 嫂用是每體中有少不佳，或隱而不自言，慮其子勞軫之過也。〔註125〕

甚至在娶妻後，惟恐妻子奉母不週，也會再三叮嚀甚恐嚇妻子務必孝養母親，如蘇慶文的母親少寡，娶妻後慶文「懼其妻不能敬事，每誡之曰：『汝事吾母，少不謹，必逐汝。』妻奉教，母得安其室終身。」〔註126〕又潁川陳璆篤於孝慈，因幼孤，母親在世之時，侍奉母親左右無違，母親去世後，於守喪其間「捽茹飲水，終三年，匍匐致毀瘠落肌肉，僅能自活。」除服之後，「殆十載，言及其親，未嘗不欷噓涕下。」〔註127〕而吳公謹日常也是「謹身節用以事其母」，母親生病則「寅昏奉侍未嘗去側，求醫治療，雖遠必能致之，至盡其術

〔註125〕《安陽集》卷四六〈故安康郡太君陳氏墓誌銘〉，頁525。
〔註126〕《宋史》卷四五六〈蘇慶文傳〉，頁13409。
〔註127〕《直講李先生文集》卷三〇〈進士陳君墓銘〉，頁224。

而後已。」母親去世，則「哀毀過情，葬祭能竭其力。」〔註128〕有的終生銘記母親的教誨，以文字的形式緬懷母親，如孫景脩由母親一手撫養長大成人，「既老，而念母之心不忘，爲賢母錄以致其意之。」〔註129〕

二、女兒與母親的互動

至於要釐清女兒與母親之間的親情互動，似乎遠較兒子與母親之間更爲困難。在傳統宗法體制下，女兒以嫁人爲終身依歸，母親對女兒期望不在於獲取功名、光宗耀祖，或是期望女兒日後能盡到養生送死之責，多數只是希望她們能嫁爲士人妻，克盡婦職，不辱父母，就覺得盡到母親的責任與義務。加上多數婦女不似男性有文集傳世，可藉文學作品懷念、追思母親，她們幾乎無隻字片語傳於世，故很難從文集所蘊涵之意義，窺探母女人際關係的互動，而且婦女墓誌銘對於母女之間親情又甚少著墨，甚至有時是一片空白，有時不禁令人懷疑在宋代母女之間感情是不是遠較母子之間疏離。幸好還是有一些墓誌銘或筆記小說可能爲了強調女兒的孝思，對於母女之間親密之感情還是會有所描述，如楊氏在母家因早孤，她「事母以孝」，嫁後則「未嘗一日不念母，念之至，則號泣廢眠食。」〔註130〕徐氏則是「七歲喪母，哀不自勝。泣曰：『母，女所恃以生者也，無母其復能生。』因欲投水火，其父兄力止之。」〔註131〕錢氏「早失所怙」與母親相互依附，母女情深。嫁後仍盡孝於母親，「常惋溫清不時，惟其起居之問，雖在千里，必浹旬一置郵書，平安信反，然後遑處。」而母女相處，則談論內典奧義，甚至身染重疾，也返回母家養病，由母親照顧病情。二人如此相依爲命，迨母親生病不起，則又

> 涕泣料家事，一一飭誡，若治命然。因閱曹溪壇經，忽若有省，悉招家人輩語之曰：「是不堅體，妄幻非實。」家人輩竊怪其語不類，未幾訃至，不敢遽白。夫人曰：「吾母其往矣，吾已發於夢寐矣。而若不以告何也？」及得書，一慟而絕，經昔方寤。徐曰：「吾獲從吾母遊，志願畢矣。」雖勉力成服，而漿液遂絕於口，中外之慰問者，一切謝遣。如是五日，嗒然而逝。〔註132〕

〔註128〕《江西出土墓志選》第二編〈助教吳愿墓誌銘〉，頁94。

〔註129〕《樂城集》卷二五〈古今家誡敘〉，頁263。

〔註130〕同上書，卷三〇〈鄒夫人墓銘〉，頁343。

〔註131〕《歐陽文忠公文集》卷三六〈萬壽縣君徐氏墓誌銘〉，，頁276、277。

〔註132〕《蘇魏公文集》卷六二〈彭城縣君錢氏墓誌銘〉，頁953、954。

而太宗女齊國獻穆大長公主之女延安郡主李氏，父親李遵勗去世之後，每歎曰：「吾獨有母存乎，孝憂愈至，時物之新者，必先獻乃敢用。」皇祐三年（1051年）母親去世，她「哀戚甚，卻珠金之飾，日夜啼泣思慕，因見癯悴。」爲此，仁宗皇帝還對她說：「大長公主歲常資郡主厚甚，今寂寞耶，俸錢每月六萬特增至十萬。」以慰其喪母之痛。然而此似乎未能止傷療痛，「是年除夕主還外舍設奠」，因無法見到母親而「號慟咽絕，左右更勸莫能止，夜中氣憊胸，比歸疾益。」竟然因過於思念母親而悲傷仙逝。〔註133〕

呂陶《淨德集》卷二七〈仁壽縣太君魏氏墓誌銘〉云：魏氏晚年其子「起家得祿，板輿就養，士論推以爲榮，宗親黨巷，指以爲楷範。」生活可說毫無牽掛，但是她與幼女感情似乎特別親密，於是「起居語默，惟王氏女之在念，欲往見焉。凡如此者將一年，子孫固留不可。」適逢其女歸寧，乃同往，「至則浹日而逝」，而「王氏女哀夫人離闊之遠，而會合之近，遽及于大變也，自是毀頓骨立，誓以死殉，後五月而亡。其將亡也，語不及他，亦惟夫人之念。」呂陶見她們母女之情如此深厚，不禁感傷道：

> 嗚呼！始終存沒之際，果何如耶？夫人與其子官于他方，凡二十年無恙，一旦歸而卒于女之家，豈冥理素定，不可輒徒耶？人之生聚散休戚，何常之有，惟是母子之愛，遂繼以死，得非鞠養大賜，雖終天莫能以報稱，而至是耶？

周必大的母親早寡，夫亡，攜二子返回外家，她與母親淑國夫人宋氏母女情深，宋氏病重，她出於至孝「燃臂封股無所不用，其至，又請命于天，愿損己十年，以益淑國。」〔註134〕在母親去世後，她「號慕切至，日唯一蔬食，晝夜誦佛書，逾年而卒。〔註135〕」而劉克莊之仲妹在室時侍奉母親寸步不離左右，「寒燠飢飽必問，褐襲調面必親。」出嫁之後，母親魏國夫人若生病，則「每棄夫家事來侍湯熨，累月半載乃歸。」母親去世後，劉氏則「哀毀至病，以練祭前一日卒。」〔註136〕而莆陽小民張氏，「家貧養母」，曾嫁與人妻，不知何原因，後歸，在母親去世後，「張追慕不已，既祥，而不除，欲喪之終

〔註133〕蔡襄《莆陽居士蔡公文集》卷三五〈延安郡主李氏墓誌銘〉，《北京圖書館古籍珍本叢刊》，北京文獻書目出版，頁303。
〔註134〕周必大《二老堂雜志》卷四〈記先夫人損壽〉，《叢書集成新編》，84冊，頁162。
〔註135〕同上書，卷四〈記先太師先夫人壽數偶同〉，頁161。
〔註136〕《後村先生大全集》卷一五七〈仲妹墓誌銘〉，頁1383。

身。」〔註137〕在《齊東野語》卷二〇〈陳孝女〉則描述年僅十四歲的陳孝女和父親流落於江淮之間，父親「後爲李知事幕僚，將隨其北歸。」行前，她至母親墓前祭祀，可能感傷無緣再祭祀母親於墓前，竟嚎哭不止，「久而仆地，視之死矣。」李知事感其孝心，葬其於母墓旁。因此母女之間，或許緣於同性，或是女兒心思較細密，母女較母子更能心靈相通，雖然她們不能同兒子一般使母親揚眉吐氣，獲得崇高社會地位，也無法時時刻刻在母親身旁服侍。但不可否認母女之間可能存在著較母子之間不爲外人所瞭解的親密感情，不然很難解釋爲何有許多做女兒的在母親去世不久後，也感傷而亡。尤其她們許多身後都還遺有年幼子女、丈夫，是什麼力量驅使其放棄母職、妻職，誓死相殉，大概除了母女情深，實在很難進一步解釋。

柒、結 論

　　生育是宋代已婚婦女的天職，然而產育對婦女言，不但是要面對生產過程難以預測的危險，兒女出生後還要擔負撫育提攜，乃至教育子女的重責大任。在這艱辛過程，母親的角色不只是生育的工具，更在子女成長過程中扮演最關鍵之角色。不過在儒家倫理思想體系中，基於母子親情天生渾成，可不教而喻的理念，對母親應如何撫育照顧兒女的論述並不多，反而因擔心母親過於溺愛子女，而反覆強調母親首要的職責在教育出才德出眾的子女，以爲社會之典範。而不是母親如何細心地地提攜撫育子女。因此儒家理想母親的典範總是與人冷酷嚴峻的刻板之印象，缺少真正情感的交流。在厚人倫、興名教的原則下，子女對父母含辛茹苦之撫育提攜，應以「孝」回報之，強調子女對待父母應盡到承歡膝下、不違心意、養生送死是最起碼的義務。因此終生辛苦的母親、犧牲奉獻，當然有權（母親自身也認爲）也應該得到子女孝養的回報。尤其兒子絕不可違背母親之心意，用妻子之言，忘母之恩，否則即是背叛母親的不孝子。無庸置疑地，宋代社會普遍承襲此觀點，因此我麼看到許多母親爲了子女，發揮無比的生命韌性，她們不辭辛苦、犧牲奉獻，嚴厲訓誡子女，以期他們能出人頭地，爲她們贏得更高的家庭尊嚴與社會地位，使後半輩生活有所依靠。基本上，這種可說是一種建立在母親犧牲奉獻，兒女致力反饋回報（孝）的親子關係模式。只是宋代因社會結構之改

〔註137〕周密《癸辛雜識後集》〈張氏至孝〉，《叢書集成新編》，84 冊，頁 455。

變、經濟商業繁榮的大環境下，主婦除主持家務、尚須負擔部分家計，此固然提高婦女在家中地位與重要性，然在無法減少生育子女數目情況下，也加重母親的工作量，使的母親角色扮演更加艱辛。至於子女受孝道觀念日漸強化的影響，或是基於孺慕之情，爲了回報母親的犧牲奉獻，除了晨昏定省等日常生活照料、養生送死、終生思慕、使母親揚名於世等傳統孝行外，較極端的「割股」或以死相殉的情形也漸蔚爲一股風氣。

第六章　婦女的寡居與再嫁

壹、前　言

　　宋代婦女的初婚年齡大約在十八至二十歲左右,男性的初婚年齡平均為二十四‧一五歲,[註1] 夫妻在初婚時的年齡通常是男長於女,且基於婚姻貴於夫妻年齒相當,除非是繼室,夫妻年齡差距通常不會太大。若根據宋代男子平均壽命是五十八‧五五歲,婦女是五十五‧九七歲左右來計算,[註2] 如果不是特殊原因,婦女寡居的時間應該不會太長。不過人的年壽不一,宋代婦女開始寡居年齡亦不同。婦女寡居時年輕與否,往往可影響婦女寡居生活的選擇。至五十歲左右丈夫才去世的婦女,緣於年齡與生育的考量,再嫁的機會極低,加上這時可能多數兒女均已長大成人,有兒子可支撐門戶、負責家計,相對於年輕就守寡的婦女,生活上比較沒有經濟方面的壓力。且兒子可能已經娶妻生子,有媳婦可協助或主持家務,允許她們有較多閒暇時間從事宗教方面的活動。可是對二、三十歲就喪偶的婦女,在貞節觀念尚未「宗教化」的宋代,守節並非唯一之途,面對未來前途,就有多項選擇,可能在父母、舅姑乃至兄長等長輩的安排下尋求再嫁;也可能迫於經濟窘困、生計困難的現實,不得已再適他人。當然也有許多婦女因夫妻伉儷情深、或是孩子無人撫養、舅姑乏人奉侍而矢志不嫁的。不過在宋代婦女即使選擇守節不嫁,她也有歸寧娘家、留在夫家奉侍舅姑或是獨立營生等選擇。

〔註 1〕方建新〈宋代婚姻禮俗考述〉,載《文史》第 24 輯,1985 年 4 月,頁 159。
〔註 2〕程民生《宋代家庭人口數量初探》,載《轉變與定型:宋代社會文化史學術研討會論文集》,國立台灣大學士歷史學系,2000 年出版,頁 367。

貳、寡居生活的面貌

一、年老寡居

在講求婦女以嫁人爲依歸的宋代，丈夫的過世，對婦女而言無疑是失去生活的支柱。此時若子女已長大成人，家境又小康，無經濟匱乏之虞，喪偶對婦女來說固然有喪夫切身之痛，對她們日常生活作息影響應該不致過鉅。如在丈夫生前本來就是掌管家事生產、經濟決策之權的主婦，早已熟悉主家營生等一切事物，丈夫的去世，有時反而可能使她們成爲名符其實的一家之主，如歐陽修的第三任妻子薛氏於丈夫在世時，歐陽家中所有大小事務，早已「事決於夫人」，薛氏在五十四歲時丈夫去世，她除遵循禮制「不御珠翠，羅紈服、布素衣者十七年」外，又憑藉以往主持家計的經驗，能於家道盛衰極變之際，維持家風不墜，她：

> 而其出入，豐約皆有常度，以韓國治家之法戒其諸婦，以文中行己大節屬其諸子，而不責以富貴，平居造次必以禮，辭氣容止雖溫而莊，未嘗疾言厲色，而整衣冠，正顏色，雖寒暑疾病，不改其度。
> 〔註3〕

此外包拯的妻子在其去世後，兒女雖有的已成人並婚嫁者，仍主持家政不懈。她凡事依禮而行，治家極爲嚴謹。她「屛居，闔庭肅然，若嚴官府。召老生篤行者，教子於外舍，未嘗少假溫色，期必能復門戶。暇或閱佛書，以適性理。」對待親族迎往送來，則是「包之中外親不足者，隨宜賙之，非義相干，一絲不與。」〔註4〕當然也有許多婦女在丈夫去世後，因兒女多已成家立業，生活無所牽掛，或心情沮喪，便不再過問家計，潛心於宗教信仰。類似的例子極多，如蘇耆妻王氏在丈夫死於陝西轉運使任職之後，她「哀悼，遇疾，遂不茹葷，日誦浮屠書，委家政於主婦。終喪，諸子俱官畿內縣，輕輿迎送，往來三邑中，甚樂。」〔註5〕蕭山王文麗在丈夫去世後，「即致家政于其婦，終日宴坐，誦佛書，求出世間法，雖寒暑不置也。」〔註6〕杜氏則「乃歸心予佛，奉其教，讀其書，若有得。」〔註7〕至於賀氏則於喪偶後，家務營生之事

〔註3〕　《欒城集》卷二五〈歐陽文忠公夫人薛氏墓誌銘〉，頁257。
〔註4〕　《全宋文》卷一○四二，張田〈宋故永康郡夫人董氏墓誌銘〉，24冊，頁546。
〔註5〕　《南陽集》卷三○〈太原縣君墓誌銘並序〉，頁758。
〔註6〕　《浮溪集》卷二八〈安人王氏墓誌銘〉，頁249。
〔註7〕　《張右史文集》卷六○〈福昌縣君杜氏墓誌〉，頁473。

則由子媳全權處置，個人則潛心於宗教信仰，度過餘生，據《夷堅志》載：

> 自夫死不茹葷，日誦《圓覺經》，釋服不輟。或勸更誦他經，賀氏曰：
> 「要知眞性，本圓本覺，不圓不覺，是名凡夫，我不誦經，要遮眼
> 耳。」〔註8〕

總之婦女晚年喪偶，失去平日相互扶持的伴侶，心情難免會有所失落。然相
對於年輕就寡居的婦女，她們有子媳可奉侍日常生活起居，無衣食方面的顧
慮。若是仍主持家政，基於傳統倫理對母權的尊重，她們在家中仍擁有至高
的權威，儼然成爲「名符其實」的一家之主。如她們交出主家之權，則可挪
出閒暇的時間從事宗教活動。

二、年輕婦女的寡居生活

天命無常，並非所有的婦女皆至晚年才會遭逢喪夫之痛，在宋代有許多
婦女年紀輕輕就面臨守寡與否的抉擇。若是沒有子女、年邁舅姑之牽掛，牽
涉的層面較單純，基於人情的考量，婦女選擇再嫁或歸寧娘家，通常爲道德
興論所諒解。可是如上有年邁公婆待奉侍，下又有嗷嗷待哺之幼兒待提攜，
再加上夫家經濟困窘，婦女再嫁與否，所牽涉的就不只是個人的情感因素，
還需顧及夫家的家族利益。此時婦女若基於婚姻義理「壹與之齊，終身不改。」
的信守原則，男女既然已結爲夫妻，雙方就應信守終身，不可因單方的亡故
再嫁或再娶，當然她們是不應該再嫁。以夫家的立場來說，根據宋代財產法，
允許婦女攜帶個人名下的財產與嫁妝再嫁或改嫁，在丈夫逝世後，寡婦往往
「席捲」名下的財產再嫁他人。如此一來，很可能使夫家的經濟陷於困境。
若再加上夫家有孤兒、老母乏人照顧，媳婦的攜貲再嫁，甚至還可能使夫家
陷於崩分離析的命運。假使媳婦顧及母子親情，攜兒女他嫁，冒用後夫之姓，
也可能使夫家血脈斷絕，這在強調「不孝有三，無後爲大」的宗法社會，更
是情何以堪。因此年輕寡婦再嫁與否牽涉的層面甚廣，事態嚴重時，甚會影
響夫家家族的存亡與否。

宋代，促使婦女於丈夫去世後，以柏舟自誓，選擇守志度過一生的因素
錯綜複雜。夫妻感情固然是驅使婦女守志不嫁的重要因素。不過爬梳其中史
料，也有不少士大夫階層的婦女長期受女教書籍的薰陶，受「三從四德」、「壹
與之齊，終身不改」禮法觀念影響，基於對「夫家之義」或信守原則，在丈

〔註8〕《夷堅甲志》卷一〇〈賀氏釋證〉，頁85。

夫亡故後選擇守志一生。其中最著名的即是包拯的寡媳崔氏，在丈夫去世之時，她年紀尚輕，稚子又年幼，以當時貞節標準，崔氏若再嫁，絕對不會被社會輿論所苛責。更何況公婆也未強迫她守志不嫁，反而視她「惟一稚兒」，意崔不能守志，試圖讓她再嫁，而是崔氏在聞知公婆的心意後，「蓬垢涕泣出堂下」，對包拯言：「翁，天下名公也。婦得齒賤獲，執漧滌之事幸矣，況敢汙家乎！生為包婦，死為包鬼，誓無它也。」後來稚兒又卒，娘家母親呂氏欲勸誘崔氏「嫁其族人」，崔氏不從，雙方在劇烈爭執後，崔氏對母親說：「昔之留也，非以子也，舅姑故也。今舅歿，姑老矣，將舍而去乎？」以姑老乏人奉侍為由，仍堅持守節的信念。〔註9〕還有謝泌的妻子侯氏「夫與姑俱亡，子幼，父母欲更嫁之。」侯氏云：「兒以賤婦人，得歸隱居賢者之門已幸矣，忍去而使謝氏無後乎？寧貧以養其子，雖餓死亦命也」〔註10〕的觀點，也是因信守對夫家之義，而堅持守志。

　　不過年輕婦女守寡，必須面臨嚴峻的生活挑戰，不是單憑「屏簪珥、斥鉛華、衣服無文彩。」或「晨起掃一室，薰潔誦佛書，柔日必齋素」〔註11〕的節慾生活，或「服則疏糲，食則粢糲。以詩書教子，以組紃訓女，傅保之事必親臨之。」〔註12〕刻苦耐勞便可迎刃而解。年輕寡婦矢志守節，除了個人要有堅強的毅力，能忍受孤苦的生活外，其中最殘酷的現實考驗就是經濟問題。畢竟婦女要獨立支撐家計，遠比夫妻二人協力經營要困難許多。鑑於此，宋代政府斟酌社會實情，也給予守節婦女在經濟方面若干的協助，如在《慶元條法事類》卷四八〈賦役令〉中規定：

> 諸女戶寡居第參等已上，雖有男子（婿姪之類同）年拾伍以下，其
> 租稅應支移者，免全戶之半；應科配者，降本戶壹等，第肆等以下，
> 聽免。

有些地方官員也會協助寡婦的生計，如程迴在得知程詳妻子度氏於丈夫逝世之後，「質賣奩具以撫育孤子，久之，罄竭瀕死。」生活困窘，無以自存。但度氏以「吾兒幼，若事他人，使母不得撫其子，豈不負良人乎？」終不肯再適他人的情形後，深表同情，便「告于郡守，月給之錢粟」。〔註13〕或是政府

〔註9〕《宋史》卷四六○〈列女傳〉，頁13379、13480。
〔註10〕同上註，頁13488。
〔註11〕《范太史集》卷五一〈右屯衛大將軍吉安縣君楊氏墓誌銘〉，頁543。
〔註12〕《蘇魏公文集》卷六二〈仁壽郡太君陳氏墓誌銘〉，頁958。
〔註13〕《宋史》卷四三七〈程迴傳〉，頁12951。

偶有褒揚旌表守節婦女之舉，給予守志婦女布帛、金錢等賞賜。然大體而言，除了給予寡婦在稅務方面的優待外，宋代政府有關獎勵婦女夫死守節的政策，嚴格說應是地方官員厚人倫、興教化、移風易俗措施的一部份，並未形成固定的儀式。因此政府給予有心守志婦女的幫助，並無太多實質上的助益。年輕寡婦若要守志，除了堅強的主觀意志，在經濟上往往需自立更生，不然就是要依靠夫家或娘家的經濟協助。

　　其實透過婦女的墓誌銘或其他相關史料的記載，可發現士大夫階層婦女在丈夫去世後大多選擇守節一途，她們之所以如此，除了禮法的束縛、個人強烈的主觀的意願外，實際上也有相當客觀條件的配合。由於她們出身官宦，家境通常較尋常百姓優渥，比較沒有經濟方面的顧慮。且許多婦女本身「略識書史」，善於理家治生，當丈夫在世時，他們已經全權經營家中生計，對於生理之運籌帷幄早已瞭如指掌，故在丈夫逝世後，她們仍可獨立自主維持家業繁榮，撫育子女。尤其最有利於宋代婦女守節的條件是，拜社會商業蓬勃、經濟繁榮之賜，使得婦女有較多的就業空間，經濟獨立自主的機會。能幹堅強的寡婦往往可以憑藉一己之力謀取生活所需。有的寡婦謀生營利的表現，就如袁采所說，能在夫死子幼、無所依靠的情形下，「能教養其子，敦睦內外姻親，料理家務，至於興隆者。」〔註14〕其成就足與男性相抗衡，如李覯的母親鄭氏在四十歲時丈夫去世，覯纔十四歲，家境又極為困苦，但她發揮無比韌性，經營家計，其涉及之層面實已超越傳統的「婦事」範圍，據李覯的形容：

> 是時家破貧甚，屏居山中，去城百里，水田裁二三畝，其餘高陸，故常不食者。夫人剛正有計算，募僮客燒薙耕耨，與同其利。晝閱農事，夜治女功。斥賣所作，以佐財用。霜月蓋未嘗寢，勤苦竭盡，以免凍餒。而覯也得出游求師友，不為家事囿其心，用卒業為成人。不然蕞爾小子，為傭保，為負販，供養猶不足，何暇孳孳學問間邪？復還其家，娶婦有孫，如平人家。夫人滋不倦，門內細碎，覯尚未及知。

為了家計，鄭氏可謂汲汲於營利。不過在堅毅性格之外，也有柔慈的一面，她深具愛心，「性多設施，好義而信人。祭祀、賓客、婚姻之禮，不以貧故略之。聞人緩急來有求者，應之唯恐不逮，衣服在身者必假，飲食在前者必輟。

〔註14〕《袁氏世範》卷一〈寡婦治生難託人〉，頁149。

況於泉穀，固無吝心。」〔註 15〕不忘隨時敦睦親族鄰里。而陳安節的妻子王氏在二十歲左右就守寡，當時上有舅姑，下又有一子待養。在丈夫亡後，她「事親治家有法，舅姑安之。子曰新，年稍長，延名儒訓導，既冠，入太學。」，且她除維持家業外，還能敦睦親族、鄰里，厚嫁小姑，「親屬有貧窶不能自存者，收養婚嫁至三四十人，自後宗族無慮百數。里有故家甘氏，貧而質其季女於酒家，堂前出金贖之，俾有所歸。」想必她的懿行懿德深為親族、鄰里所愛戴、在鄰里中具有舉足輕重之地位，不然鄉人怎會尊稱她為堂前。〔註 16〕至於王令的妻子吳氏的行事更是「逾越婦職」，甫嫁一年丈夫就去世，留有一遺腹女，她歸寧娘家，拒絕兄長再嫁的建議，事兄嫂以禮、恪守禮法。不過吳氏返回娘家並非依附娘家為生，她「掌治陂事，每歲農隙，躬率農夫數千餘人修治堤堰，蓄水灌田，利及一方。」儼然成為他們的領導者，以致「一方之人循稟教令，子弟有不率者，自攜楚撻以求治之罪。」在其經營治理下，家資累至鉅萬，然她仍儉約如一，分毫不私用，將財物用於「汲汲賑窮乏，周疾喪」上；對於貸不能償者，則為焚券。吳氏的節操義行博得鄉閭一致的愛戴，以致「訟不詣官，決於一言。」〔註 17〕其成就不要說一般婦女，就是一般士大也要自嘆弗如。而劉氏在丈夫去世之後，也是自立更生，撫養諸子。她攜諸孤返回成都故里時，發現「舊屋已空，蕭然無一椽之屋以居。」幸而她「嗜學，書傳無有不經覽者，於左氏春秋，尤能通誦之。」是一位飽讀書史的女士，在無親可依的情形下，只好「寄人舍下，合聚閭巷親族，良家兒女之推齒者，授訓誡，教書字。逾十年，獲所遣以給朝夕，僅取足，不營於他。」在教書營生之餘，不忘致力教子，她「督諸子學，晝夜不廢。改詰撿問，使中程律。一或不及，譙勵不貸。」而其子天啟在其悉心教導下，果「預郡府貢書，古在高等。」〔註 18〕甚至還有婦女販賣私酒，在《夷堅支癸》卷九〈吳六競渡〉條則載：永年監兵方五死後，「孀妻獨居，營私釀酒。每用中夜雇魚艇運致，傳入街市酒店，隔數日始取其直。」則是寡婦為謀生，從事「違法私酤之勾當」。

然而我們也不能過份期待宋代所有的寡婦在丈夫亡故後，都能「逾越婦

〔註 15〕《李直講李先生文集》卷三一〈先夫人墓誌〉，頁 236、237。

〔註 16〕《宋史》卷四六○〈列女傳〉，頁 13485。

〔註 17〕《廣陵集》附錄〈吳夫人傳〉與〈節婦夫人吳氏墓碣銘〉，頁 564。

〔註 18〕《丹淵集》卷四○〈文安縣君劉氏墓誌銘〉，頁 295。

職」、獨當一面的主持一家生計，寡婦能如李覯母親、王令妻子吳氏或陳堂前這般「逾越婦職，致力外事」，而獲得輝煌之成就者，畢竟是屬於鳳毛麟角的少數。多數守節的婦女仍以傳統紡織、傭保爲業。如畢從古的繼室陳氏是陳堯叟的孫女，可謂出身於書香禮法世家，在丈夫去世後，諸兒未冠，睢陽族人憐其孤兒寡母，以書招之，她以「吾夫平生未嘗有秋毫取於人，今死未久，豈以妻子委族屬耶？」爲理由，不肯前往依親，「遂家淮圻，躬自紡績以自給，又教其子以經史文章法書及近代名人善言懿行，以資其學，久益不倦。」〔註19〕魏氏在二十九歲時守寡，她除「抱數歲之孤，專屋而閒居，躬爲桑麻，以取衣食。窮苦困阨久矣，而無變志」外，還「親以《詩》、《論語》、《孝經》教兩子。」〔註20〕戚如圭的母親周氏在守寡後，爲了要撫養四子一女，她「蠱事起，自課苦甚，諸子晨省，夫人已僕僕筥箔之間，夜間誦習，殆且寢，壁後絡織猶未絕也，絲入有經，口眾，不足於衣，則又縷絮緝紃，以佐其闕。天暑，汗浹背，不休。」〔註21〕冀國夫人葉氏在丈夫史簡去世時，家境四壁蕭然，年僅二十五歲的她，有年幼子女待養，復懷有身孕，生活之艱困可想而知，然她仍堅持「再嫁者非女子所宜，寧死耳，非所願也。」選擇寡居的生活，於是她「惡食菲衣，杜門自守，俾女組織，教子讀書。」至晚年「資產浸饒衍，而益務儉約。」還能做到「賙人之急，無吝惜，鞠養遺女凡數人，使各得所歸。」〔註22〕而王乙妻子吳氏雖只是一平凡村婦，且無子寡居，事姑甚孝。在拒絕婆婆續納接腳夫之建議後，獨力奉養婆婆，吳氏憑藉勞力「爲鄉鄰紡絹、澣濯、縫補、炊爨、掃除之役，日獲數十百錢，悉以付姑，爲薪米費。或得肉饌，即包藏持歸。」〔註23〕

　　年輕守寡面對的生活挑戰，除了現實的生計壓力外，若是夫家的家境小康或饒於家財，固然在生活上她們不會立刻面臨經濟匱乏的問題，然在經濟上，仍有一些困難待克服，她所要面臨的最大挑戰，將是維護財產的完整及家業之不墜。宋代的寡婦，在子幼母弱的情形下，若無親族之協助，財產每成爲外人或親族覬覦的目標。如眞宗時開封惡霸崔白本來就是「素無賴，凌脅群小，取財以致富」之徒，當崔白的鄰居梁文尉去世後，家中僅有妻子張氏與二幼子，崔白竟使用卑鄙手段要強買其屋宇。史載：

〔註19〕《蘇魏公文集》卷六二〈壽昌太君陳氏墓誌銘〉，頁955。
〔註20〕《王臨川文集》卷九九〈仙居縣太君魏氏墓誌銘〉，頁631。
〔註21〕《呂東萊文集》卷七〈金華戚如圭母周氏墓誌銘〉，頁429。
〔註22〕羅濬等《寶慶四明志》卷九〈郡志·列女〉，《宋元地方志叢書》，頁5189、5190。
〔註23〕《夷堅志補》卷一〈都昌吳孝婦〉，頁1555。

白日遣人多擲瓦石以駭之，張不得已徙去，即以其舍求質錢百三十萬，白因以九十萬市之。張訴於府，白遂增錢三十萬，因潛減賃課，以己僕爲證，詣府訟張，且厚賂胥吏。白素與殿中丞權大理少卿閻允恭善，遂祈允恭達其事於開封府判官國子博士韓允。〔註24〕

事實上，不僅外人會欺凌孤兒寡母，有更多狠心的親戚才是眞正的施害者，甚引發財務糾紛，興訟連年，這時若沒有清明公正的官員插手，孤兒寡母每成爲最終受害者。如韓億在知洋州時，就有無賴豪民李甲，「兄死迫嫂使嫁，因誣其子爲他姓，以專其貲。嫂訴於官，甲輒賂吏掠服之，積十餘年，訴不已。」最後還是韓億「視舊牘未嘗引乳醫爲證，召甲出乳醫示之，甲無以爲辭，冤遂辨。」〔註25〕甚至有時不明事理的婆婆也會百般刁難守寡的媳婦，在劉敞〈王開府行狀〉一文中，即載蜀郡某老婦，多資無子，一孫才數歲。該婦「意以貲厚其弟，顧難于其婦，乃詣郡誣婦不善撫吾孫，願出之。」幸好官員明智，媳婦才免於被出之命運。此外，緣於學識不足或男女之防，多數的寡婦會請親戚經營家計，其中娘家父兄當然是最適當的人選，不過寡婦這樣合情合理的安排，有時也會招致他人的反對。如孫氏「產刀鉅萬，死而子幼，其妻念門戶事，請其兄經理之。」卻導致「嫉者或告其畜禁物，州用坐長法，以徒當其兄。」本身還被誣告「不睦于夫，常祀神咒詛，將以義絕出之。」所幸主事的官員洞悉內情，云：「良人已歿而妻以罪出，甥家犯禁而舅爲共犯，非禮律意，聞見所無，皆奏正之。」〔註26〕才使孫家免於家破人亡、財產被奪的厄運。更多的時候，是寡婦將產業託付親戚治理，但因所託非人，不是產業被強佔而不知，就是爆發財務糾紛，如羅致恭母親閻氏丈夫逝世後，前往依靠娘家哥哥之前，在雙流一地本有良田三百畝，她因子方七歲，「且屬其親句氏者主之」，然所託非人，「句氏無賴，以酒壞其產，又反君母（閻氏）之所託，比君冠，一亦無有也，問君求不得。」〔註27〕故寡婦

〔註24〕《長編》卷八五〈眞宗大中祥符八年八月戊寅〉，頁815。
〔註25〕《宋史》卷三一五〈韓億傳〉，頁10297。此外柳立言在〈淺談宋代婦女的守節與再嫁〉，載《新史學》2卷4期，1991年12月，頁65。也提到子姪聯合異姓謀奪寡嫂財產的例子來說明富孀守節的困難。此外《清明集》卷之五〈從兄盜賣已死弟田業〉亦云：「丘萱身死無子，阿劉單弱孀居，丘莊包藏禍心，垂涎於從弟之方死，染指於丘新之立繼。覬覦不獲，姦巧橫生，竟將丘萱三瞿里已分田五十種，自立兩契，爲牙賣與朱府。」則是從弟圖謀寡嫂之財產。
〔註26〕劉敞《公是集》卷五一〈王開府行狀〉，《叢書集成新編》，61冊，頁295。
〔註27〕《丹淵集》卷三七〈屯田員外郎羅君墓誌銘〉，頁272。

守志，獨立支撐家中經濟，比夫妻共同經營要困難許多，她們往往會面臨極大的挫折，有時不但財產不保，甚至還會使一個家分崩離析。難怪袁采會感嘆的說：

> 居家營生，最爲難事。託之宗族，宗族未必賢，託之親戚，親戚未必賢，賢者又不肯預人家事。惟婦人自識書算，而所託之人，衣食自給，稍識公義，則庶幾焉，不然鮮不破家。〔註28〕

可說道破寡婦治家不爲人知的困境。

二、留在夫家

若是夫家上有年邁舅姑待服侍，婦女在丈夫死後，基於對夫家之義，可能如前文所提的崔氏和陳堂前一樣，仍然留在夫家奉侍公婆。如朱伯履妻陳氏丈夫去世後就選擇留在夫家守志終生，史載其：

> 夫亡，年少子幼，有媒議親，陳氏撫膺慟哭仆地，復欲自刃，父母許以不復議嫁，方免。奉舅姑極孝，舅朝散大夫朱景山得風眩疾，侍湯藥，未常少怠。姑年百有一歲，臨終執其手曰：「願婦子孫眾多，壽如我。」〔註29〕

又，衛州節婦竇安時的妻子王氏，夫亡後，在產下遺腹子之後，「哀舅姑甘旨無奉，且幸有子以爲之託，乃自守節弗嫁。」〔註30〕元氏三十餘歲丈夫去世，當時婆婆年事已高，諸子皆幼，在艱辛的環境中，她除「奮厲經理，以保有其家」外，又能「事姑能盡其孝，教養諸子，至其後皆爲成材能世。」〔註31〕當然並非所有留在夫家守志的婦女都擁有主持家計之權，有時仍須聽命舅姑或夫兄行事。如淩堅母親二十歲開始寡居，她選擇繼續留在夫家生活，其恪守本分，以教子爲志：

> 家政出於舅姑，而輔其內事惟謹，房內細碎，無不整辦。舅姑日以老，則一切聽之其夫之兄，纖毫以上，未之或與也。惟課堅以學，晝夜不使少息，曰：「汝無死乃父足矣。」及堅能與薦書，則曰：「是可少塞門戶之責也。」〔註32〕

〔註28〕《袁氏世範》卷一〈寡婦治生難託人〉，頁149。
〔註29〕《宋會要輯稿》一三冊〈禮八之二二〉，頁514。
〔註30〕《宋會要輯稿》四一冊〈禮六一之四〉，頁1675。
〔註31〕《元豐類稿》卷四五〈池州貴池縣主簿沈君夫人元氏墓誌銘〉，頁289。
〔註32〕《陳亮集》卷三〇〈淩夫人何氏墓誌銘〉，頁439、440。

有時舅姑雖已經逝世，可是夫族若能敦睦親族，又能體恤孤兒寡母的困境，婦女在丈夫死後，也有由夫家親族來照顧的。如呂氏三十多歲時，丈夫忽然暴疾早逝，在治喪後，便「攜諸孤，往依盧江伯父侍郎之官下。」至盧江之後，呂氏爲完成丈夫之遺緒，「盡屏珠玉之飾，市書環室，親授經義，日月漸劘，卒至于有成。」日後三子果然不辜負母親心志，皆進入仕途，分別官至比部員外郎、尚書職方員外郎、杭州南新縣令。〔註33〕而薛氏因丈夫方大鏞年僅三九歲就英年早逝，身後留有二幼女、一歲幼子及遺腹子，時人皆認爲其妻薛氏正當盛年，子幼母弱，不宜守寡，但薛氏自誓不嫁，「若于兒女撫之慈，而訓之嚴，子俱力學，冠婚以時。」可說相當不容易，不過薛氏能含辛茹苦教育子女成人，除了憑藉個人堅強的毅力外，與二位夫兄鼎力相助亦有關，「二兄既仕，以汾曲之廬之田畀焉。」使其生活免於經濟方面的顧慮，而大伯忠惠公發揮收孤撫卹之愛，「每宦游必挈孀幼以俱。」〔註34〕甚至有時夫家已出嫁的小姑也會接濟寡嫂生活所需，如李氏「兄喪，嫂孤貧，不能自生養，夫人存問資給，而終嫂之身如一日。」〔註35〕

三、返回娘家

也許是夫家的親族無法相容，或是因爲個人情感的因素，還是社會習俗使然，仍然有許多婦女寡居之後，並未留在夫家守志，而是選擇歸寧娘家。如羅致恭七歲時父親去世後，便與母親閻氏返回唐安娘家，依賴母親的哥哥閻太古爲生，太古除照顧他們日常生活所需外，還與外甥「日夜講讀」，在舅舅悉心教導下，致恭能「暗誦尙書，自堯典至泰誓，一起不絕。太古每稱愛之，授以左氏春秋。」〔註36〕竇氏在丈夫去世之後，「舉家蕭然，無所依庇。」乃攜其子與季女「歸鞠於外氏。」〔註37〕程頤父親在伯母劉氏之女丈夫死後，便「迎從女兄以歸，教養其子，均於子姪。」〔註38〕而上官氏丈夫死於廣州任上，時諸子未冠，她「護其喪，獨行數千里歸祔清平之塋」後，因在夫家生活無所依靠，乃攜其子歸寧娘家，依靠父親爲生。歸寧娘家之後，因兄弟早亡，父母唯存一女，於是她「日侍其二親，退則躬課諸子誦習，夜分乃寐，

〔註33〕《華陽集》卷五三〈壽安縣太君呂氏墓誌銘〉，頁391。
〔註34〕《後村先生大全集》卷一五七〈方君薛氏墓誌銘〉，頁1384。
〔註35〕《西臺集》卷一四〈仁昌縣太君李夫人墓誌銘〉，頁405。
〔註36〕《丹淵集》卷三七〈屯田員外郎羅君墓誌銘〉，頁272。
〔註37〕《古靈集》卷二○〈秦國夫人竇氏墓誌銘〉，頁669。
〔註38〕《河南程氏文集》卷一二〈先公太中家傳〉，頁651。

率以爲常。」直至父母皆九十歲去世止，才移居郡城。〔註39〕其他的例子還有，蘇頌長妹再嫁張斯立爲繼室，七年之後丈夫又亡故，她「乃歸寧太夫人河南郡太君，日侍膳外，則以未亡自處，不復接外事，爲閉閤冥心誦佛書而已，雖親戚亦少有見面者。」〔註40〕韓琦的父親韓國華見「姑姊妹數人孀且老，悉奉以歸，事之甚恭，爲其男女婚嫁，又與之營薄業，使足以濟其終。」此外，其子韓琉的妻子辛氏在丈夫亡故後，也未留在韓家，而是返回娘家居住。〔註41〕蘇轍的長女嫁給文同之子文務光爲妻，夫亡之後也是攜子返回外家。〔註42〕此外據《宋會要輯稿》四一冊〈禮六一之六〉載：

> 江寧府言：故諫議大夫天章閣待制王雱止有一女，三歲而雱卒，及長，適通直郎呂安中，生一女而安中卒，時王氏年方二十有七，持喪如禮，及服除，即歸宗守義，自誓正潔，或諭以改嫁，王氏獨毅然謝絕。頃居母蕭氏喪，哀毀過制，宗族稱歎，治閨門有法，不妄笑語，內外整肅，至於追遠奉先，皆可矜式。……伏望朝廷特賜旌表，加之封號，非特上副聖時崇獎安石父子之意，亦足爲天節婦之勸，從之。

可知王雱的女兒在丈夫亡故後，也是返回娘家守寡。周必大的母親，在丈夫去世後，則攜二子返回娘家居住。〔註43〕而詹至的妹妹在喪偶之後，亦歸寧娘家，詹至「爲之區處生事，兒女婚嫁皆得所。」〔註44〕有時婦女寡居雖未歸寧娘家，但生活上則仰賴娘家父兄的接濟，如眞德秀「事嫠姊，廩孤甥。」時常以官俸接濟寡居的姊姊。〔註45〕也有由母家姊妹支助寡姊生活所需的，時汝翼妻邵氏的姊姊「孀居貧病」，她則「護視周悉」。〔註46〕又彭漢老兩個妹妹夫亡歸寧，彭「撫育獨厚，仕必偕行，且必令販士大夫。」〔註47〕

　　至於筆記小說也有婦女寡後返回娘家的事例，在《夷堅甲志》卷三〈陳

〔註39〕《南澗甲乙稿》卷二二〈榮國太夫人上官氏墓誌銘〉，頁460。

〔註40〕《蘇魏公文集》卷六二〈萬壽縣令張君夫人蘇氏墓誌銘〉，頁951。

〔註41〕《安陽集》卷四六〈敘先考令公遺事與尹龍圖書〉，頁495。

〔註42〕由《欒城後集》卷三〈思歸二首〉及《三集》〈文氏外孫入村收麥〉詩，可知其女寡後歸寧娘家爲生。頁526

〔註43〕周必大《二老堂雜志》卷四〈記先夫人損壽〉，頁162。

〔註44〕《南軒集》卷三九〈直秘閣詹公墓誌〉，廣學社印書館，1975年初版，頁952。

〔註45〕《後村先生大全集》卷一六八〈西山眞文忠公行狀〉，頁1502。

〔註46〕《晦庵先生朱文公文集》卷九十〈太儒人邵氏墓表〉，頁1592。

〔註47〕《誠齋集》卷一一九〈中散大夫廣西轉運判官贈直秘閣彭公形狀〉，頁1058。

氏前夫〉條云：陳德應之女，為會稽石氏婦，生一男而夫亡，她「哭泣悲哀，思慕瘠甚，未幾，其父帥廣東，挈以俱往。」而《夷堅志三補》〈夢亡夫置宅〉條亦言：趙師簡之子希戚夢到父母托夢道：「大姐孀居，未久有丈夫，不教他看汝兄弟眉面，今但取來身畔住。」可見趙氏在夫亡後是回到娘家，這些皆反映宋代婦女在夫死後，返回娘家長期歸寧頗為普遍。

參、再　嫁

雖有程頤「餓死是小，失節事大」的名言，但缺乏社會、政治措施等方面的配合，加上當時士大夫之間的貞節觀念仍甚為分歧，嚴格說，貞節觀在宋代並未蔚為普遍的社會規範。仍有婦女在丈夫亡故後，在父兄之安排或逼迫，或出於自願的情形下再嫁，如蘇頌的長妹初嫁呂昌緒為妻，「甫三年而寡，後四年獲歸斯利。」〔註48〕仲妹則「適宋氏，未久而寡，子幼未有所從。」以李希荀「家行慈睦可托」，遂攜子再嫁之。〔註49〕而程顥之子與章氏之子，皆為王氏婿。「明道子死，章納其婦。」〔註50〕錢藻則幼孤貧，母再嫁。〔註51〕江西望族程鄰妻子陳氏的母親吳氏，也是寡後再嫁沈錞和之父為繼室。〔註52〕甚至向來強調「餓死事小，失節事大」之程頤在《河南程氏文集卷》一二〈先公太中家傳〉中，描述父親致力於敬宗收族的懿行，也提到其父再嫁甥女：

> 伯母劉氏寡居，其女之夫死，公迎從女兄以歸，教養其子，均於子
> 姪。既而女兄之女又寡，公懼女兄之悲思，又取甥女以歸，嫁之。

在筆記小說情節提到婦女於夫亡再嫁的情形遠較墓誌銘為普遍，如張邦煒在〈宋代婦女的再嫁問題和社會地位〉一文，就提到《夷堅志》一書所載婦女改嫁的事例竟高達六十一例之多，其中再嫁者有五十五人，三嫁者六人。且多數都未受到輿論的譴責。〔註53〕所以宋代婦女夫死再嫁應該不算是羞於見人之事，婦人夫亡再嫁似乎不是非常困難。尤其是條件優渥的寡婦，每成為大家爭相迎娶的目標，如薛惟吉繼室寡而無子，「盡蓄其祖父金帛，計直三萬

〔註48〕《蘇魏公文集》卷六二〈萬壽縣令張君夫人蘇氏墓誌銘〉，頁951。
〔註49〕同上書，卷六一，頁941。
〔註50〕《河南程氏外書》卷一一〈時氏本拾遺〉，頁413。
〔註51〕《元豐類稿》卷四二〈故翰林侍讀學士錢公墓誌銘〉，頁266。
〔註52〕《江西出土墓志選編》，第二編〈徽猷閣待制程鄰妻陳氏墓誌銘〉，頁107。
〔註53〕張邦煒〈宋代婦女的再嫁問題和社會地位〉，載《中國婦女史論集三集》，台北稻鄉出版社，1993年初版，頁68。

緝，并書籍繪告，以謀改適。」因嫁資豐盛，竟引起張賢齊、向敏中兩位大臣爭相迎娶，而引起軒然大波。〔註54〕魏了翁女初適安子文，寡居，「謀再適人，鄉人以其兼二氏之撰，爭欲得之。」最後再適劉朔齋爲繼室，「以故不得者嫉之，朔齋以是多嘖言。」〔註55〕

一、再嫁的實情

雖然有婆婆如荚氏者，在兒子楊詠死後，見媳婦謝氏的兄長以其年紀尚壯，欲令其再嫁，而對鄰婦言：「夫亡有子而再適，彼蓋不知非婦人行也。」反對媳婦再嫁。〔註56〕或是如彪虎臣妻子王氏以母親的身份訓誡女兒，云：

> 婦氏大守節，而父言古有共姜能此道。父母欲嫁之，共姜作〈柏舟〉
> 之詩，誓而弗許。爾宜取其詩讀之，毋貽吾羞。爾夫無嗣，若求諸
> 宗族而善撫養之，未必不逾於己所生也。〔註57〕

希望年輕無子而寡居的女兒能夠守志終身。不過類似由婆婆或母親出面反對媳婦或女兒再嫁的記載並不多，根據多數墓誌銘的記載，宋代多數的父母、兄長，若是寡婦年紀尚壯，不論有子與否，在顧及女兒生活幸福與人情的考量，幾乎多會主張她們再嫁。有時公婆也會考慮媳婦年方少艾，難以守志，主張她們再嫁，如《北窗炙輠錄》卷下載信州逆旅老婦欲納姜八郎爲贅婿，言：

> 嫗有兒，不幸早死。有婦，憐嫗老，義不嫁，留以侍嫗，嫗甚憐之。
> 欲擇一贅婿，久之，未獲。觀子狀貌，非終寒薄者，願欲以婦奉箕
> 帚，可乎？

則是由婆婆作主媳婦再嫁。也有由夫族長輩主之，如《清明集》〈婚嫁‧嫂嫁小叔狀〉云三嫁婦人阿區，在第二任丈夫李從龍去世後，三嫁梁肅爲妻時，「主婚者叔翁李伯侃，送嫁者族叔李孝勣。」就是由夫家的長輩作主再嫁。當然婦女再嫁，父母有時也會詢問女兒的意見，而個性剛烈的婦女甚至會自我選擇再嫁的對象，如張五姑在丈夫董二十八秀才逝世後，以「一生坐文官所困，不願再見之，得一武官弁足矣」爲由，不願接受父母的安排，再嫁士人王趨爲妻，最後選擇再嫁武人閣門宣贊舍人席某爲妻。〔註58〕

〔註54〕《長編》卷五三〈眞宗咸平五年冬十月〉，頁512。
〔註55〕周密《退齋筆錄別集》卷上〈劉朔齋再娶〉，《叢書集成新編》，84冊，頁486。
〔註56〕《斐然集》卷二六〈荚氏墓誌銘〉，頁583。
〔註57〕同上書，卷二六〈王氏墓誌銘〉，頁600。
〔註58〕《夷堅丙志》卷一四〈張五姑〉，頁482。

　　促使宋代寡婦再嫁的原因，除了人情的考量外，經濟困乏、無以自存也是重要的因素。〔註59〕如名臣范仲淹二歲而孤、母親以「亡親戚故舊，貧而無依，遂再適朱氏。」且范仲淹還冒用朱姓。〔註60〕在《夷堅支甲》卷五〈鄧如川〉條亦云：鄧如川亡故後，妻子趙氏迫於窮餒，「才服闋，攜其二兒適南豐富室子。」然不堪故夫亡魂不斷騷擾，黃氏忍痛與之絕。可是「踰年後，趙亦窮匱，或日高無炊煙，又嫁城南童久中。」而政府也能體恤寡婦迫於生計困難尋求再嫁，如《長編》卷四八四記載哲宗元祐五年（1090 年）規定：「女居父母及夫喪，而貧乏不能自存，並聽百日外嫁娶。」放寬因貧窮難以自存寡婦的喪服期限，方便她們早日再嫁。當然也有在丈夫亡去世後，受到夫族的排斥，不得已再嫁他人的，如盧氏初適復州教授周之才，周之才早逝，由盧氏「提其孤，奉其柩，由數千里歸。居且十年，不忍去其姑之左右」的舉止看來，她應是打算終身守志，然「逮終姑喪，乃若有所不容者。」似乎夫家親族無法相容，母親徐氏擔心她無依無靠，不禁感嘆道：「吾女無所托矣，必托于士之賢者，庶幾其肯從焉？」於是安排盧氏再嫁徐攸功爲繼室。〔註61〕

　　婦女在再嫁時，還常會面臨攜子改嫁與否的問題，有時因夫家的堅持，婦女再嫁他人時，將子女留在夫家，如程顥的媳婦章氏再嫁時，便將幼子留在夫家。有的婦女爲圖再嫁方便，往往棄子於夫家，再嫁他人，如甯直去世後，妻子李氏更嫁任布之時，懼怕任布無法接納其子，便將幼子寄養在甯氏族人家，日後甯氏族破，其子流落不知所終，幸而任布在獲悉眞相，發揮愛屋及烏的精神，「多以金帛求得之」，母子才得以重聚。〔註62〕而仁宗溫成張皇后的母親在父親張堯封逝世後，竟「賣后于齊國大長公主家爲歌舞者，再適蹇氏，生男守和。」〔註63〕應是比較狠心的例子。當然也有許多婦女是攜子再嫁，如范仲淹二歲而孤，母攜之再嫁長山朱氏；〔註64〕蘇頌仲妹也是攜

〔註59〕陶晉生在〈北宋婦女的再嫁與改嫁〉一文，也提到孫廣妻崔氏夫死後無親可依，生活陷於困境，因而擇人再適。載《新史學》6 卷 3 期，1995 年 9 月，頁 7。

〔註60〕杜大珪《名臣碑傳琬琰集》中集，卷一二〈范文正公仲淹墓誌銘〉，台北文海出版社，1969 年初版，頁 588。

〔註61〕《南澗甲乙搞》卷二二〈安人盧氏墓誌銘〉，頁 579。

〔註62〕《河南邵氏聞見前錄》卷一七，頁 609。

〔註63〕《涑水記聞》卷八，頁 476。

〔註64〕同注 58。

子再嫁李希荀；〔註65〕杜諲妻謝氏則「生女晬，而諲死。後四年，謝攜其女，再適故贈朝請郎何至。」〔註66〕小說筆記中也反映婦女攜子再嫁的事實，如當涂之外科醫生徐樓臺死後，二子隨母改嫁。〔註67〕常瑤，父早死，「母攜之再嫁富民康德休。」〔註68〕

此外，宋代法律允許婦女攜貲再嫁，故婦女在改適或再嫁往往可攜帶名下財產而行，婦女如此之行徑常會引發親戚對簿公堂、纏訟連年，嚴重者甚至會威脅夫家的生存，因此婦女「席捲」家貲改適或再嫁，每受到輿論的譴責，然就同釋文瑩在《玉壺清話》卷二所批評：「膏粱士族之家，夫始屬纊，已欲括奩結橐，求他耦而適者，多矣！」看來，即使士大夫階層的婦女亦無法免俗。而袁采亦言：「亦有作妻名置產，身死而妻改嫁，舉以自隨者亦多矣！」〔註69〕顯示寡婦攜名下貲產再嫁之風至南宋依然盛行。然而寡婦這種棄子不顧、攜名下之貲再嫁的行為雖為道德輿論所不容，但在法律上卻對其莫可奈何。當然也有少數地方官如黃榦者，即以此相戒：

> 女子生而願為之有家，是以夫之家為其家也。婦人謂嫁曰歸，是以
> 得嫁為得所歸也。莫重於夫，莫尊於姑，莫親於子，一齊而不可變，
> 豈可以生死易其心哉？

反對徐孟彝妻子陳氏試圖攜貲再嫁，不過這樣的情形，畢竟只是少數的例子。〔註70〕多數的情況只能訴諸於悠悠蒼天懲罰棄子不顧，攜貲再嫁的妻子。在《夷堅甲志》卷二〈陸氏負約〉條就描述陸氏在丈夫去世後，才除服，便攜其資產再嫁蘇州曾工曹，成婚七日後，收到故夫責備信函，云：

> 「十年結髮夫妻，一生祭祀之主。朝連暮以同歡，……遺棄我之田
> 疇，移資財而別戶。不恤我之有子，不念我之有父，義不足以為人

〔註65〕《蘇魏公文集》卷六一〈朝請郎致仕李君墓誌銘〉，頁941。

〔註66〕鄭剛中《北山文集》卷一五〈外姑墓誌銘〉，《叢書集成新編》，63冊，頁179。

〔註67〕《夷堅丁志》卷十〈徐樓臺〉，頁618。

〔註68〕《夷堅支甲》卷二〈常瑤牛〉，頁727。

〔註69〕《袁氏世範》卷一〈同居不必私藏金寶〉，頁146。

〔註70〕黃榦《勉齋先生黃文肅公文集》卷四一〈徐家論陳家取去媳婦及田產〉，《北京圖書館古籍珍本叢刊》，頁782、783。此外，柳立言〈淺談宋代婦女的守節與再嫁〉一文，提到確實有地方官站在夫家的立場，強奪寡婦攜妝奩再嫁的權利，務使寡婦戀產撫孤。然因法律允許妻子可攜妝奩再嫁，所以無法制止在丈夫亡故後，妻子攜名下貲產再嫁。頁60～63。

之婦，慈不足以為人之母。吾已訴諸上蒼，行理對于幽府。」陸氏
歎恨不意（懌），三日而亡。

二、再嫁的對象

宋代婦女夫亡再嫁雖然不是很困難，但礙於年齡和已結過婚的身份，幾乎很難成為元配，以嫁人為繼室者居多，而其再嫁的對象也以親戚居多，有許多是以夫族或母族的親人為對象，如包拯寡媳崔氏的母親呂氏試圖強迫她再嫁己族人；〔註71〕而「章氏之子與明道之子，王氏婿也。明道子死，章納其婦。」〔註72〕程顥寡媳再嫁的對象，則是自己的姊夫或妹夫；盧氏再嫁徐攷功應該也是母親徐氏的族人；〔註73〕時氏，其夫汪某死於寇亂，適逢曹佃原配汪氏去世，於是攜二女再嫁曹佃為繼室，推測曹佃元配汪氏可能是時氏前夫汪某的親戚。〔註74〕葉夢得的寡媳吳氏再適的對象，則是其祖母盧氏的親姪。〔註75〕皆是因姻親關係而結緣。亦有朋友關係而成婚的，在施彥卿《北窗炙輠錄》卷下即載：

家兄門生有孫力道，在鄉校與一同舍舒子進相友善，子進本富家子，後大貧，有孀婦挾二孤，煢然從子進，既不能為之資，年侵老嫁無售者，力道深憐之，每自念，使我忝一第，必娶之，無何。力道果登第。……遂歸與舒氏婚，即舒氏歸，已白髮滿頭矣，力道與之懽如平生。

三、再嫁婦女的地位

宋代士大夫階層的婦女，於夫亡後再嫁的情形雖然不普遍，但藉由墓誌銘的記載，當時社會並不鄙視再嫁的婦女，再嫁的婦女在新夫家仍擁有崇高的地位，如施氏十七歲時初嫁胡氏，逾年而寡，後在家人逼迫下，再嫁孫庭臣為繼室，婚後她恪守為人妻、人母、子媳之責，主持家政長達六十八年。她治家之法是：

養生送死，冠婚賓祭之用，尊卑長幼之序，皆有成規，非其財一毫不私也，計歲之贏，則儲之，以待族姻之不足者，予取予求，不少

〔註71〕《宋史》卷四六○〈列女傳〉，頁13479。

〔註72〕《河南程氏外書》卷一一〈時氏本拾遺〉，頁413。

〔註73〕《南澗甲乙稿》卷二二〈安人盧氏墓誌銘〉，頁579。

〔註74〕《呂東萊文集》卷八〈金華曹君將仕墓誌銘〉，頁431。

〔註75〕《江西出土墓志選》第三編〈文林郎葉繼善壙志〉，頁238。

厭寧，……專以勤儉孝謹為訓，上下化之。入其門，弦誦相聞，怡怡然如在庠序。幹蠱相先，整整然如在官府。……晚傳司馬溫公《家範》，乃并以授其子孫，或不如訓者，引《家範》切責之，故子孫皆有前輩風。〔註76〕

看來再嫁的身份絲毫無損施氏在夫家的地位與權威。另一位則是李氏，她初嫁錢端義為妻，生一女而寡，再嫁韓繼球為繼室，她在韓家因丈夫專心於官事，未嘗過問家中生計，一家大小事務由其全權負責，她治家「凡家事細大，悉有法。貨泉穀米之用，知所均節，周旋內外親族，稱其戚疏厚薄之誼。」韓元吉在墓銘中不因她再適而輕視她，或隱瞞其再嫁的身份，反而盛讚她：

少為順婦，長為賢母，克相其良，以成其家。儉而不嗇，飾而不華，膳饈酒醴，被服在體。妾勝閨房，率有綱紀，我繩我規，左右其宜。

自今視之，蔚為女師。〔註77〕

此外，再嫁的身份應該不會影響夫妻之間的感情，如宋氏貌美有姿色，再嫁彭汝厲為繼室，彭對其「委順不暇。」〔註78〕《夷堅丁志》卷一八〈袁從政〉條（目錄作「袁孝顯」）載：「筠州上高陳氏女新寡來歸，以妻袁，夫婦相歡，嘗有「彼此勿相忘，一死則生者不得嫁娶之約。」皆顯示再嫁的身份並不會影響夫妻之間的感情與其在新夫家主權的行使與地位。

肆、結　論

任何時代的婦女於夫死後守志不嫁、咸視為婦德的終極實踐。尤其年輕的寡婦以柏舟自誓，矢志守節，除了要有堅強的毅力、忍受孤苦的生活外，還需備嘗人間艱辛疾苦，所以她們的行徑每成為眾人褒揚讚美的對象。在宋代婦女於夫亡後能守節，當然是婦德的典範，而墓誌銘也顯示，多數的士大夫階層婦女在丈夫亡故後，基於對夫家之義，或個人的情感，傾向守節者居多。然因欠缺社會、政治等多方面的配合，貞節觀在宋代似乎並未蔚為社會普遍規範，婦女在丈夫亡故後，並非一定要矢志不嫁，尤其是年輕的寡婦，在情禮之考量下，她們也可選擇再嫁一途。再嫁的身份並不會影響她與新任丈夫的感情，也無損她在夫家的地位。

〔註76〕《浮溪集》卷二八〈令人施氏墓誌銘〉，頁253。
〔註77〕《南澗甲乙稿》卷二二〈太恭人李氏墓誌銘〉，頁579。
〔註78〕《畫墁錄》卷一，頁593。

總　結

　　中國社會歷經唐末、五代急遽的變革，隨著世族社會的瓦解，城市商業的興起，文化蓬勃之發展，社會價值日漸多元化，宋代社會秩序不免出現「失調」的情形。具有道德使命的士人，為此憂心忡忡，為諄厚社會風俗，他們本於儒家傳統倫理觀念，強調社會道德規範與社會角色的實踐，試圖以家庭倫理——孝為起點，進而和睦宗族、敦睦鄰里，重建和諧的理想社會秩序。為了達到此鵠的，個人皆需放棄個人主義，克盡社會所賦予之角色。在此思想網絡中，不但要求為父者要正其家；為兄者需能養其弟；為子孫者要做到孝事父母；夫婦要夫義婦順。對於婦女行徑也有一定的道德準則，在儒家倫理道德規範中，她們除秉持「正位於內」之訓誡外，尚須恪守為女則孝，為婦則順，為媳則敬，為母則慈等道德規範。尤其婚後婦女更要本於「內夫家，外本家」的禮法，克制個人情感，以夫家為重，擔任主中饋、侍奉舅姑等婦職，扮演相夫教子，賢妻良母的角色。更重要的是，在夫家的人際相處上，她們必須放棄稜角分明的個性，以柔順、曲從之態度輔佐丈夫、以敬順、曲從之心服侍舅姑，與伯叔姊妹、妯娌和睦相處，以期融入夫家人際網絡中。

　　透過相關史、傳的記載，尤其宋代婦女墓誌銘的描述，可發現受婦學的薰陶，多數宋代婦女多能恪守禮法，適如其份地扮演人生階段的每一個角色。不過此並不意味著宋代婦女的生活是一成不變。在宋代社會、經濟結構畢竟異於以往世族社會，士大夫缺乏世官世祿的保障，士人必須汲汲追求功名，方可維持家道的不墜。許多士人在中舉之前或宦途未達之時，家中的經濟拮据，或致力於仕途，無暇經營家中生計。此時做妻子、甚至為人母者除擔任相夫教子、主持家務等傳統的婦職外，很可能還需逾越「女正位於內」的禮

法規範，協助家庭經濟的生產，必要時甚至還得一肩擔負起全家經濟重擔，因此妻子或母親的職責與角色對家庭而言，日顯其重要性。而當時士人對婦女這種逾越「正位於內」的舉止，似乎亦能本於「務實」的態度，根據社會實際情形作適當的調整，只要她們能輔助夫、子，成其賢名，在墓誌銘中，不但不會苛責她們的行徑，反而不吝筆墨大肆宣揚。

此外在父係宗法制度下，宋代婦女與歷代傳統婦女一般，以婚姻為終身的依歸。在婚後克制私人情感，放棄天倫，一切以夫家為生活中心，人格、身份也為夫族所吸收。但是禮法不外人情，在宋代已婚之婦女和娘家仍有深厚的依附關係，除了日常迎往送來，財務關係外、必要時娘家仍可干涉女兒婚姻，甚至可強迫其離婚、改嫁。而更有許多婦女在遭逢困境時或寡居之時，選擇返回娘家居住，接受父兄的照顧。

此外，因宋儒特別強化儒家之倫理道德，加上程頤有「餓死事小，失節事大」之言，反對婦女夫亡再嫁，將婦女貞節觀提升為不可顛仆之天理。不免使人聯想到宋代是中國婦女地位開始遽跌的時期。透過墓誌銘的分析，宋代士族婦女再嫁與改嫁的情形，似乎不是嚴重的社會問題。之所以如此，也許是她們無迫切的經濟困難，或是受女教書籍之影響，多數婦女在丈夫亡故後多能守志終生。不過嚴格說來，宋代貞節觀仍相當寬鬆，婦女於夫死再嫁與否仍有相當自主權，加上輿論亦視協助年輕寡婦於夫死後再嫁為「敬宗收族」之義舉，因此婦女再嫁並不是很困難，亦無損其在新夫家的地位。

總之，儒家倫理規範自漢代以來就立於不墜之地位。後代只是強化與闡述其理論。宋儒在沒有新的外來文化、思想的刺激下，當然固守儒家倫理道德之理念，去界定每一個人的社會角色，希望人人恪守此一道德規範，放棄自我，以達到社會和諧。在此思想框架下，宋儒所關心的並非婦女的獨立人格，而是她們如何因應社會秩序之需要，正確無誤地扮演「正位於內」及「男尊女卑」的角色。只是道德理想的實踐，需要客觀環境的配合，在理學思想尚未定於一尊，又缺乏國家政策與社會環境的配合，此理想是很難完全地落實於真實的社會中。因此在實際的社會生活中，禮法也能做若干的修正與妥協，故加諸於婦女身上的禮法規範，固然根深蒂固的存在，但只要婦女行誼能成其婦德、輔佐夫子、保家繁族，皆為社會稱許，也只有在這道德架構下，宋代婦女的才能仍有相當的發揮空間。

參考書目

一、經　部

1. 《易經》,《四部叢刊初編》,台北台灣商務印書館商務,1979 年。
2. 《毛詩》,《四部叢刊初編》。
3. 《禮記》,《四部叢刊初編》。
4. 《儀禮》,《四部叢刊初編》。
5. 李如圭《儀禮集釋》,《叢書集成新編》,台北新文豐出版公司,1986 年。

二、史　部

1. 王溥《唐會要》,台北世界書局,1982 年。
2. 王稱《東都事略》,台北文海出版社,1979 年。
3. 司馬光《資治通鑑》,台北洪氏出版社,1980 年。
4. 朱熹《五朝名臣言行錄》,《四部叢刊初編》。
5. 朱熹《三朝名臣言行錄》,《四部叢刊初編》。
6. 李心傳《建炎以來繫年要錄》,上海古籍出版社,1992 年一版。
7. 李燾《續資治通鑑長編》,台北世界書局,1983 年四版。
8. 李國禔《安陽金石錄》,《石刻史料新編》第二輯,台北新文豐出版公司。
9. 何喬遠《閩書》,福建人民出版社,1994 年一版。
10. 吳自牧《夢粱錄》,《叢書集成新編》。
11. 杜大珪《名臣碑傳琬琰集》,台北文海出版社,1969 年。
12. 長孫無忌等《晉書》,北京中華書局,1987 年。
13. 長孫無忌等《唐律疏議》,台北弘文館,1986 年。
14. 孟元老《東京夢華錄》,台北漢京文化事業有限公司,1984 年。

15. 周應合《景定建康志》，《宋元地方志叢書》，台北大化書局，1987 年再版。

16. 范曄《後漢書》，台北鼎文書局，1981 年四版。

17. 班固《漢書》，台北宏業出版社，1984 年再版。

18. 徐松《宋會要輯稿》，台北新文豐出版公司，1976 年。

19. 袁桷等《延祐四明志》，《宋元地方志叢書》。

20. 脫脫等《宋史》，北京中華書局，1985 年一版。

21. 陳柏泉《江西出土墓志選編》，江西教育出版社，1991 年一版。

22. 黃宗羲《宋元學案》，河洛出版社，1975 年。

23. 劉向《列女傳》，《叢書集成續編》，台北新文豐出版公司，1991 年。

24. 歐陽修、宋祁等撰《新唐書》，台北鼎文書局，1985 年四版。

25. 潛說友等《咸淳臨安志》，《宋元地方志叢書》。

26. 謝深甫等《慶元條法事類》，台北新文豐出版公司，1976 年。

27. 魏徵等《隋書》，北京中華書局，1985 年一版。

28. 竇儀《宋刑統》，台北文海出版社，1974 年。

29. 羅願等《新安志》，《宋元地方志叢書》。

30. 羅濬等《寶慶四明志》，《宋元地方志叢書》。

31. 蕭嵩等《大唐開元禮附大唐郊祀錄》，日本東京汲古書院古典研究會，1981 年。

32. 佚名《宋本名公書判清明集》，《四部叢刊續編》。

三、子 部

1. 丁傳靖《宋人軼事彙編》，台北台灣商務印書館，1982 年。

2. 方鳳《物異考》，《叢書集成新編》。

3. 王充《論衡》，台北台灣中華書局，1976 年。

4. 王灼《碧雞漫志》，《歷代筆記小說集成》，河北教育，1994 年。

5. 王明清《玉照新志》，《宋元人說部叢書》。

6. 王明清《揮麈錄餘話》，《叢書集成新編》。

7. 王泳《燕翼詒謀錄》，《說郛三種》，上海古籍出版社，1988 年。

8. 王德臣《麈史》，《宋元人說部叢書》。

9. 王闢之《澠水燕談錄》，《宋元人說部叢書》。

10. 方回《虛谷閒抄》，《說郛三種》，上海古籍出版社，1988 年一版。

11. 尤玘《萬柳溪邊舊話》，《叢書集成新編》。

12. 仇遠《稗史》,《說郛三種》。

13. 田汝成《西湖遊覽志餘》,台北世界書局,1963 年。

14. 平步青《雲外攟屑》,《筆記小說大觀三三編》,台北新興書局,1984 年。

15. 司馬光《司馬溫公家範》,《叢書集成新編》。

16. 司馬光《溫公書儀》,《叢書集成新編》。

17. 司馬光《溫公易說》,《中國古代易學叢書》,北京中國書店,1992 年。

18. 司馬光《涑水記聞》,《叢書集成新編》。

19. 江少虞《宋朝事實類苑》,台北源流出版,1982 年。

20. 朱佐《類編朱氏集驗醫方》,《宛委別藏》,台北台灣商務印書館,1981 年。

21. 朱彧《萍洲可談》,《歷代筆記小說集成》,河北教育出版社,1994 年。

22. 朱端章輯《衛生家寶產科備要》,《歷代中醫珍本集成》,萬人出版社。

23. 朱熹《小學集註》,《四庫全書》。

24. 伊世珍《瑯嬛記》,《學津討源》,江蘇廣陵古籍刻印社,1990 年。

25. 宋尚宮《女論語》,《說郛三種》。

26. 吳曾《能改齋漫錄》,《叢書集成新編》。

27. 沈括《夢溪筆談校証》,台北世界書局,1978 年三版。

28. 呂希哲《呂氏雜記》,《歷代筆記小說集成》。

29. 李元綱《厚德錄》,《百川學海》。

30. 李有《古杭雜記》,《學海類編》,台北文源書局,1964 年初版。

31. 李昌齡《樂善錄》,《四庫全書存目叢書》,台南莊嚴文化有限公司,1995 年。

32. 李廌《師友談記》,《百川學海》,台北新興書局。

33. 邵伯溫《河南邵氏聞見錄》,《叢書集成新編》。

34. 班固《白虎通德論》,《四部叢刊初編》。

35. 金盈之《新編醉翁談錄》,《叢書集成續編》。

36. 周去非《嶺外代答》,《知不足齋叢書》,台北中文出版社,1980 年。。

37. 周必大《二老堂雜志》,《叢書集成新編》。

38. 周密《齊東野語》,《宋元人說部叢書》。

39. 周密《癸辛雜識後集》,《叢書集成新編》。

40. 周煇《清波雜志》,北京中華書局,1994 年一版。

41. 周煇《清波別志》,《叢書集成新編》。

42. 林駧《古今源流至論》,《四庫全書》。

43. 侯莫陳邈妻鄭氏《女孝經》，《叢書集成新編》。

44. 范正敏《遯齋閒覽》，《説郛三種》。

45. 洪巽《暘谷漫錄》，《説郛三種》。

46. 洪梗《清平山堂話本》，上海古籍出版社，1992年。

47. 洪邁《夷堅志》，台北文明書局，1994年再版。

48. 洪邁《容齋隨筆》，中洲古籍，1993年一版。

49. 施彥執《北窗炙輠錄》，《歷代筆記小説集成》。

50. 胡仔《苕溪漁隱叢話前集》，台北長安書局，1978年初版。

51. 荀卿著，梁啓雄注《荀子簡釋》，台北木鐸書局，1983年初版。

52. 徐愷《漫笑錄》，《説郛三種》。

53. 孫升《孫公談圃》，《叢書集成新編》。

54. 袁采《袁氏世範》，《叢書集成新編》。

55. 張世南《遊宦紀聞》，《知不足齋叢書》。

56. 張邦基《墨莊漫錄》，《叢書集成新編》。

57. 張齊賢《洛陽搢紳舊聞記》，《叢書集成新編》。

58. 陳自明撰，許潤三等注釋，《校注婦人良方》，江西人民，1983年。

59. 陳郁《藏一話腴》，《説郛三種》。

60. 陳師道《後山談叢》，《叢書集成新編》。

61. 陳堅《太上感應靈篇圖説一卷》，《叢書集成續編》，上海書店書局。

62. 陳鵠《西塘集耆舊續聞》，《叢書集成新編》。

63. 郭彖《暌車志》，《叢書集成新編》。

64. 陸游《入蜀記》，《知不足齋叢書》。

65. 莊綽《雞肋編》，《叢書集成新編》。

66. 陶宗儀《書史會要》，《中國立代書法論叢彙編》，天津古籍出版社，1999年一版。

67. 陶穀《清異錄》，《叢書集成新編》。

68. 曾愷《高齋漫錄》，《叢書集成新編》。

69. 曾敏行《獨醒雜志》，《歷代筆記小説集成》。

70. 費袞《梁谿漫志》，《知不足齋叢書》。

71. 彭乘《墨客揮犀》，《叢書集成新編》。

72. 葉夢得《石林避暑談話》，《宋元人説部叢書》。

73. 葉夢得《石林家訓》，《説郛三種》。

74. 葉寊《坦齋筆衡》，《説郛三種》。

75. 楊彥齡《楊公筆錄》,《歷代筆記小說集成》,

76. 趙令畤《侯鯖錄》,《說郛三種》。

77. 趙葵《行營雜錄》,《叢書集成新編》。

78. 趙鼎《家訓筆錄》,《叢書集成新編》。

79. 廖瑩中《江行雜錄》,《說郛三種》。

80. 鄭太和《鄭氏規範》,《學海類編》。

81. 鄭克編撰《折獄龜鑑》,上海古籍出版社,1988 年一版。

82. 劉斧《清瑣高議》,《歷代筆記小說集成》。

83. 劉清之《戒子通錄》,《四庫全書》。

84. 劉義慶著,余嘉錫撰《世說新語箋疏》,台北華正書局,1984 年出版。

85. 歐陽修《歸田錄》,《宋元人說部叢書》。

86. 樓璹《耕織圖詩》,《叢書集成新編》。

87. 蔡絛《金玉詩話》、《說郛三種》。

88. 黎靖德編《朱子語類》,台北文津出版社,1986 年。

89. 劉宗周《人類譜記》,台北廣文書局,1971 年。

90. 錢世昭《錢氏私誌》,《學海類編》,台北文源書局,1964 年。

91. 韓元吉《桐陰舊話》,《叢書集成新編》。

92. 繆荃孫《雲自在龕隨筆》,台北世界,1963 年。

93. 魏泰《東軒筆錄》,《叢書集成新編》。

94. 羅大經《鶴林玉露》,《叢書集成新編》。

95. 蘇軾《東坡志林》,《叢書集成新編》。

96. 韓非著,陳啓天注《韓非子校釋》,台北台灣商務印書館,1992 年。

97. 釋文瑩《湘山野錄》,《叢書集成新編》。

98. 釋惠洪《冷齋夜話》,《學津討源》。

99. 龐元英《談藪》,《說郛三種》。

100. 佚名《雋永錄》,《說郛三種》。

101. 佚名《道山清話》,《說郛三種》。

102. 佚名《積善錄》,《叢書集成新編》。

103. 佚名《東南紀聞》,《叢書集成新編》。

104. 佚名《鬼董》,《歷代筆記小說集成》。

105. 佚名《古今閨媛軼事》,北京燕山出版社,1992 年。

106. 佚名《奩史》,中國人民大學出版社,1994 年。

四、集 部

1. 文同《丹淵集》,《四部叢刊初編》。
2. 王之望《漢濱集》,《四庫全書》。
3. 王令《廣陵集》,《四庫全書》。
4. 王圭《華陽集》,《四庫全書》。
5. 王安石《王臨川文集附沈氏注》,台北鼎文,1979 年。
6. 王安石《王荊公詩李氏注附沈氏勘誤補正》台北鼎文,1979 年。
7. 王仲聞《李清照集校注》,台北漢京,1983 年。
8. 尹洙《河南先生文集》,《四庫全書》。
9. 尹焞《尹和靖集》,《叢書集成新編》。
10. 司馬光《傳家集》,《四庫全書》。
11. 司馬光《溫國文正公文集》,《四部叢刊初編》。
12. 石介《徂徠集》,《四庫全書珍本》,台北台灣商務印書館。
13. 朱熹《晦庵先生朱文公文集》,台北大化書局,1985 年初版。
14. 朱淑眞《斷腸詩詞集》,長春古籍書店,1984 年一版。
15. 宋祁《景文集》,《四庫全書》。
16. 沈括《長興集》,《四庫全書》。
17. 呂祖謙《呂東萊文集》,《叢書集成新編》。
18. 呂陶《淨德集》,《叢書集成新編》。
19. 李覯《直講李先生文集》,《四部叢刊初編》。
20. 汪藻《浮溪集》,《四部叢刊初編》。
21. 吳之振等《宋詩鈔》,上海三聯書局,1988 年一版。
22. 周南《山房集》,《涵芬樓秘笈》,台北台灣商務印書館,1967 年。
23. 范仲淹《范文正公集》,《四部叢刊初編》。
24. 范純仁《范忠宣集》,《四庫全書》。
25. 范祖禹《范太史集》,《四庫全書》。
26. 胡寅《斐然集》,北京中華書局,1993 年一版。
27. 秦觀《淮海集》,《四部叢刊初編》。
28. 晁補之《雞肋集》,《四部叢刊初編》
29. 晁說之《嵩山文集》,《四庫全書》。
30. 袁燮《絜齋集》,《四庫全書》。
31. 唐庚《唐先生文集》,《北京圖書館古籍珍本叢刊》,文獻書目。

32. 夏竦《文莊集》,《四庫全書》。

33. 陸佃《陶山集》,《叢書集成新編》。

34. 陸游《陸放翁全集》,北京中國書店,1986 年。

35. 陳亮《陳亮集》,台北漢京文化事業有限公司,1983 年。

36. 陳師道《后山詩註》,《四部叢刊初編》。

37. 陳普《石堂先生遺集》,《北京圖書館古籍珍本叢刊》,文獻書目。

38. 陳耆卿《郎窗集》,《四庫全書》。

39. 陳襄《古靈集》,《四庫全書》。

40. 畢仲游《西臺集》,《叢書集成新編》。

41. 張守《毘陵集》,《四庫全書》。

42. 張耒《柯山集》,《叢書集成新編》。

43. 張宗橚《詞林紀事》,台北木鐸出版社,1982 年初版。

44. 張栻《南軒集》,台北廣學社印書館,1975 年。

45. 張舜民《畫墁錄》,《叢書集成新編》。

46. 張載《張載集》,台北漢京文化事業有限公司,1983 年。

47. 梅堯臣著,朱東潤注《梅堯臣集編年校注》,台北源流文化,1983 年。

48. 曹彥約《昌谷集》,《四庫全書》。

49. 曹勛《松隱集》,《四庫全書》。

50. 程顥,程頤《二程集》,台北漢京文化事業有限公司,1983 年初版。

51. 黃庭堅《山谷外集》,《四庫全書》。

52. 黃庭堅《山谷別集》,《四庫全書》。

53. 黃榦《勉齋先生黃文肅公文集》,《北京圖書館古籍珍本叢刊》。

54. 舒岳祥《閬風集》,《四庫全書》。

55. 曾鞏《元豐類稿》,《四部叢刊初編》。

56. 葛滕仲《丹陽集》,《四庫全書》。

57. 楊時《楊龜山先生集》,《叢書集成新編》。

58. 楊萬里《誠齋集》,《四部叢刊初編》。

59. 劉克莊《後村先生大全集》,《四部叢刊初編》。

60. 劉敞《公是集》,《叢書集成新編》。

61. 劉摯《忠肅集》,《四庫全書》。

62. 歐陽修《歐陽文忠公文集》,《四部叢刊初編》。

63. 趙鼎臣《竹隱畸士集》,《四庫全書》。

64. 蔡襄《蔡忠惠集》，上海古籍出版社，1996 年一版。

65. 蔡襄《莆陽居士蔡公文集》，《北京圖書館古籍珍本叢刊》。

66. 鄭俠《西塘集》，《四庫全書》。

67. 鄭剛中《北山文集》，《叢書集成新編》。

68. 鄭獬《鄖溪集》，《叢書集成續編》，上海書店出版社。

69. 厲鶚《宋詩紀事》，台北鼎文書局，1971 年。

70. 樓鑰《攻媿集》，《四部叢刊初編》。

71. 謝枋得《謝疊山集》，《叢書集成新編》。

72. 謝逸《溪堂集》，《四庫全書》。

73. 韓元吉《南澗甲乙稿》，《叢書集成新編》。

74. 韓琦《安陽集》，《四庫全書》。

75. 韓維《南陽集》，《四庫全書》。

76. 魏泰《臨漢隱居詩話》，《歷代詩話》，台北漢京文化事業有限公司，1983 年初版。

77. 蘇洵《嘉祐集》，《四部叢刊初編》。

78. 蘇舜欽《蘇學士集》，《四部叢刊初編》。

79. 蘇頌《蘇魏公文集》，北京中華書局，1988 年一版。

80. 蘇軾《蘇東坡全集》，北京中國書局，1986 年一版。

81. 蘇軾著，薛端生箋證《東坡詞編年箋證》，西安三秦出版社，1998 年一版。

82. 蘇轍《欒城集》，《四部叢刊初編》。

五、專書及論文

（一）專　書

1. 山西省古建築保護研究所《開化寺宋代壁畫》，北京文物出版社，1993 年。

2. 向淑雲《唐代婚姻法與婚姻實態》，台北台灣商務印書館，1991 年初版。

3. 朱瑞熙《宋代社會研究》，台北弘文館，1986 年初版。

4. 李澤厚《中國古代思想史論》，台北風雲時代出版公司，1990 初版年。

5. 周一良、趙平和《唐五代書儀研究》，北中國社會科學出版社，1995 初版年。

6. 張邦煒《婚姻與社會：宋代》，成都四川人民出版社，1989 年一版。

7. 陳東原《中國婦女生活史》，上海文藝出版社，1990 年。

8. 陳鵬《中國婚姻史稿》，北京中華書局，1990 年一版。

9. 游惠遠《宋代民婦的角色與地位》，台北新文豐出版公司，1989 年初版。

10. 黃嫣梨《朱淑真研究》，上海三聯書局，1992 年一版。

11. 費絲言《由典範到規範：從明代貞節烈女的辨識與流傳看貞節觀念的嚴格化》，國立台灣大學文學院，1998 年。

12. 閔家胤《陽剛與陰柔——兩性關係和社會模式》，北京中國社會科學出版社，1995 年一版。

13. 董根洪《司馬光哲學思想評述》，山西人民出版社，1993 年一版。

14. 福建省博物館編《福州南宋黃昇墓》，北京文物出版社，1982 年一版。

15. 趙鳳喈《中國婦女在法律上之地位》，台北稻鄉出版社，1993 年。

16. 劉靜貞《不舉子——宋人的生育問題》，台北稻鄉出版社，1998 年初版。

17. 蔣勳《美的沈思——中國藝術思想芻論》，台北雄獅圖書股份有限公司，2004 年一版三刷。

18. 魏子孝、聶莉芳《中醫中藥史》，台北文津出版社，1994 年初版。

19. 川忠久編《中國文學の女性像》，日本東京汲古書院，1977 年。

20. 仁井田陞《唐令拾遺》，東京大學出版會，1964 年覆刊。

21. Patricia Buckley Ebrey"The Inner Quarter：Marriage and the Lives of Chinese Women In the Sung Period"，University of California Press，1993。

（二）論　文

1. 王章偉〈宋代士族婚姻研究——以河南呂氏家族為例〉，載《新史學》4 卷 3 期，1993 年 9 月。

2. 王德毅〈家庭倫理與親子關係〉，載《宋代社會與法律——《名公書判清明集》討論》，台北東大圖書公司，2001 年初版。

3. 方建新〈宋代婚姻禮俗考述〉，載《文史》24 輯，1985 年 4 月。

4. 邢義田〈從《列女傳》看中國式母愛的流露〉，載《中國婦女史論集三集》，台北稻鄉出版社，1993 年初版。

5. 柳立言〈從法律糾紛看宋代父權家長制——父母舅姑與子女婿媳相爭〉載《中央研究院歷史語言研究所集刊》第 96 本，第 3 分，1998 年 9 月。

6. 柳立言〈淺談宋代婦女的守節與再嫁〉，載《新史學》2 卷 4 期，1991 年 12 月。

7. 胡文楷〈宋代閨秀藝文考略〉，載《宋史研究》第二輯，台北國立編譯館。

8. 袁俐〈宋代女性財產論述〉，載《中國婦女史論集續集》，台北稻鄉出版社，1991 年初版。

9. 陶晉生、鮑家麟〈北宋的士族婦女〉，載《中國婦女史論集四集》，台北稻鄉出版社，1995 年初版。

10. 陶晉生〈北宋婦女的再嫁與改嫁〉，載《新史學》六卷三期，1995 年 9 月。

11. 陳弱水〈試探唐代婦女與本家的關係〉，載《中央研究院歷史語言研究所集刊》第 68 本，第 1 分，1997 年 3 月。

12. 黃寬重〈宋代四明袁氏家族研究〉，載《中國近世社會文化史論文集》。

13. 黃寬重〈宋代四明士族人際網絡與社會文化活動 —— 以樓氏家族爲中心的觀察〉，載《中央研究院歷史語言研究所集刊》第 70 本，第 3 分，1999 年 9 月。

14. 黃寬重〈科舉、經濟與家族興衰：以宋代德興張氏家族爲例〉，載《第二屆宋史學術研討會論文集》。

15. 程民生〈宋代家庭人口數量初探〉，載《轉變與定型：宋代社會文化史學術研討會論文集》，國立台灣大學歷史學系，2000 年。

16. 劉靜貞〈從損子壞胎的報應傳說看宋代婦女的生育問題〉，載《大陸雜誌》90 卷 1 期，1995 年 1 月。

17. 盧建榮〈從在室女墓誌看唐宋性別意識的演變〉，載《國立台灣師範大學歷史學報》25 期，1997 年 6 月。

18. 鮑家麟〈陰陽學說與婦女地位〉，載《中國婦女史論集續集》，台北稻鄉出版社，1991 年初版。